学前教育专业
新形态系列教材

U0692175

幼儿园多媒体课件设计与制作

微课版教程

第2版

丁文敏 张子博 冯浪 ◇ 主编

曹艳艳 胡倩 ◇ 副主编

人民邮电出版社

北京

图书在版编目（CIP）数据

幼儿园多媒体课件设计与制作微课版教程 / 丁文敏，
张子博，冯浪主编. -- 2版. -- 北京 : 人民邮电出版社，
2021.5
学前教育专业新形态系列教材
ISBN 978-7-115-55994-4

Ⅰ．①幼… Ⅱ．①丁… ②张… ③冯… Ⅲ．①学前教
育－多媒体课件－制作－幼儿师范学校－教材 Ⅳ.
①G434

中国版本图书馆CIP数据核字(2021)第026489号

内 容 提 要

本书系统地介绍了"幼儿园多媒体课件设计与制作"课程中幼儿园教师需要掌握的知识。全书主要内容包括幼儿园多媒体课件概述、多媒体课件素材的收集与处理、PPT 演示型课件制作、Flash 动画型课件制作及微课型课件制作。

本书内容翔实、结构清晰、图文并茂，每章均以多个案例串联知识点，并且提供了练习和拓展知识，以供读者在课后进行练习和拓展。书中大量的案例和练习可以让读者快速、有效地学到实用的技能。

本书不仅可作为高等院校学前教育专业的教材，也可作为幼儿园教师的教学参考用书。

◆ 主　编　丁文敏　张子博　冯　浪
　　副主编　曹艳艳　胡　倩
　　责任编辑　连震月
　　责任印制　王　郁　焦志炜
◆ 人民邮电出版社出版发行　北京市丰台区成寿寺路 11 号
　邮编　100164　电子邮件　315@ptpress.com.cn
　网址　https://www.ptpress.com.cn
　固安县铭成印刷有限公司印刷
◆ 开本：787×1092　1/16
　印张：12.5　　　　　　　　　　2021 年 5 月第 2 版
　字数：279 千字　　　　　　　 2025 年 2 月河北第 11 次印刷

定价：39.80 元

读者服务热线：(010)81055256　印装质量热线：(010)81055316
反盗版热线：(010)81055315

前 言　PREFACE

党的二十大报告指出："坚持以人民为中心发展教育，加快建设高质量教育体系，发展素质教育，促进教育公平。"当今的教育正在经历重大变革，其重要特征之一就是教育信息化。一方面，学生的求知欲望非常旺盛；另一方面，知识的更新速度前所未有地加快，这些客观环境的变化致使教师的教学活动面临着严峻的挑战和巨大的压力。教师只有不断地在教学中广泛且深入地应用信息技术，才能适应当前时代的发展。

幼儿园多媒体课件设计与制作是现代学前教育技术的重要内容，是学前教学信息化的重要体现。掌握计算机多媒体辅助教学的基本概念、原理和方法，设计、制作和应用教学中的多媒体课件，是现代教师教学技术水平和教学能力的重要体现。本书引领读者从二十大精神中汲取砥砺奋进力量并学习致用，以理论联系实际，推动学前教育专业高质量发展。

本书自第1版出版以来，受到广大读者朋友的喜爱，为了更好地服务于现代教学的需要，我们进行了教材的调研，并结合调研结果和读者反馈，在第1版的基础上更新了部分软件的版本，包括将PowerPoint版本升级到PowerPoint 2016，也采用当前主流的工具软件版本，同时还增加了使用会声会影2020制作课件等知识。

本书内容

本书紧跟当下的主流技术，讲解了以下5个部分的内容。

（1）幼儿园多媒体课件概述（第1章）。本章主要讲解幼儿园多媒体课件设计的理论基础、幼儿园课件设计的基本内容和方法、幼儿园课件的基本类型、幼儿园课件制作的工具和规范，以及幼儿园课件的评价等。

（2）多媒体课件素材的收集与处理（第2章）。本章主要讲解文本素材、图片素材、声音素材、视频素材和动画素材的收集和处理方法。

（3）PPT演示型课件制作（第3章和第4章）。这两章主要通过制作"植物有哪些部分""有趣的图形""小星星"等演示型课件，详细讲解PowerPoint 2016中编辑幻灯片、添加对象、设置母版、设置动画、设置放映效果、在网上下载模板等PPT演示型课件制作的相关知识。

（4）Flash动画型课件制作（第5章）。本章主要通过制作"跳舞的小熊""舞蹈课件"等Flash动画，详细介绍Flash CS6的基本操作、元件的绘制和创建、制作补间动画、制作传统补间动画、制作引导动画、制作骨骼动画等相关知识。

（5）微课型课件制作（第6章）。本章主要通过"父亲节卡片"微课型课件的制作，详细介绍微课的概念、制作流程、制作方式，使用手机拍摄微课视频的方法和步骤，以及使用会声会影2020编辑微课视频的相关知识。

本书特色

本书具有以下特色。

（1）讲解深入浅出，实用性强。本书在注重系统性和科学性的基础上，突出了实用性和可操作性，对重点概念和操作技能进行了详细讲解，语言流畅、内容丰富、深入浅出，符合多媒体课件制作教学的规律，满足社会人才培养的要求。

本书在讲解过程中，还通过各种"提示"为读者提供了更多解决问题的方法，帮助其掌握更为全面的知识，并引导读者尝试更好、更快地完成工作任务。

（2）配有众多微课视频，供读者随时随地学习。本书所有操作讲解内容均已录制成视频，并上传至"微课云课堂"，读者只需扫描书中提供的二维码，便可以随扫随看，轻松掌握相关知识。

本书的支持平台

"微课云课堂"在资源展现上分为"微课云"和"云课堂"两种形式。"微课云课堂"的特点主要体现在以下两个方面。

（1）微课资源海量，持续不断更新。"微课云课堂"充分利用了出版社在信息技术领域的优势，以人民邮电出版社60多年的发展积累为基础，将资源经过分类、整理、加工及微课化之后提供给读者。

（2）资源精心分类，方便自主学习。"微课云课堂"相当于一个庞大的微课视频资源库，按照门类进行一级和二级分类。

本书提供微课、实例素材和效果文件，可通过扫描书中的二维码随时观看微课视频和获取练习答案。此外，为了方便教学，可以扫描右侧的二维码或通过www.ryjiaoyu.com网站下载本书中的素材和效果文件等相关教学资源。同时，扫描封面上的二维码或者直接登录"微课云课堂"（www.ryweike.com）后，用手机号码注册，在用户中心输入本书激活码（6327d15b），可将本书包含的微课资源添加到个人账户，获取永久在线观看本课程微课视频资源的权限。

书中素材与效果文件下载

本书的编者

本书由丁文敏、张子博、冯浪任主编，曹艳艳、胡倩任副主编，卢孟秋、邓滢莹也参与了本书的编写。

编者
2023年4月

目 录　　　　CONTENTS

Kindergarten

第1章
幼儿园多媒体课件概述

幼儿园课件的设计与制作是一项复杂的创造性劳动，既要考虑到课件是由计算机软件制作而成，需要符合软件设计和制作的规范，能够适应计算机辅助教学环境的需要，保证课件能够正常运行；又要考虑到课件是为学前教育教学服务的，要符合幼儿园教学实际、教学规律、幼儿学习规律等要求；同时，还要考虑到课件的艺术性，使课件具有整洁美观的界面、和谐一致的风格、生动活泼的形式，从而提高计算机辅助教学的效果。

课堂学习目标

● 幼儿园课件设计的理论基础

● 幼儿园课件设计的基本内容和方法

● 幼儿园课件的基本类型

● 幼儿园课件制作的工具和规范

● 幼儿园课件的评价

1.1　幼儿园课件设计的理论基础

幼儿园教育是根据3～6岁幼儿的生理、心理发展的客观规律及其年龄特征而进行的教育活动，目的是促使其在德、智、体、美、劳等各方面得到和谐发展。因此，幼儿园课件的设计应具备健康、积极、生动等特征。

1.1.1　现代学习理论在幼儿园课件设计中的应用

幼儿园的课件设计要以计算机辅助教学理论为指导，而计算机辅助教学理论是以现代学习理论、现代教育技术理论、现代教育信息传播理论、系统科学原理、学科教学原理为基础的。现代学习理论在幼儿园课件设计中的应用主要体现在行为主义学习理论和构建主义学习理论方面。

1．认知—行为主义学习理论

以加涅为代表的认知—行为主义学习理论认为，学习是一个不断接受外界刺激，通过学习者的内在构造作用产生反应，并同化为学习者的内在认知结构的循环过程。学习具有从低到高、从易到难的层次性和阶段性的特征。

在幼儿阶段，促进幼儿学习的整体性将有利于幼儿一生的发展。幼儿的学习主要是通过触摸、摆弄物体来获取感性经验，因此，在幼儿园课件设计中，教师首先要重视的是课件场景环境的布置，为幼儿提供丰富的感官刺激。

课件场景中的颜色、声音、玩具摆放的位置等都会对幼儿的学习产生影响，因此，教师要重视保护幼儿的好奇心和求知欲，尊重他们自身的学习需要与学习兴趣。制作的课件要为幼儿的主动学习创造宽松、民主、自由的环境，安排的教学活动则要多考虑幼儿的兴趣和需要。

2．建构主义学习理论

建构主义学习理论认为，学习是一种建构的过程。知识是学习者与外部环境交互作用的结果，而不是仅靠教师传授所得。建构主义学习理论认为"情景""协作""会话"和"意义建构"是学习环境中的四大要素，即学习者是在一定的学习情境下，借助教师和学习伙伴的帮助，利用必要的学习资料，通过意义建构的方式获得知识。

根据建构主义学习理论来看，幼儿园课件的制作应强调以幼儿为中心，不仅要求幼儿由外部刺激的被动接受者与知识的灌输对象转变为信息加工的主体，对知识意义进行主动建构，还要求教师的授课要由知识的传授、传输转变为对幼儿主动建构意义的帮助和促进。

建构主义学习理论倡导的是一种自我调节的学习方式，幼儿在与计算机多媒体的交互中，会不断"同化""调节"自身已有的认知结构，最后使自己的认知结构"平衡"到一个新的水平。计算机辅助教学强大的交互功能能使幼儿积极主动地参与学习，从而更加有效地到达认知结构的新的"平衡"。

在学前教育中，幼儿是活动和学习中的主体，这就要求幼儿要有学习主动性，而教师应充分利用多媒体课件去激发幼儿主动学习的热情，引导其对知识的认知、思维的发展及认知结构的建立和调节。另外，在实际教学过程中，教师应该随机、巧妙、隐蔽地通过问题情境中可利用的资源，及时捕捉幼儿将要学习并跨出一步的微妙时刻，并给予其适时的帮助，从而引导幼儿自己解决问题，而不是直接告诉幼儿解决问题的方法。

1.1.2 教学原理在幼儿园课件设计中的应用

作用于幼儿园课件设计中的教学原理主要有程序教学原理、媒体符合原理、交互作用原理和系统性原理，下面分别进行介绍。

1．程序教学原理

程序教学原理主要包含以下5个方面。

（1）积极反应原理。积极反应原理即幼儿对学习的内容做出积极的反应。

（2）及时确认原理。及时确认原理即对幼儿的正确反应给予及时的确认。

（3）小步子原理。小步子原理即小步子前进。

（4）自定步数原理。自定步数原理即根据自身的条件自定学习的进度。

（5）测验原理。测验原理即通过测验来检验学习的效果。

多媒体辅助教学实际上就是一种程序教学。由教师和其他教学人员共同开发编制的多媒体课件，本质上就是包含教学信息的程序，教学内容的展开由程序来控制，幼儿可以按程序提供的交互式方式来选择学习形式、时间和速度等。

在幼儿园课件设计制作中，通常采用小步子递进的方式来安排由易到难的交互材料。例如，中班的"认识形状"教学任务：第一层次是展示几种基本的形状，让幼儿认识；第二层次是展示几个用形状组合而成的简单物品，让幼儿认识其是由哪些形状组成的；第三层次则是展示由形状组成的复杂物品，然后让幼儿认识其他相关的形状。随着层次的逐渐提高，幼儿的观察能力、空间思维能力等也将得到不断的发展。

2．媒体符合原理

不同的教学内容使用不同的媒体形式来表现，就是教学内容决定媒体形式的原理，即媒体符合原理。一般具体化的教学内容需要使其向抽象层次发展，才能提高幼儿的认识层次，如大班的音乐课件"小星星"中，通过对图片的认识，幼儿能意识到星星的运动形状；而抽象性的教学内容则要以具体、形象的媒体形式表现，这样才能让幼儿快速理解，如小班语文类的课件"开铺子"中，将抽象的量词与具体的实物对照起来，更加便于幼儿的理解。

3．交互作用原理

交互作用就是指交互式学习，交互作用原理主要包含以下3个方面。

（1）积极学习原理。学习不是被动接受，而是主动索取。交互式学习可使幼儿积极主动地参与到学习过程中，促进其对知识结构和联系的理解与把握，从而提高学习效率。

（2）发现学习原理。学习是发现和创造的过程。交互式学习能引发幼儿的想象力和创造力，幼儿可通过改变、编辑和重塑学习对象来提高思维能力和创造能力。

（3）个性化学习原理。不同的幼儿有不同的兴趣、爱好、认识水平与学习需要。交互学习就是将学习过程的控制权交还给幼儿，由幼儿根据自身的条件和要求选择学习环境和学习形式，有利于教师的因材施教。

　　课件的交互形式通常是以多项选择的方式为幼儿提供操作练习的环境，如拼版、游戏等。通过幼儿主动感知、积极思维，协同发挥多种感官作用，提高幼儿学习的认知效果。

4. 系统性原理

　　计算机多媒体辅助教学实际上就是将教学过程当作一个系统性的过程。教学课件的开发需要根据课件设计的理论和方法，对教学内容、教学目的、教学对象、教学方法、教学环境和教学需求等进行综合分析、优化设计，最后将教学环节的连续和教学过程的控制等都纳入考虑范畴。

　　在幼儿园课件设计中，良好的衔接性能够充分调动幼儿学习的积极性，满足幼儿的好奇心和成就感。这不仅仅指课件片段、场景、内容本身有很好的直接衔接，同时还包括课件与教师配合的衔接，即在课件设计中，要根据课件设计的具体需要留有与教师的衔接接口，以便教师能够顺势引申，教学过程中的各个环节能够紧紧相扣，让幼儿自然而然地把注意力从课件转移到教师身上。

1.2　幼儿园课件设计的基本内容和方法

　　幼儿园课件设计是对课件内容的呈现方式，应用的教学理论和教学方法，课件呈现的实现方法和步骤，课件应用的目的、对象和运行环境等方面进行的整体规划。而课件设计的目的则是保证课件要符合科学性、教学性、程序性和艺术性等方面的要求。

1.2.1　幼儿园课件设计的基本内容

　　幼儿园课件设计的基本内容包括课件的教学设计、程序设计和艺术设计3个方面，下面分别进行介绍。

1. 教学设计

　　课件的教学设计是课件的首要任务。作为教师辅助教学的工具，课件的内容必须保证与教学相关，其形式和呈现方式必须符合教学媒体使用的规律和信息传播理论。同时，幼儿园课件的播放过程必须符合幼儿的认知规律和教学规律，且幼儿园课件采用的教学方法必须符合幼儿园教学理论和幼儿学习的特点，必须有利于幼儿掌握知识，从而形成技能。

2. 程序设计

　　幼儿园的课件由计算机应用软件制作而成，需要符合计算机应用软件的一般要求，软件的核心是程序，课件程序就是实现课件的目的和手段。多媒体课件程序设计的基本内容包括课件运行的稳定性和可靠性、课件的计算机资源的占用情况、运行的速度、友好的界面和简易的操作等。另外，在设计幼儿园课件时，幼儿教师需要注意制作课件的软件占用系统资源的情况，应该尽量选用"PowerPoint+Flash"的动画形式，也可以使用少量的视频进行教学。

3. 艺术设计

　　在课件教学设计和程序设计基础上对课件的艺术加工就是课件的艺术设计。课件的艺术设计主要是设计课件的表现形式和视听效果，如画面、背景、字体、颜色、对比度、亮度，音效和动画的效果等。在幼儿园课件的艺术设计方面，幼儿园教师还要考虑到幼儿的审美教育和规律等。

1.2.2　幼儿园课件设计的基本步骤和要求

学习了幼儿园课件设计的基本内容后，幼儿园教师还需要掌握课件设计的基本步骤和要求，以便制作出符合实际情况的教学课件。

1．幼儿园课件设计的基本步骤

幼儿园课件设计的基本步骤主要有以下4个。

（1）分析教学内容，确定教学目标。幼儿园教师要根据教学内容的深浅、难易程度等因素和幼儿接受能力的实际情况，按照课程标准的要求，结合教学经验，确定教学目标。

（2）选择教学媒体，创设教学情境。根据教学内容和教学目标的要求，选择记录和存储教学信息的载体，直接接入教学活动过程，实现教学信息对幼儿感官的刺激，这就是媒体选择的意义；创设教学情境则指创设有利于幼儿理解教学主题意义的情景，这种教学情境反映了新旧知识的关系，有利于幼儿对知识进行重组和改造，培养幼儿的联想和创新能力。例如，在幼儿园中班语文类课件"小蝌蚪找妈妈"中，教学情境的创设以卡通形式展示给幼儿，让幼儿可以自然地进入角色，达到在游戏中学习的目的。

（3）指导自主学习，组织协作活动。幼儿园教师可利用启发式教学方式，充分激发幼儿学习的主动性和创造性，引导其进行自我学习、自我探索；还可在幼儿自学的基础上，组织幼儿进行小组讨论或辩论，促进其对主题的进一步理解。另外，在幼儿园课件制作中，幼儿园教师也可通过直观的图像或动画素材来启发幼儿回答问题，找到答案，在活动中培养幼儿的协作意识。

（4）确定教学要素关系，形成教学组织结构。幼儿园教学系统是由幼儿园教师、幼儿、教学内容和教学媒体等要素构成的一个复杂的系统，制作者必须分析和研究各要素之间的联系，协调各要素之间的关系，形成合理的组织结构。

2．幼儿园课件设计的基本要求

幼儿园课件设计的基本要求包括课件设计的教育性要求、技术性要求和艺术性要求。

（1）教育性要求

因为课件是用来教学的，所以教育性是课件的根本属性。课件设计要遵循教育教学的基本理论、基本原理和一般规律。

① 要有明确的教学目的，针对特定的教学对象，采用图、文、音、像并茂的活泼式的教学形式，突出重点和难点。

② 运用教学设计的原理和方法对教学内容和教学过程进行设计，教学过程和教学方法及媒体形式的运用要符合幼儿的心理特征和认知结构。

③ 突出启发性教育和幼儿自主学习，促进幼儿智力的发展和能力的提高。

（2）技术性要求

课件设计与制作水平的高低对计算机辅助教学效果有直接和间接的影响。技术性要求主要包括以下4个方面。

① 课件制作软件的选择。不同的课件制作软件对课件的类型、效果和应用环境的要求不同，技术含量也不同。因此，在选择制作软件时，幼儿园教师应该根据需要，尽可能地选择交互性强、能够灵活方便地实现教学功能要求的制作软件。另外，幼儿园教师在选择课件制作软件时还需考虑自身制作课件的实际能力和水平，最好选择应用比较广的、实用性和可操作性较强的课件制作软件，如PowerPoint或Flash等。

② 多媒体处理与应用技术。多媒体课件应该综合应用多种媒体技术，为了满足制作的需要，选择的多媒体课件必须能够在多种格式中进行转换；或者能够通过空间、插件或多媒体编程技术，灵活地处理课件中要使用的多媒体素材。需要注意的是，因为幼儿园课件中需要的素材格式不同，所以幼儿园教师需要掌握常用的多媒体处理技术，以便于更好地选择素材，做出精美的幼儿园课件。

③ 多媒体课件的优化技术。多媒体课件的优化技术通常指使用压缩、打包等方法，减少课件的体积，减少对系统资源的占用；能够稳定、流畅地使用课件，使幼儿园课件的操作方便、简单。

④ 程序运行与控制技术。多媒体课件是在一定的操作环境下运行的，通过提供一定的操作界面进行人机交互，控制程序的运行，完成教学过程，实现教育目的。因此，制作课件必须考虑其运行的软、硬件环境。为了使课件更好地进行推广使用，对计算机硬件的要求不能太高，如CPU主频、内存、显示分辨率、硬盘的容量等硬件要求应在常规范围内。在软件方面，一般要求可在Windows XP/7/10等操作系统环境下运行。在程序的操作控制方面，多媒体课件则要提供简洁、方便、灵活的操作界面和多样化的交互手段。在课件使用方面，要求能提供及时的帮助和提示信息，及时提示用户的错误操作。

（3）艺术性要求

使用符合美学原理的表现方法精心设计制作多媒体素材，进行多媒体组合教学，就是多媒体课件制作中的艺术性要求。该要求可以使教学课件具有丰富的感情、积极的态度，能够感染和调动学习者的兴趣、爱好和情绪，使课件能够以和谐、统一、完整、自然的手法，以及新颖、多样的方式表现教学内容，达到非常好的教学效果。

① 视觉效果艺术设计。在幼儿园的课件设计中，幼儿园教师需要注意活动场景的构图、布局的整体设计。合理的构图和设计将有利于教学内容的展现，也有利于幼儿对知识的理解和接受。

② 听觉效果艺术设计。听觉效果艺术设计就是对语音、音乐等音频效果的艺术设计。幼儿具有喜形于色、情感外露的特点，由于他们内心的情感和体验难以用语言来表达，而音乐情绪对比强烈、感情表现鲜明，恰好可以抒发幼儿的内心感受，所以，爱听音乐是幼儿的天性，幼儿园教师在制作课件时要善于利用幼儿的这一特点，适当添加各种声音元素。声音可以是自然中的声音，也可以是人工合成的声音，多媒体课件中使用的声音主要与配乐、解说和音响三者相关。配乐通常作为背景音乐，被选择的配乐需要与教学内容相似，起到渲染氛围、调节教学节奏的作用；解说则要与文字素材、图形图像素材、动画影视素材的内容一致，能够及时、准确并生动地解释和说明相关的内容；音响就是声音所产生的效果，适当的

音响能够缓解幼儿紧张的心情，吸引幼儿的注意力，调动其探知欲望。

> **提示** 色彩是对画面颜色进行设置处理的一种艺术效果。前景色、背景色、对象颜色等，不同内容、不同区域的颜色都需要进行合理的设计，以达到清新、明快的视觉效果。同时，在幼儿园课件设计制作中，幼儿园教师还要考虑到幼儿好奇心强、喜欢鲜艳色彩的心理，要有意识地培养幼儿的色彩感知能力，帮助幼儿建立正确的审美观，提高幼儿的欣赏水平，使其获得愉快的体验、美的享受，从而提高其综合审美素质。

1.2.3 幼儿园课件设计的策略

幼儿园教学是一种特殊的教学方式，具有一定的教学规律。下面介绍幼儿园课件设计的策略，了解这些策略内容，可使课件设计更加符合幼儿园教学规律。

1．脚本设计

脚本设计是多媒体课件设计中首要且基础性的工作。其主要任务是选择教学内容、教学素材及其表现形式，建立多媒体课件的框架结构，确定程序的运行方式等。幼儿园教学课件中的脚本设计需要注意以下4个方面。

（1）要采用美观、生动的屏幕界面，吸引幼儿的注意力，激发其兴趣。

（2）要直接阐明教学目标，抽象概念要设法通过图形和动画形象地表达出来，让幼儿更易理解。

（3）软件要便于使用，即操作者不用看说明书就可以知道如何操作。

（4）要适时地组织提问、反馈和激励。在演示过程中，为了吸引幼儿的注意力，幼儿园教师可针对幼儿的情况适时提问，并根据幼儿的回答进行讲解，及时反馈信息。对于回答正确的幼儿可以使用"大红花"或"鼓掌"等动画音效来表示奖励，对于回答错误的幼儿则可以使用"难过表情"等动画音效来给予警示，使其下次能做得更好。

2．教学过程设计

教学过程设计是多媒体课件设计的重要内容。多媒体课件的设计与制作能否成功的关键在于如何安排教学环节，教学方法的选择是否恰当，如何控制教学的节奏，以及能否充分发挥多媒体辅助教学的优势和特长等。

（1）教学环节。教学环节主要包括教学目标的阐述、教学内容的呈现、教学难点的剖析、提问与练习、归纳与总结等。多媒体课件在教学环节上的设计必须要遵循教学的基本原则和一般规律。

（2）教学方法。教学方法是展现教学内容、完成教学任务、达到教学目的所采用的方法，如设问法、对比法、归纳法、诱导启发法、交流讨论法等。将教学方法适当地应用到多媒体课件设计中，可以有效地提高多媒体辅助教学的效率。

（3）教学节奏。教学节奏是指对教学内容和教学对象的教学过程进行的调节和控制。教学节奏既要符合教学内容的深浅、难易程度，还要适应教学对象的接受能力和反应能力，也要符合不同媒体的表现形式。多媒体课件需要使用多种不同的媒体来展现教学内容，教学节奏的快慢与媒体的特点密切相关。因此，多媒体课件的设计应准确把握某种媒体的自然节奏，声音和动画的播放都要符合人的视觉和听觉习惯，课件中的场景、画面与内容的转换都要自然、和谐，这样才能形成符合教学对象学习心理特点的教学节奏。

在幼儿园课件设计中，设计制作的课件必须有助于幼儿园教师教学艺术的进一步表现。设计课件的目的是进一步提升教学效果，让幼儿学习更愉快，让教师讲解更轻松。因此，设计的课件还需要从教学需要和幼儿的实际情况出发，充分发挥以幼儿园教师为主导和幼儿为主体的作用，要为教学锦上添花，使幼儿园教师的教学艺术得到充分体现，而不是成为教和学的障碍。

3．教学表达设计

在教学的过程中，采用哪种媒体、哪种方式来表达教学内容的设计就是教学表达设计。在多媒体课件设计中，幼儿园教师要根据教学内容和教学对象的特点与要求选择一种或几种组合的媒体表达教学内容，通常应尽量使用图形图像、视频、音频和动画等组合形式，掌握不同媒体间的转换和连接方法与规律，画面与画面间的过渡要自然，声音与声音间的衔接也要和谐统一、互不干扰，声音与画面的衔接更要相互配合。

在幼儿园课件教学表达设计中，图像素材应注意选用色彩鲜明、构图简单、容易让幼儿接受的图像；音乐素材应选用节奏明快、清新的乐曲，以使幼儿能够产生亲切感；动画素材可采用幼儿喜闻乐见的卡通人物或故事，使其能更快地融入学习环境中。

4．交互方式与界面设计

交互性是计算机辅助教学最大的特点。交互性来自多媒体课件的交互界面，多媒体课件的交互界面提供了多样化的交互手段，幼儿园教师或幼儿可根据教学的目的和要求进行交互操作。

键盘输入和鼠标单击是常见的交互方式。键盘输入方式一般不需要专门的交互界面，直接用键盘输入相应命令即可实现交互操作；鼠标单击方式则需要有专门的交互界面供鼠标单击，如按钮交互响应、菜单交互响应等，也可以直接通过鼠标单击来实现交互，如热点交互响应、热点对象交互响应等。幼儿园多媒体课件应尽量多地使用鼠标单击的交互方式，有硬件设备条件的幼儿园还可以使用触摸屏，这种方式方便、直观，更加便于幼儿操作。

界面是整个画面的一部分，通常会占据一部分屏幕区域，界面的设计需要和呈现实际教学内容的画面设计有机结合，统筹安排、合理布局，对交互性的反馈信息也要进行合理表达。幼儿园多媒体课件设计中的界面设计应该新颖、别致，界面风格应前后一致，界面操作方法要简单明确，不同界面中相同交互方式的操作要保持一致。另外，交互的信息展现最好使用图形、动画和声音，便于幼儿接受。

1.3　幼儿园课件的基本类型

课件的类型可根据不同的标准进行划分。根据制作软件的不同，课件可被分为PowerPoint课件、Flash课件等；根据应用环境不同，课件又可被分为一般多媒体课件和网络多媒体课件。下面根据计算机辅助教学的形态和教学功能，将课件分为练习与操练型课件、模拟型课件、游戏型课件和综合型课件4种基本类型，并分别进行介绍。

1.3.1　练习与操练型课件

练习与操练型课件是发展和应用最早的一类计算机辅助教学软件，是实现程序教学的主要工具。

1．练习与操练

（1）练习。练习是为了获取一种过渡性操作技巧，主要幼儿园教师是通过一系列问题，让幼儿在建立知识间的联想、联系的同时，能够掌握在何时使用何种知识、做何种决定的技能，形成一种习惯性的过程性操作能力。

（2）操练。操练是幼儿园教师通过大量的术语与事实间的重复对比练习，帮助幼儿建立有关事物之间联系的联想记忆和规律的快速回忆。

2．练习与操练型课件应遵循的原则

练习与操练型课件应遵循以下原则。

（1）小步子原则。小步子原则即将课件拆分为多个小型环节，每个环节练习幼儿的某一项能力。

（2）积极反馈原则。积极反馈原则即每个课件环节在幼儿完成后都需要进行检验，反馈幼儿信息。

（3）及时强化原则。及时强化原则即在幼儿进行练习后，还需要在不同时间段进行反复练习和操练。

（4）自定步调原则。自定步调原则即利用幼儿的反馈信息，因材施教地制订适合幼儿的练习和操练。

计算机逐个或按批次向幼儿提出问题，待幼儿回答问题后，计算机判断其正确情况，并根据回答的情况给予一定的反馈。促进幼儿掌握某种知识和技能技巧的过程就是练习与操练型课件的基本过程。

练习与操练的教学方式都是通过大量的"提问→回答→判断"实现反馈，使幼儿建立起问题与回答之间的联系，从而理解并掌握该知识与技能技巧。

练习与操练的"提问→回答"过程需要反复进行，直到达到教学目标为止。判断幼儿是否达到教学目标的方式多种多样，如在一定时间内或问题数量达到一定的量时，要概述幼儿的练习成绩和课件目标成绩之间的差距；幼儿回答正确次数到一定的量时，要告诉幼儿所用的时间和最快者的差距等。在某些课件中，这些教学目标的完成情况还需要记录下来，作为分析幼儿对知识掌握情况的资料，为后面教学内容的选择提供决策依据。

1.3.2　模拟型课件

模拟型课件是利用计算机模拟自然科学或社会科学的某些规律，产生与现实世界相应的现象，供幼儿观察，帮助幼儿认识、发现和理解这些规律与现象的本质，其主要具有以下特点。

（1）激发学习动机。模拟的对象对幼儿来说是一个未知的世界，而幼儿对未知世界的

好奇心可以帮助其去探索其中的奥秘。

（2）时效性。模拟对象的实际时间和空间尺度可以很大，也可以很小，一般不容易让幼儿接触或观察，使用计算机模拟，则可以不受时间和空间的限制。

（3）安全性和经济性。模拟的对象具有安全性和经济性，对幼儿的身心健康无害，且符合幼儿的需求。

（4）重复性。模拟的对象可以重复使用，反复让幼儿观察和学习。

模拟型课件近年来受到许多教育专家和心理专家的关注，被认为有助于培养幼儿的能力，所以目前已成为发展较快的一种课件类型。

> **提示**　演示模拟就是将计算机作为电视机屏幕，向幼儿演示各种图像、动画、图标和描述的教学活动。使用计算机制作的模拟艺术形象通常没有录像逼真，但可以按照幼儿的反应和请求而改变，这种模拟既适应了幼儿的能力和基础，又可以活跃教学氛围，调动幼儿思考与学习的积极性。

1.3.3　游戏型课件

游戏型课件指教学在游戏中进行。课件提供和控制一种富有趣味性和竞争性的教学环境，来激发幼儿的学习动机，让幼儿在富有教学意义且教学目标明确的游戏活动中得到练习或有所发现，取得积极的教育成果。游戏型课件与电子游戏不同，电子游戏没有教学目标，没有教学内容，也不会考虑教学策略，它的目的是让使用者得到娱乐，训练使用者的手眼联动性；而游戏型课件则强调教学性，有着明确的教学目标和具体的教学内容，并且包含经过仔细研究的教学策略。

1．游戏型课件的特点

（1）教学目标与游戏竞争目标一致。从初始状态出发，经过游戏参与者的决策和动作，最后总能达到胜、负或平局的状态，且游戏竞争目标的实现也是教学目标的实现。

（2）积极的参与性。至少有两方或以上的游戏参与者，其中的一方可以由计算机来扮演，而学习者要积极地参与游戏竞争。

（3）明确的游戏规则。游戏参与者采取的决策和动作必须遵守游戏规则，这些规则应该包含所有教学目标、所有教学的规律与知识。

（4）娱乐性与趣味性兼具。游戏型课件的目标就是达到寓教于乐的教学效果，因此，游戏型课件要具有强烈的娱乐性和趣味性，包括生动活泼的画面、恰当的音乐、巧妙的构思和夸张的想象等。

（5）时间性。游戏型课件中设计的游戏应该满足在有限的时间内达到教学目标的要求，而不是一直继续下去。

2．游戏型课件中的游戏方式

游戏型课件按照游戏方式可分为操练与练习方式的游戏和模拟方式的游戏。

（1）操练与练习方式的游戏。操练与练习方式的游戏就是将操练与练习结合到游戏中，幼儿园教师通过游戏大大刺激幼儿的学习积极性，使其在娱乐中学习知识，这样可以取得较好的教学效果。

（2）模拟方式的游戏。模拟方式的游戏就是将模拟与游戏结合起来，让幼儿在有竞争的环境下思考、探索、尝试、发现错误并纠正认识，让其在掌握规律与事实的同时，还能学会寻找规律，掌握做出决策的方法，培养幼儿适应现实的能力和应变能力。

使用游戏型课件进行教学活动时，幼儿园教师必须起到引导作用，通过引导、启发和归纳等让幼儿注意其教育内容，达到教育目的，而不是让游戏型课件沦为普通的游戏。

1.3.4　综合型课件

将练习与操作型课件、模拟型课件、游戏型课件等课件类型中的某几种类型整合到一起，用来表达较为系统的教学内容的课件类型就是综合型课件，也是实际教学过程中最常用的课件类型。综合型课件具有较强的可控性和智能性。

（1）可控性。可控性主要表现为计算机多媒体课件内容由幼儿园教师所掌握。在幼儿园教学环境中，幼儿园教师可根据幼儿的实际接受情况，有目的、有选择地控制演示的内容、次数和速度，充分发挥综合型课件的优势，让幼儿达到更佳的学习效果。

（2）智能性。智能性是指多媒体技术可以将声音和图像结合，模拟出整个实验过程，让幼儿观看到现实生活中看不到或看不清的各种物理、化学变化或运动过程，从而促进幼儿对活动内容的理解和记忆。

1.4　幼儿园课件制作的工具和规范

幼儿园课件制作是在课件设计的基础上进行的，即使用编程语言或编著软件将课件的内容按照预定的结构和方式组合成一个完整的课件程序，并通过必要的后期处理，形成课件成品的过程。

1.4.1　幼儿园课件制作的工具

对于幼儿园教师来说，幼儿园课件制作主要采用课件编著软件来完成。目前市面上大多数的编著软件界面简洁，使用方法简单，只需要经过简单的培训就能掌握其操作。这些课件编著软件非常多，可分为基于图标和流程线的多媒体编著软件、基于卡片和页面的多媒体编著软件和基于网页制作的多媒体编著软件。

（1）基于图标和流程线的多媒体编著软件。这类多媒体编著软件中常用的主要有Authorware等。Authorware是以设计图标和流程线来设计和制作多媒体作品的应用软件，支持集成多种媒体文件，具有多种交互方式和函数功能。使用它来设计和制作交互性比较强的多媒体课件非常方便。

（2）基于卡片和页面的多媒体编著软件。这类多媒体编著软件中常用的主要有PowerPoint等。PowerPoint是用于设计和制作电子幻灯片的软件，使用PowerPoint设计和制作课堂演示型课件比较方便。

（3）基于网页制作的多媒体编著软件。这类多媒体编著软件中常用的有Dreamweaver、Flash等。Dreamweaver是一款比较专业的网页制作软件，可以实现相对复杂的制作功能；而采用Flash也能够制作网络课件，但采用Flash来设计制作的通常是Flash动画，用于设计和制作反应动态变化过程的课件时使用Flash软件比较方便，它还是幼儿园课件制作中动画素材的主要编辑软件。

1.4.2　幼儿园课件制作的规范

无论采用哪种软件来制作课件，都需要考虑课件的教学内容和教学过程两个方面，既要设计和制作出与教学内容相关的素材，并导入或输入课件中，又要设计和制作出与教学进程相关的程序控制。幼儿园教师掌握一定数量与教学内容相关的素材可能比掌握课件的程序设计技巧更重要。因此，有条件的学校可以创建课件制作资源库，收集并制作大量优秀或成系列的幼儿园教学相关素材，供幼儿园教师使用。

1.5　幼儿园课件的评价

幼儿园课件是幼儿园教师的辅助教学工具，它要向幼儿展示。为了保证其质量，对幼儿园课件，也有一定的评价标准和方法。

1.5.1　幼儿园课件评价的标准

幼儿园课件的质量可从教育功能性标准、技术性标准、艺术性标准3个方面来进行评价，具体解释如下。

1．教育功能性标准

教育功能性标准分为科学性标准和教学性标准两个部分。

（1）科学性标准。课件内容必须准确反映客观规律，符合科学原理，名词、术语和符号的使用都要符合相应的规范，符合幼儿园的教学规律。

（2）教学性标准。课件的运行符合教学的一般规律，即教学目标明确、教学内容深浅和难易程度适当，同时具有系统性、连贯性，符合循序渐进的原则，教学方法先进，并能激发幼儿的学习兴趣，能调动其学习的积极性和创作性，有助于幼儿自主学习。另外，课件的设计还要符合因材施教的原则，方便对教学效果给予及时、有效的反馈，及时调整学习内容和进度，帮助幼儿更好地把握知识。

2．技术性标准

制作的课件要能够充分利用多媒体技术的优势和特点，具有较强的交互性、集成性和灵活性，课件的运行具有稳定性，界面能够实现友好的人机交互操作，并符合幼儿的学习规律。

3．艺术性标准

制作的课件中，教学信息要层次分明、布局合理、重点突出、动静结合，教学信息和操作提示的安排衔接合理，色彩、音效等元素都要与教学内容统一，程序运行的节奏要符合教学过程的需要。

1.5.2 幼儿园课件评价的方法

幼儿园课件评价的方法有技术检测法、调查评议法、实验研究法和综合评价法4种，下面进行具体介绍。

1. 技术检测法

技术检测法是指根据多媒体教学软件的制作规范，实现确定检测的项目，组织相关技术人员进行检测。这里的检测主要是检测多媒体素材的内容、硬件和软件环境的要求、安装程序和注意事项等，以使制作完成后的课件能够符合幼儿园教学的要求。

2. 调查评议法

调查评议法是指对使用多媒体教学软件的幼儿园教师和幼儿，以及相关人员进行调查、了解，收集、统计并分析有关的数据，对多媒体教学软件进行测评，然后在幼儿园中展开教学研究，必要时可以请家长参与。

3. 实验研究法

实验研究法是指选择不同层次的实验对象，如幼儿园班级、幼儿等，实施多媒体教学实验或对照实验，通过对实验前后或不同对象的教学效果进行对比分析，评价多媒体教学软件的质量。这种评价方法将有利于幼儿园课件的对比研究。

4. 综合评价法

综合评价法是指根据明确的目标，按照一定的标准，采用科学的方法和量化指标，进行综合测量与分析，对多媒体教学软件的功能、性能做出评价，使幼儿园教学课件更加完善，更加符合幼儿园的教学实际。

1.6 练习

本章主要介绍了幼儿园课件设计的理论基础、课件设计的基本内容和方法、课件的基本类型、课件制作的工具和规范及课件的评价5个方面的内容，学习了这些知识后，幼儿园教师应当能够初步掌握幼儿园课件的制作方法，为后面章节的学习打下坚实的基础。

根据所学知识，回答下列问题。

（1）幼儿园课件设计应该遵循哪些基本原理？

（2）幼儿园课件设计分为几种类型，分别是什么？

（3）幼儿园课件设计的基本方法和要求是什么？

（4）幼儿园课件的设计与制作可通过哪些工具来完成？

（5）简述幼儿园课件的评价方法。

1.7 拓展知识

幼儿园课件还可从功能性、可靠性、使用方便性、程序设计技巧和课件商品化程度5个方面来进行综合评分。

1．功能性

对幼儿园课件综合评分中的功能性进行评分时需要考虑以下因素。

（1）教学目标适当、达到预定的教学目标程度。

（2）符合科学性要求。

（3）符合幼儿园教学规律和因材施教的教学原则。

（4）能够体现计算机的特点，取得其他教学方法和教学手段无法取得的成果。

（5）有利于激发幼儿的学习兴趣、学习主动性和学习积极性，有利于培养幼儿的学习能力。

2．可靠性

可靠性要求幼儿园课件程序足够稳定，不受错误操作的影响。

3．使用方便性

幼儿园课件综合评分中的使用方便性表现在以下两个方面。

（1）教师和幼儿的操作简单易学。

（2）屏幕提示的含义清楚、表达明确、意思简单明了，过程符合幼儿学习习惯。

4．程序设计技巧

幼儿园课件综合评分中的程序设计技巧表现在以下4个方面。

（1）程序设计思想要先进，充分利用计算机系统的各种资源，且深度合理。

（2）要充分发挥多媒体教学的优势，综合利用文字、声音、图像、动画等媒体信息，使用得当、配合协调。

（3）画面应该美观、清晰。

（4）动画与教学内容要紧密配合，有较好的动态教学效果。

5．课件商品化程度

幼儿园课件要有较高的商品化程度，有较为详细的文档资料进行功能说明、安装使用说明，文字要通顺、易懂、准确。除此之外，课件还要有良好的包装，用光盘发行，便于幼儿园之间的教育交流。

第2章
多媒体课件素材的收集与处理

多媒体素材是传递教学信息的基本材料，可分为文本素材、图片素材、声音素材、视频素材、动画素材5种。本章主要介绍这5种素材的收集与处理方法，这是制作多媒体课件的基础。幼儿园教师可以通过对这些内容的学习，为后期的课件制作打下坚实的基础。

课堂学习目标

- 文本素材

- 图片素材

- 声音素材

- 视频素材

- 动画素材

2.1　文本素材

文本即文字，指的是字母、数字和符号。文字是多媒体课件中最基本的素材。在制作幼儿园课件时，一般多采用声音、图片和视频等元素，文字虽然使用较少，但是在课件设计中也是必不可少的元素。对于幼儿来说，文字的大小、位置和颜色的设计都要符合其年龄特点，因此，文本编辑是幼儿园多媒体课件制作中非常重要的一个部分。下面处理一个名为"狼来了"的文本素材，使其便于在课件中使用，处理完成后的参考效果如图2-1所示。

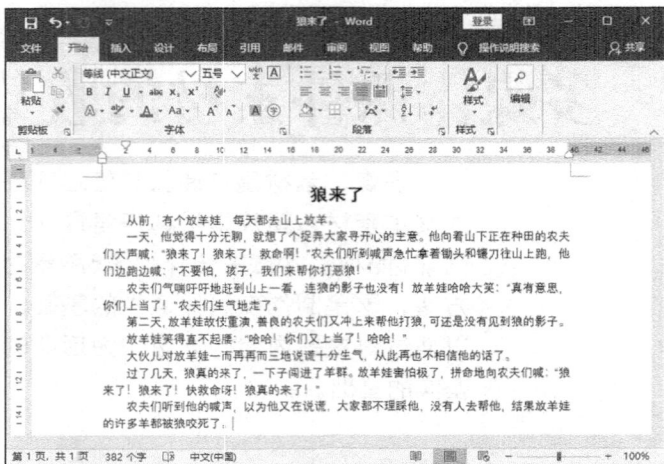

图2-1　"狼来了"文本素材

2.1.1　文本素材的收集

若文本内容较少，可通过文本输入的方式来添加内容；若文本内容较多，则可通过网络搜索或光学字符识别（Optical Character Recognition，OCR）技术来实现文本素材的收集。

1.　文本的输入

文本的输入通常使用键盘来完成。使用键盘输入文本素材时，英文字母、数字、常用标点符号等都可以直接从键盘输入，而汉字、中文标点符号、其他文字符号及特殊符号的输入，则要通过相应的输入法来完成。在采用手写输入或扫描输入时，一般要使用相应的软件来识别转换后才能获得所需的文本素材。

2.　网络搜索

在互联网时代，信息已经突破时间、地域等限制，用户可通过百度等搜索引擎来搜索需要的文本素材，然后使用复制并粘贴的方法将其保存下来。若需要的文本素材是以Word、PPT、PDF等格式保存在网页上时，可通过下载的方式将其保存到本地计算机，然后使用。

有时也会出现网页文字不允许选择或复制的情况，这是因为网站对页面进行了保护设置。此时，可在网页中空白位置单击鼠标右键，在弹出的快捷菜单中选择"网页另存为"命令，在打开的对话框中进行设置，将网页保存为文本文件，然后在保存文件的位置打开.txt文本文件即可选择或复制其中的文本。

2.1.2　文本素材的处理

Word是Office办公软件的组件之一，是一款功能非常强大的文字处理软件，支持文本的输入与相关的格式设置。下面将在网上复制"狼来了"故事文本，并将其保存到Word文档中，其具体操作如下。

微课：文本素材的处理

（1）打开Microsoft Edge浏览器，在地址栏中输入百度网站的网址，按【Enter】键，在打开页面的搜索文本框中输入"狼来了"文本，单击 百度一下 按钮，如图2-2所示。

（2）在打开的网页中显示了搜索结果，单击"狼来了　百度百科"超链接。

（3）打开新的网页，在其中显示了"狼来了"故事的文本内容，拖动鼠标选择需要的文本内容，然后在其上单击鼠标右键，在弹出的快捷菜单中选择"复制"命令，如图2-3所示。

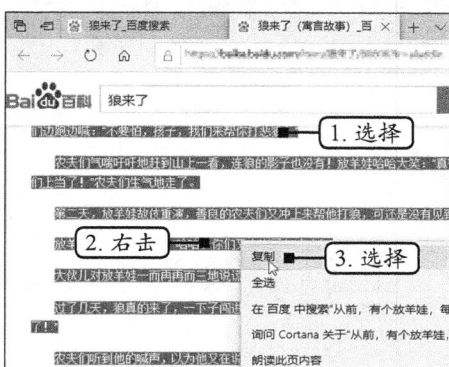

图2-2　搜索关键词　　　　　　　　　　　　　图2-3　复制文本素材

（4）单击"开始"按钮，在打开的菜单中选择"Word"命令，启动"Word 2016"程序。

（5）此时将新建一个空白文档，在其中单击鼠标右键，在弹出的快捷菜单中选择"粘贴"命令，效果如图2-4所示。

（6）观察发现，粘贴的文本中有许多空行和不需要的文字，拖动鼠标选择不需要的内容，按【Delete】键删除，如图2-5所示。

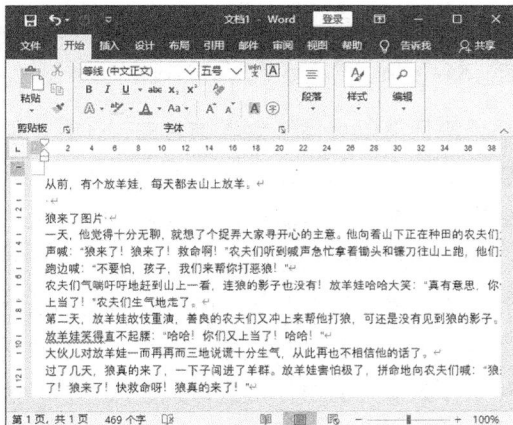

图2-4　粘贴文本后的效果　　　　　　　　　　图2-5　删除不需要的文本

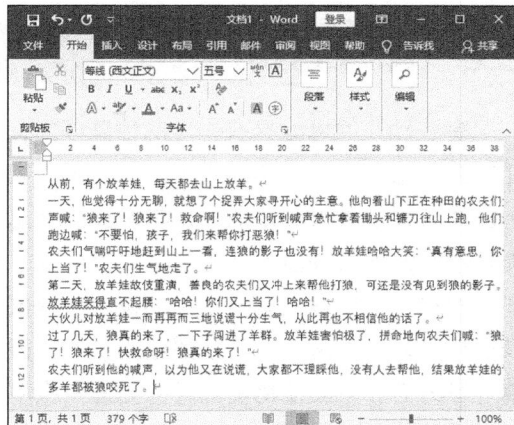

（7）在文本开始处单击，按【Enter】键换行，然后在第一行处输入"狼来了"文本，在【开始】/【字体】组中设置字符格式为"黑体、三号、加粗"；在【开始】/【段落】组中单击"居中"按钮，如图2-6所示。

（8）拖动鼠标选择正文文本，在【开始】/【段落】组中单击"段落设置"按钮，打开"段落"对话框，在"缩进"栏的"特殊"下拉列表框中选择"首行"选项，单击 确定 按钮，如图2-7所示。

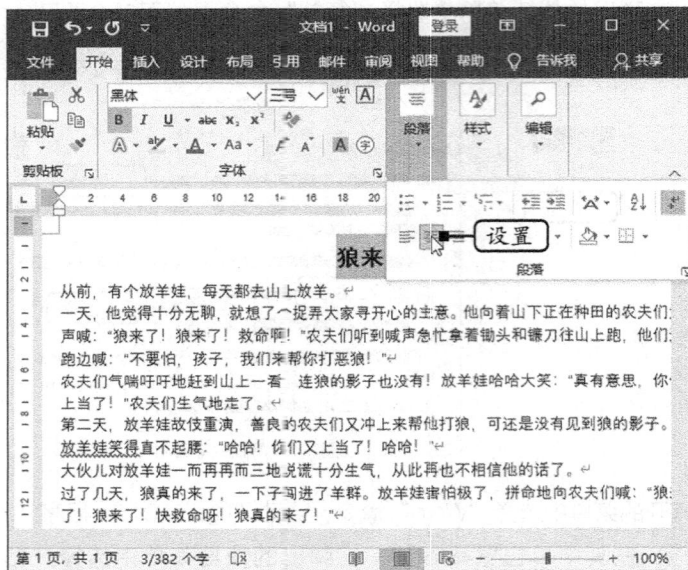

图2-6 设置文本字体、字号及段落格式后的效果

图2-7 设置首行缩进

（9）按【Ctrl+S】组合键将Word文档以"狼来了"为名进行保存（最终效果参见：效果文件\第2章\狼来了.doxc）。

2.2 图片素材

有些幼儿的思维具有一定的抽象倾向，但大部分的仍然以具体形象思维为主，并且，幼儿有自主意识地观察事物的时间比较短。因此，较多的文字可能会让幼儿失去学习兴趣。利用图片素材，并以标注的形式将重要的信息标识出来，图文并茂地展现教学内容，可以大大提高幼儿的学习兴趣。因为图片可以生动、形象、直观地表示出大量信息，帮助幼儿分析和理解教学的内容，解释相关的概念或现象，所以，图片素材是幼儿学习时容易接受的信息表现元素之一。图片素材主要应用于幼儿园多媒体课件中使用的图形、背景图片及创设教学情境等方面。下面使用美图秀秀处理一张草原卡片来作为幼儿园课件中的背景图片，参考效果如图2-8所示。

图2-8　草原卡片

2.2.1　图片素材的收集

图片素材的收集方式多种多样，下面介绍5种常见的方式。

1．通过数码产品收集

如今，数码产品广泛普及，数码相机、高清拍照手机等大众化的数码产品都可以作为收集图片素材的工具。图片素材可以通过自行拍摄方式来收集，然后将拍摄的数码图片直接导入计算机中。

2．通过扫描收集

使用扫描仪可将一些非电子格式的图像扫描到计算机中，保存为电子图像格式，便于计算机多媒体辅助教学课件的制作。扫描图片通常使用的扫描仪为平板扫描仪。扫描仪与复印机相似，将需要扫描的实物图片正面朝下，放在扫描仪的玻璃板上，调用扫描仪驱动程序获取图像信息即可，如图2-9所示。

图2-9　平板扫描仪

3．网上搜索图片进行下载

互联网提供了大量的图片素材，用户可以利用搜索引擎搜索喜欢或需要的图片，然后将其下载到本地计算机中，其具体操作如下。

（1）打开"百度图片"页面，在搜索文本框中输入"贺卡"文本，单击"搜索"按钮 🔍，如图2-10所示。

（2）此时打开的网页中将显示搜索结果，图片以缩略图的方式显示，单击需要的图片缩略图，如图2-11所示。

微课：网上搜索图片下载

图2-10　输入搜索关键字

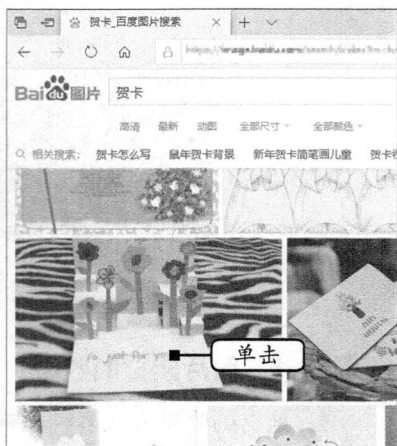

图2-11　单击缩略图

（3）此时将打开原始大小图片所在的网页，并显示预览效果，在其上单击鼠标右键，在弹出的快捷菜单中选择"将图片另存为"命令，如图2-12所示。

（4）打开"另存为"对话框，在其中设置图片的保存位置、文件名和保存类型后，单击 保存(S) 按钮，即可将图片保存到本地计算机中，如图2-13所示（最终效果参见：效果文件\第2章\贺卡.jpg）。

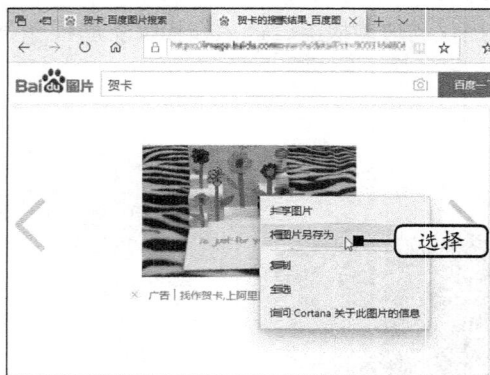

图2-12　选择"将图片另存为"命令

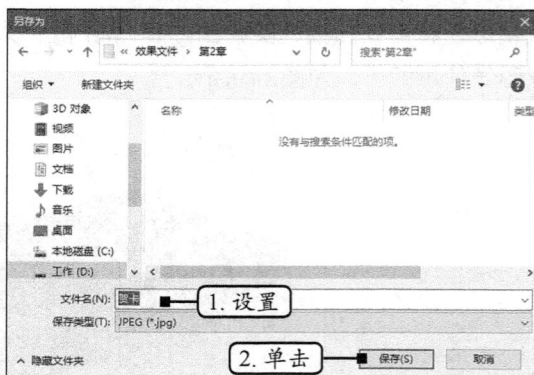

图2-13　保存图片

提示　在浏览网页的过程中，若发现有需要的素材图片，也可直接在图片上单击鼠标右键，在弹出的快捷菜单中选择"将图片另存为"命令，打开"另存为"对话框，使用相同的方法保存图片。

4．屏幕截图

在使用计算机观看视频或浏览文件时，若发现需要的素材，可通过截图的方式将其保存下来，便于以后使用。Windows提供了屏幕截图的功能，直接按【Print Screen】键即可截取整个屏幕画面；按【Alt+Print Screen】组合键则可以截取活动窗口画面。除此之外，还可以通过各种截图软件来实现，常见的截图软件有SnagIt、红蜻蜓等。

腾讯QQ也自带捕捉屏幕的功能，方法是在聊天窗口的工具栏中单击"屏幕截图"按钮⌖▾或按【Ctrl+Alt+A】组合键，然后在屏幕中拖动鼠标框选需要的图片区域，最后单击"完成"按钮✓完成，在打开的对话框中设置保存位置、名称和格式即可。

5．从素材网站中收集图片

互联网上也有专业提供图片素材的网站，这些网站上的图片素材类别多、质量高、尺寸多样，能够很好地满足日常工作中素材的使用需要。但需要注意，这类网站上的一些图片需要开通该网站的会员，或者花钱购买才能使用。常用的专业素材网站有素彩网、千图网、昵图网、我图网等。

2.2.2 图片素材的处理

在多媒体课件设计中，图片的使用非常广泛，因此，幼儿园教师还需要学会对收集的图片进行简单的处理，使其更加符合课件需要。通过Windows 附件中的画图程序可以对图形图像进行简单的处理，Office软件也提供了对图片进行处理的功能。若要对图片进行复杂的处理，则可以使用专业的图形图像处理工具，如Photoshop、CorelDRAW等，采用这些工具处理图像时，这些工具功能更加强大，处理效果更加精细，但同时，操作也相对复杂。

随着数字化的发展，还有一些功能强大、操作简单的软件受到非专业人士的喜爱，如美图秀秀、光影魔术手等，下面主要介绍美图秀秀的使用方法。

1．抠取素材

在课件制作中，有时只需要图片中的一小部分，这时，就需要对收集的素材进行抠图，使用美图秀秀抠图的具体操作如下。

微课：抠取素材

（1）启动"美图秀秀6.0"，在打开的界面中单击"美化图片"按钮🖼，在打开的界面中单击 打开图片 按钮，如图2-14所示。

（2）打开"打开图片"对话框，在其中选择"勺子.jpg"文件，单击 打开(O) 按钮，如图2-15所示（素材参见：素材文件\第2章\勺子.jpg）。

图2-14　单击"打开图片"按钮

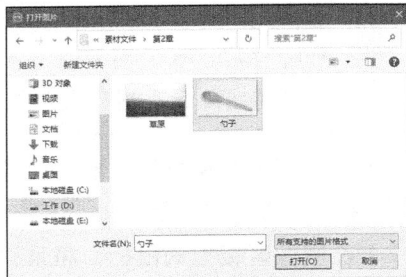

图2-15　选择素材图片

（3）打开图片，单击"抠图"选项卡，在左侧选择"自动抠图"选项，如图2-16所示。

（4）此时，鼠标变为 ↘ 形状，在勺子图形上拖动鼠标进行标记，如图2-17所示。

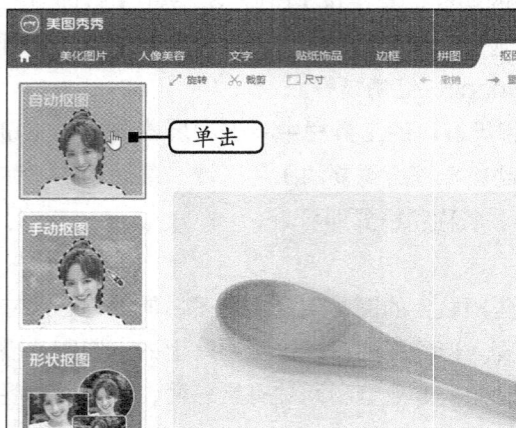

图2-16 选择"自动抠图"选项

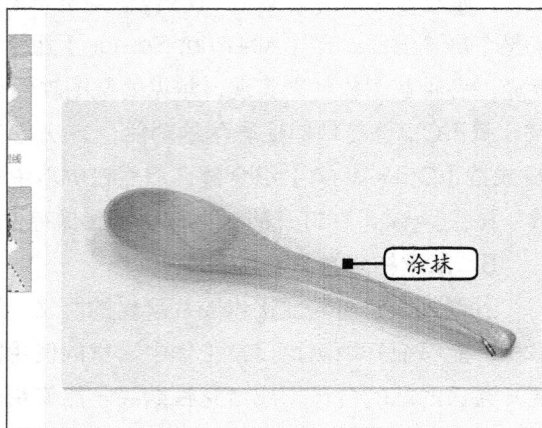

图2-17 标记选区范围

（5）释放鼠标后将得到勺子图像区域，单击 完成抠图 按钮，如图2-18所示。

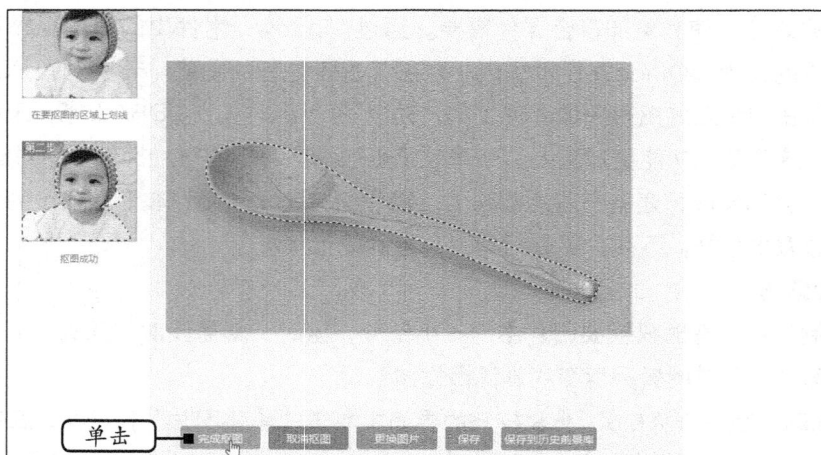

图2-18 创建选区

> **提示**
> 在"抠图"窗口中单击 取消抠图 按钮，可取消当前抠图的选区；单击 更换图片 按钮，可将当前正在抠图的图片更换为其他图片；单击 保存 按钮，则可将当前抠取的图片保存为背景透明的图片；单击 保存到历史前景库 按钮，则可将当前图片保存到历史前景库中。

（6）打开"抠图换背景"窗口，在右侧单击"可爱"选项卡，在右侧列表框中选择一种背景素材，如图2-19所示。

（7）在图像区域拖动鼠标，将素材拖到合适的位置，在左侧的"前景设置"栏中设置透明度为80%，单击 完成 按钮，效果如图2-20所示。

图2-19　选择背景样式

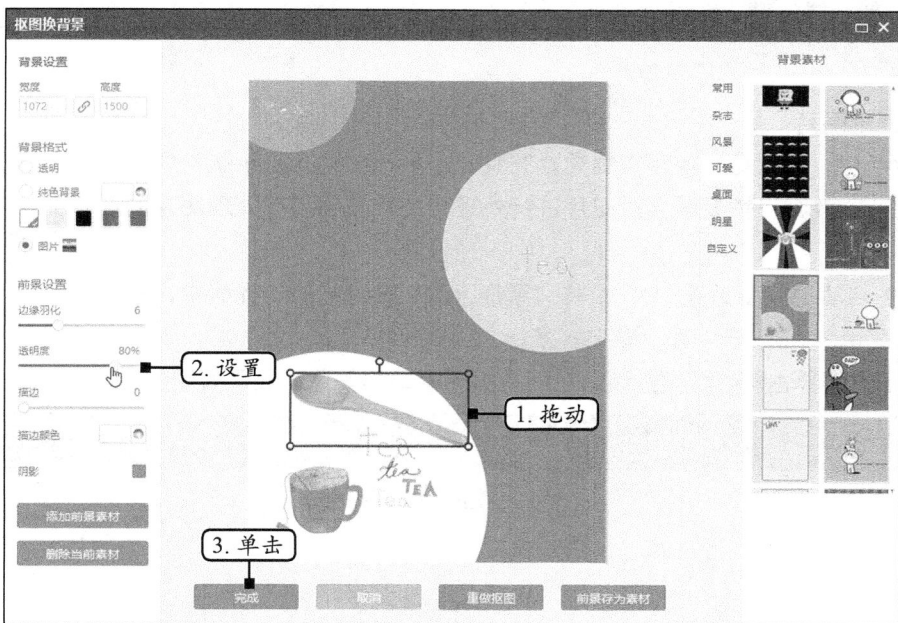

图2-20　更换背景

> **提示**　在左侧单击 添加前景素材 按钮，打开"打开历史前景库"对话框，在其中可选择其他的素材作为前景素材；若不再需要图片中的素材，则可选择素材，然后单击 删除当前素材 按钮将其删除。

（8）返回主界面，单击 ▶ 保存 按钮，打开"保存与分享"对话框，在其中设置保存路径、文件名与格式，然后单击 保存 按钮即可，如图2-21所示。

（9）保存图像后将显示"保存成功"，在对话框中单击 打开新图片 按钮，可打开新的图片进行编辑，单击 打开所在文件夹 按钮，则可以打开图片保存的文件夹。这里直接单击"关闭"按钮⊠关闭对话框，如图2-22所示（最终效果参见：效果文件\第2章\勺子.jpg）。

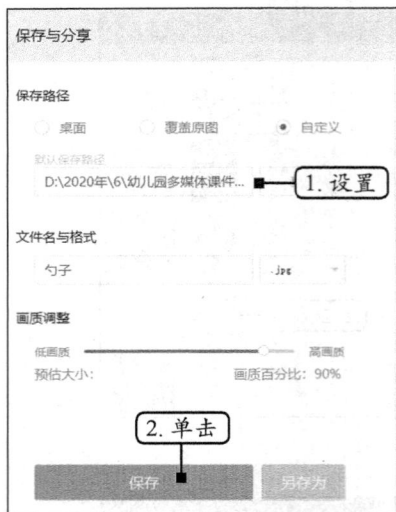

图2-21　保存图像文件

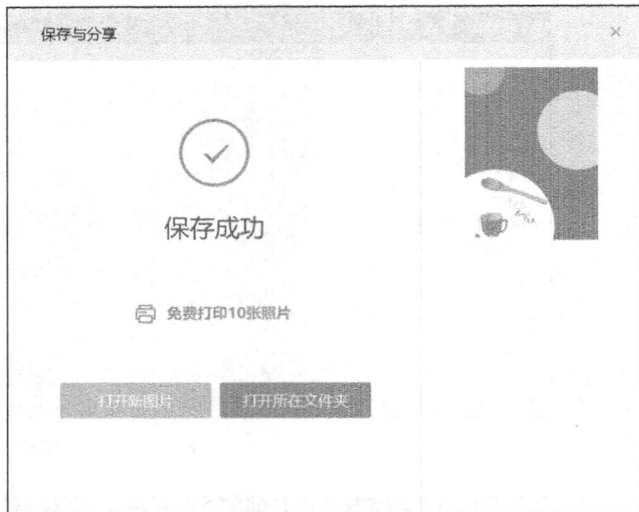

图2-22　关闭窗口

2．处理图片

在教学中，有时可以使用实物图片直观、形象地向幼儿展示教学内容，因此，幼儿园教师还需要学会对图片进行处理，使用美图秀秀处理图片的具体操作如下。

微课：处理照片

（1）启动"美图秀秀6.0"，将"草原.jpg"素材拖动到界面中，打开该素材，如图2-23所示（素材参见：素材文件\第2章\草原.jpg）。

（2）直接单击 一键美化 按钮，对图片进行基础的美化，效果如图2-24所示。

图2-23　打开素材

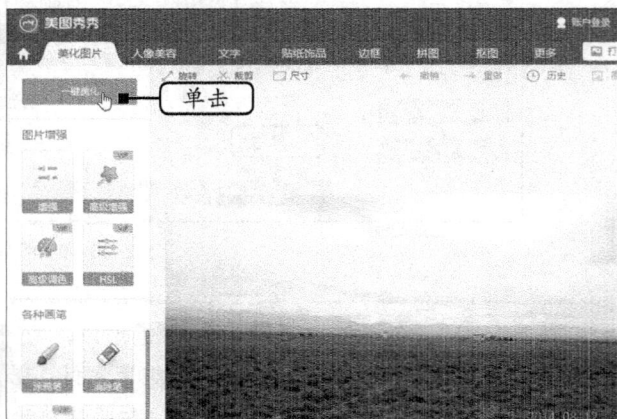

图2-24　一键美化图片

（3）在左侧的"各种画笔"栏中单击"消除笔"按钮 ，打开"消除笔"窗口，在图片右下角的日期上拖动鼠标进行涂抹，效果如图2-25所示。

（4）单击 应用当前效果 按钮，返回图片编辑窗口，在右侧选择"自然"特效滤镜，然后单击 确定 按钮，如图2-26所示。

图2-25 应用消除笔

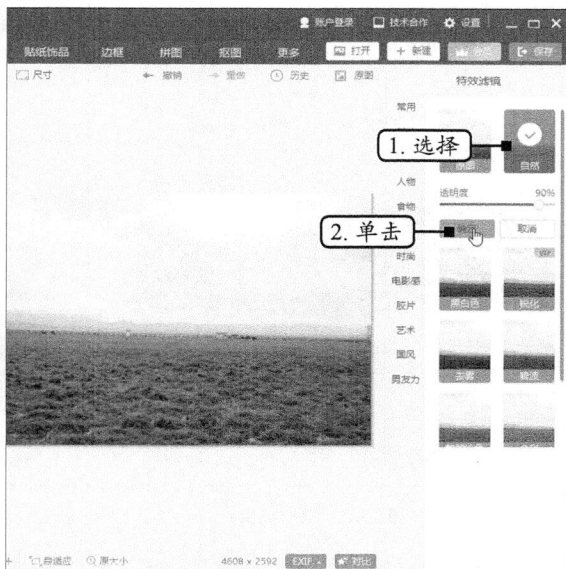

图2-26 应用特效

（5）单击"文字"选项卡，在左侧单击 A 输入文字 按钮，在打开的"文字编辑"对话框中输入"天苍苍，野茫茫，风吹草低见牛羊。"文本，如图2-27所示。

（6）在"字体"下拉列表中选择"方正少儿简体"选项，设置字号为"128"，颜色为橙色，单击选中"阴影"复选框，如图2-28所示。

图2-27 添加文本

图2-28 设置文本效果

（7）单击 确定 按钮，然后将文字移动到图片上方，单击"边框"选项卡，在左侧选择边框分类，在右侧选中边框样式，效果如图2-29所示。

（8）单击 应用当前效果 按钮，应用边框，然后单击 保存 按钮，打开"保存与分享"对话框，在其中设置保存路径、文件名与格式，然后单击 保存 按钮即可，如图2-30所示。

图2-29 添加边框

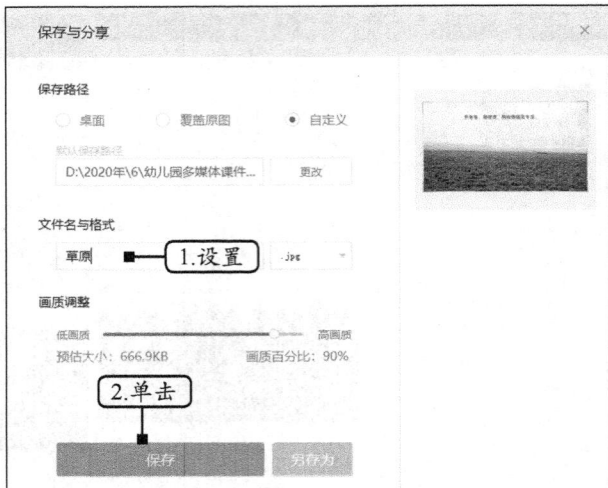

图2-30 保存图片

（9）依次单击"关闭"按钮⊠，关闭美图秀秀即可（最终效果参见：效果文件\
第2章\草原.jpg）。

2.3 声音素材

在幼儿园课堂上，音频的使用非常广泛。例如，为了更好地让幼儿掌握普通话的要领，
会在课堂上进行示范朗读，展示字词的发音标准规范；为了调动幼儿的听觉，使其接受知
识，幼儿园教师会安排富有情感的故事讲解环节等。声音素材的使用非常有利于集中幼儿学
习的注意力，陶冶幼儿的情操，激发幼儿的学习潜力。

2.3.1 声音素材的收集

收集幼儿园课堂中使用的声音素材，可通过使用"语音录音机"录制音
频和网上下载声音素材两种途径。

1. 使用"语音录音机"录制音频

"语音录音机"小立用可用来录制话筒等语音设备中的声音，录音完成
后，自动保存到计算机中，使用"语音录音机"的具体操作如下。

微课：使用
"语音录音机"
录制音频

（1）在"开始"菜单中单击"语音录音机"选项，启动"语音录音机"应用。

（2）在"语音录音机"窗口中，单击"录音"按钮即可开始录制声音。

（3）在录制的过程中，可在重要位置单击"添加标记"按钮，添加一个标记。

（4）若要暂停录音，可单击"暂停"按钮。若要停止录音，可单击"停止录音"按钮。

（5）结束录音后，可在打开的窗口中看到录制的声音，在其上单击鼠标右键，在弹出
的快捷菜单中选择"重命名"命令。

（6）在打开的提示框的文本框中输入新的名称，然后单击"重命名"按钮。

（7）完成重命名设置后，单击"完成"按钮，在打开的列表中选择"更新原始文件"

选项，即可覆盖保存到原来的位置。

2. 网上下载声音素材

网络发达的今天，幼儿园多媒体课件设计中的声音素材更多地是来自网络共享资源，其获取方式与图片素材相似。在计算机中安装相关的音乐播放软件，如QQ音乐等，然后在其中搜索需要的声音素材，在打开的页面中单击"下载"按钮，即可将其下载到本地计算机中。需要注意的是，某些音频需要付费下载。

2.3.2 声音素材的处理

声音素材的处理包括裁剪、更改音量、降低噪声、合成声音等操作，Windows自带的录音机功能较少，此时，可使用专业的音频编辑软件来完成，如GoldWave等。

GoldWave音频工具软件具有声音编辑、播放、录制、转换等功能，它可以打开多种格式的音频文件，还可进行丰富的音频特效处理，提高音质效果，满足不同用途的需求。下面将以GoldWave 6.51汉化版为例，详细介绍其使用方法。

1. 打开、新建和保存音频文件

录制音频是GoldWave的常用功能之一。下面首先启动GoldWave软件，打开计算机中的素材音频文件，然后录制一个音频文件，保存为"录音1.wav"，其具体操作如下。

（1）安装GoldWave后，选择【开始】/【GoldWave】命令，启动GoldWave。

微课：打开、新建和保存音频文件

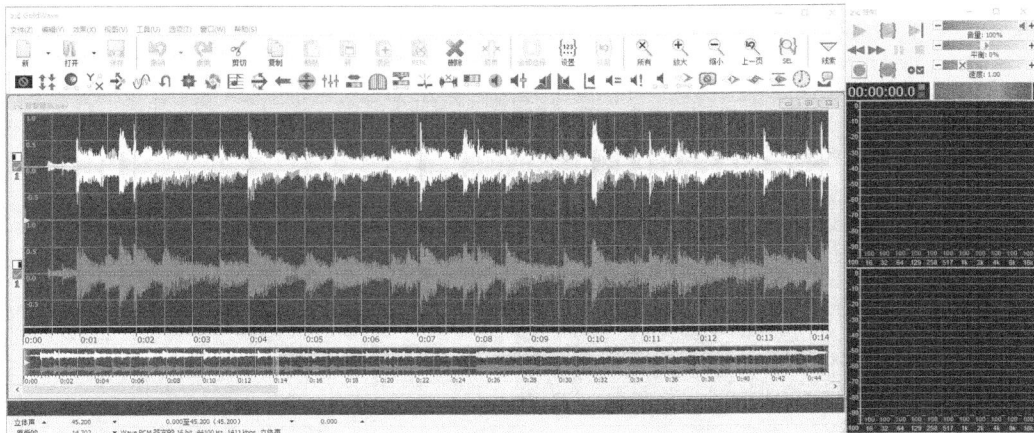

（2）进入软件操作界面，选择【文件】/【打开】命令，打开"打开声音文件"对话框，选择计算机中的任意音频文件。

（3）单击 打开(O) 按钮，此时GoldWave的操作界面如图2-31所示。

图2-31　GoldWave的操作界面

> 第一次启动GoldWave，会在操作界面右侧打开一个控制器面板，关闭该面板后将以控制器栏的方式将其显示在工具栏下方。选择【工具】/【控制器】命令，可在两者间进行切换显示。
>
> 提示

（4）选择【文件】/【新建】命令，或者单击工具栏中的"新"按钮，打开"新声音"对话框，可以根据需要自行设置声音采样速率和初始长度。这里在"预设"下拉列表中选择"CD质量，5分钟"选项，如图2-32所示。

（5）单击 OK 按钮，将生成一个空的音频文件，如图2-33所示。

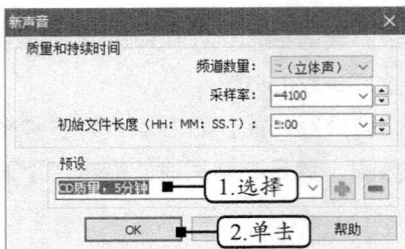

图2-32 设置参数

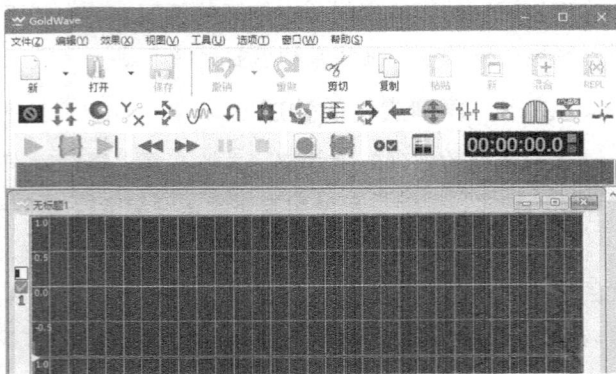

图2-33 新建的音频文件

（6）确认计算机已与话筒相连接，然后单击控制器栏中的"在当前选区内开始录制"按钮，开始录制声音，此时编辑显示窗口中将显示一些波形，表示正在录制，如图2-34所示。

（7）录制结束后单击控制器栏中的"停止录制"按钮，然后选择【文件】/【保存】命令或单击工具栏中的"保存"按钮，打开"保存声音为"对话框。

（8）选择音频文件的保存位置，设置音频文件的保存名称为"录音1"，在"保存类型"下拉列表中选择"波（*.wav）"格式，单击 保存(S) 按钮，如图2-35所示。

图2-34 正在录制音频

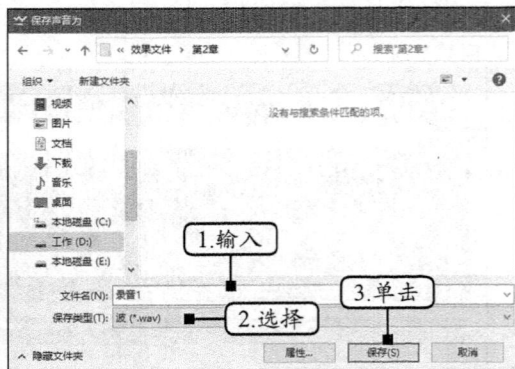

图2-35 保存音频文件

2. 剪裁音频文件

音频文件录制好后，可根据需要对其进行剪裁处理，即删除掉不需要的部分，用该方法也可提取已有音频文件中的部分音频。下面将对前面录制好的音频"录音1.wav"进行剪裁处理，其具体操作如下。

微课：剪裁音频文件

（1）在编辑显示窗口中按住鼠标左键不放并进行拖动，选择需要保留的音频波形，选择的音频波形将以高亮状态显示，未选择部分以黑底状态显示，如图2-36所示。

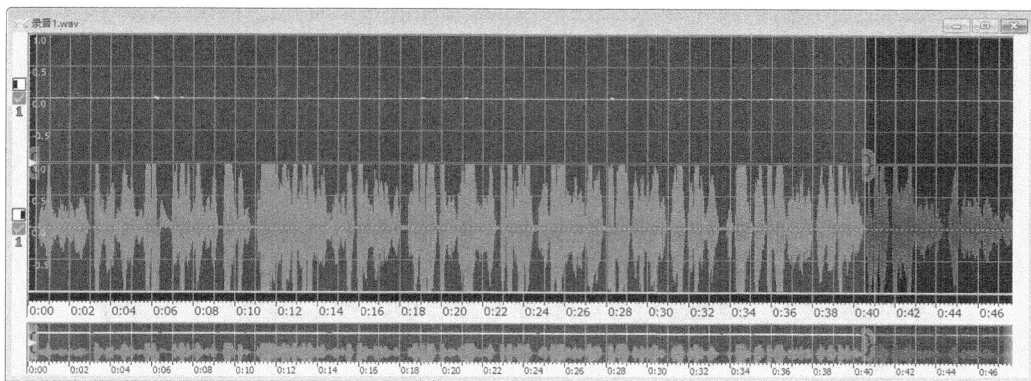

图2-36　选择要保留的音频部分

（2）单击控制器栏中的 ▶ 按钮，可只播放选取的部分音频，通过该操作可以确认要保留的音频部分，若不合适可重新进行选择。

（3）选择需要保留的音频波形后，单击工具栏中的"修剪"按钮 ⊹ ，将不需要的部分删除，此时将只保留选取的音频波形。

（4）用同样的方法可以继续修剪音频，完成后保存音频文件。

3. 更改音量

更改音量包括调整音频的音量大小及设置淡入和淡出音量效果等。下面更改前面录制的音频"录音1.wav"的音量，包括选择开始的一小段，增大其音量，再为开始的一段音频添加淡入效果，其具体操作如下。

微课：更改音量

（1）在编辑显示窗口中按住鼠标左键不放并进行拖动，选择开始的一小段音频部分，然后选择【效果】/【音量】/【改变音量】命令，打开"改变音量"对话框。

（2）在"预设"文本框中输入或选择一个数值，正数表示增大音量，负数表示减小音量，这里将数值设置为"2"，单击右侧的 ▶ 按钮即可进行试听，如图2-37所示。

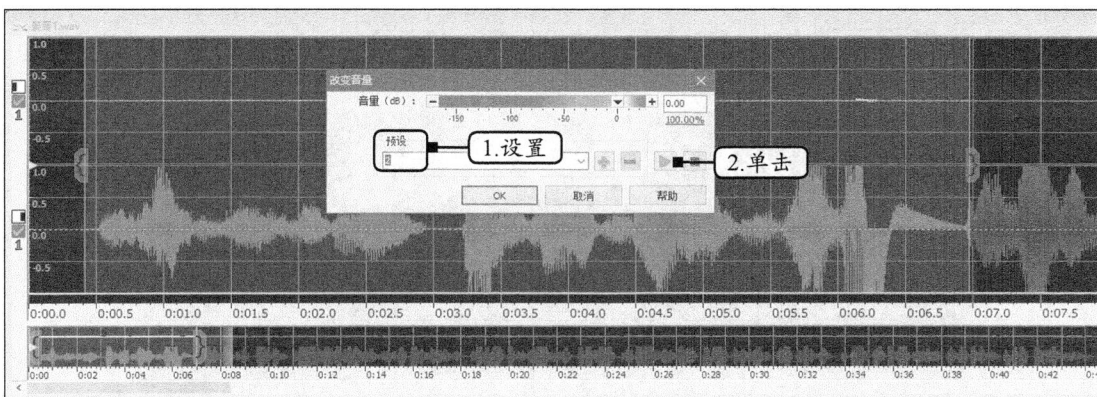

图2-37　增大音量

（3）单击 OK 按钮，关闭对话框并使设置生效，在编辑显示窗口中可看出音频波形的幅度会减小，如图2-38所示。

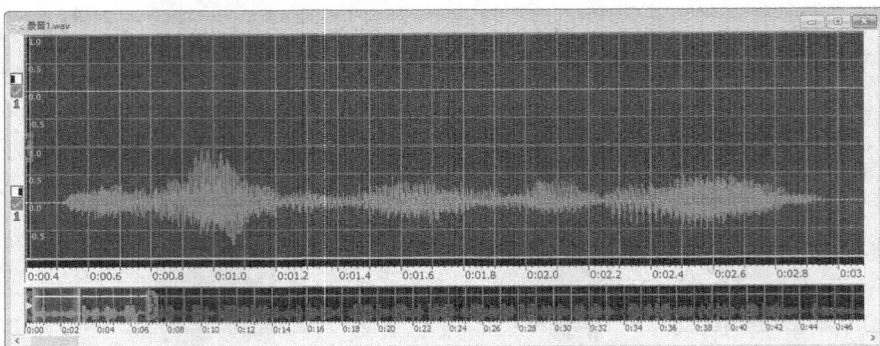

图2-38　查看效果

（4）在编辑显示窗口中选择开始处的一小段音频部分，然后选择【效果】/【音量】/【淡入】命令，打开"淡入"对话框。

（5）在"预设"下拉列表中选择"50%至全量，线性"选项，单击右侧的▶按钮即可进行试听，如图2-39所示。

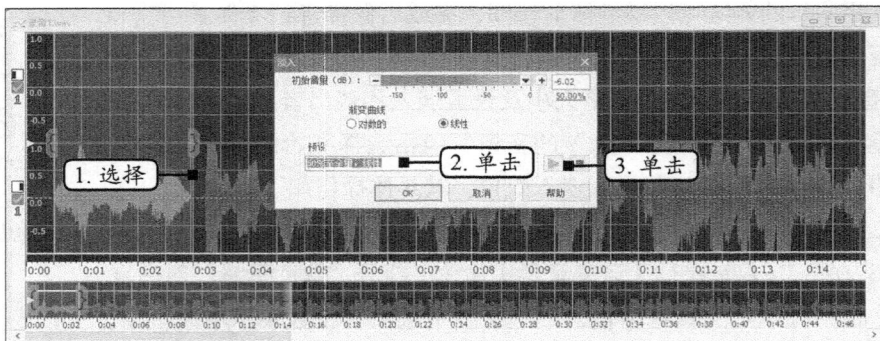

图2-39　设置淡入效果

（6）单击 OK 按钮，确认设置，效果如图2-40所示。

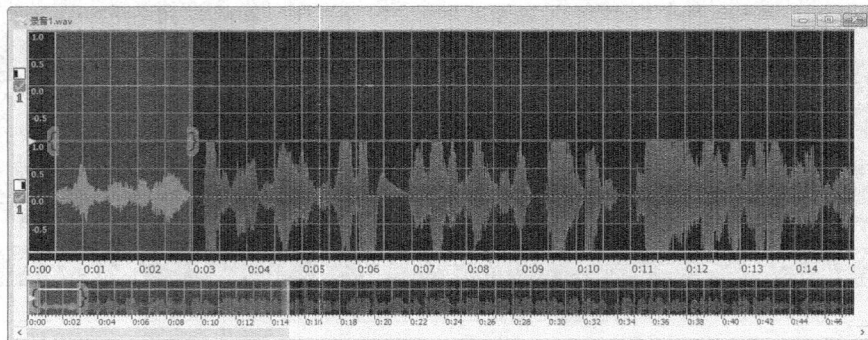

图2-40　查看效果

4. 降噪和添加音效

利用GoldWave，可以对声音的效果进行特效处理。例如，录制的音频有比较大的噪声时，可以利用GoldWave提供的降噪功能对其进行处理，还可添加回声和组合音效等，其具体操作如下。

微课：降噪和
添加音效

（1）选择全部音频，再选择【效果】/【过滤】/【降噪】命令，打开"降噪"对话框。

（2）在"预设"下拉列表框中选择"初始噪音"选项，可有效地降低噪声，单击右侧的 ▶ 按钮即可进行试听，如图2-41所示，然后单击 OK 按钮使设置生效。

（3）选择最后一小段音频，选择【效果】/【回声】命令，打开"回声"对话框。

（4）分别调整"延迟""音量""反馈"等各项参数，对回声的效果进行设置，也可以直接在"预设"下拉列表框中选择GoldWave预置的一些常见的回声效果，这里选择"5秒回声"选项，如图2-42所示。

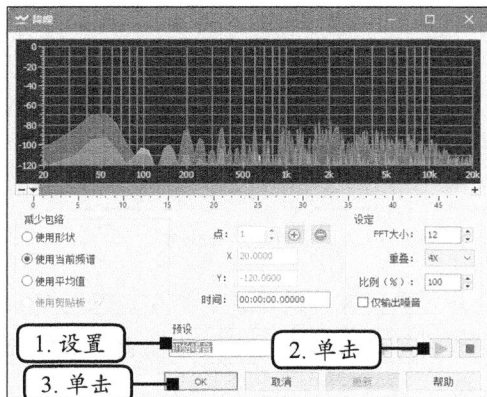

图2-41　设置降噪

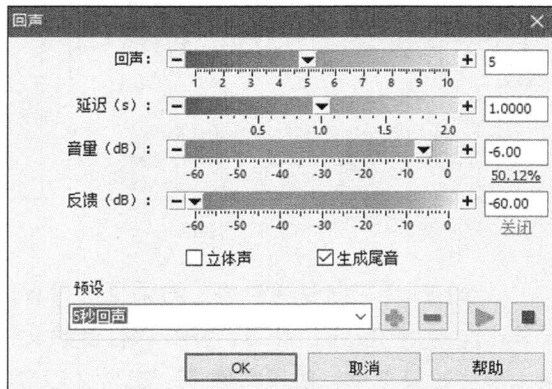

图2-42　设置回声

（5）单击右侧的 ▶ 按钮即可进行试听，满意后单击 OK 按钮使设置生效，效果如图2-43所示。保存音频（最终效果参见：效果文件\第2章\录音1.wav）。

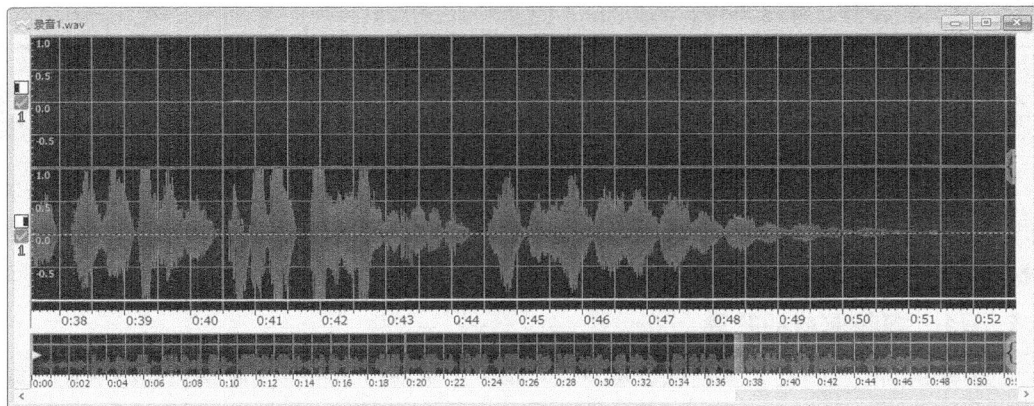

图2-43　查看效果

5. 合并音频文件

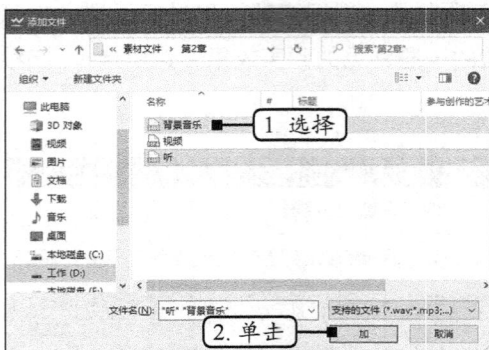

合并音频文件是指将多个音频文件合成一个音频文件，并保存为新的音频文件。下面对计算机中的"背景音乐.wav"和"听.wav"两个音频文件（素材参见：素材文件\第2章\背景音乐.wav、听.wav）进行合并操作。

（1）选择【工具】/【文件合并器】命令，打开"文件合并"对话框。

（2）单击 ✚ 添加文件... 按钮，打开"添加文件"对话框，按【Ctrl】键的同时，单击选择多个文件，如图2-44所示，单击 加 按钮。

（3）返回"文件合并"对话框，根据需要调整合并的顺序，单击 合并... 按钮，如图2-45所示。

图2-44 "添加文件"对话框   图2-45 "文件合并"对话框

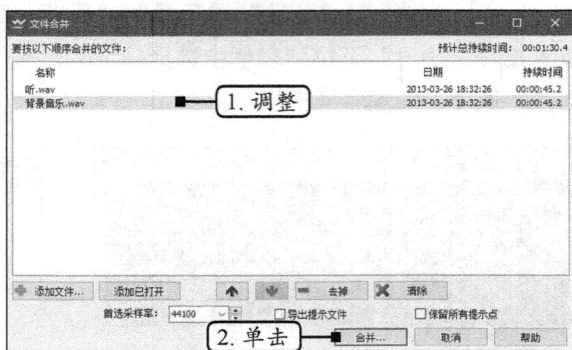

（4）打开"保存声音为"对话框，设置保存合并后声音文件的位置、类型、文件名，再单击 保存(S) 按钮，开始合并并保存音频文件，完成后打开音频文件即可查看合并后的效果（最终效果参见：效果文件\第2章\合并后音频.wav）。

> 提示
>
> 在GoldWave的编辑显示窗口中选择音频波形后按【Ctrl+C】组合键复制音频，然后单击要复制到的位置后按【Ctrl+V】组合键进行粘贴，可实现音频的复制操作。同样，使用【Ctrl+X】组合键和【Ctrl+V】组合键可以实现音频的剪贴操作。

2.4　视频素材

视频集声、光、画为一体，能给人直观的感受。在幼儿园多媒体教学设计中，幼儿园教师可将自然风光、人文景观等用视频的形式来表现，进行辅助教学，这种方式更加适合幼儿的身心特点，更易于激发幼儿的学习兴趣。

2.4.1　视频素材的收集

视频素材的收集与图片素材的收集方式相似，主要通过自行拍摄收集和网络下载收集两种方式。

（1）自行拍摄收集。利用数码相机或手机直接拍摄数字影像，并保存为视频格式，不需要转换即可直接输入到计算机中。其特点是视频体积小，便于存储，使用方便。

（2）网络下载收集。网络中的视频资源格式繁多，因此在下载视频时，需要注意视频文件的格式。由于视频文件通常比较大，因此，可以借助专门的下载工具来完成，常用的下载工具有迅雷软件、BitTorrent和硕鼠。这些工具的操作方法相对简单，这里就不再赘述。

2.4.2　视频素材的处理

会声会影是一款功能强大的视频编辑软件，具有图像捕获和编辑功能。使用会声会影可以对视频素材进行编辑，处理视频素材的具体操作如下。

微课：视频素材的处理

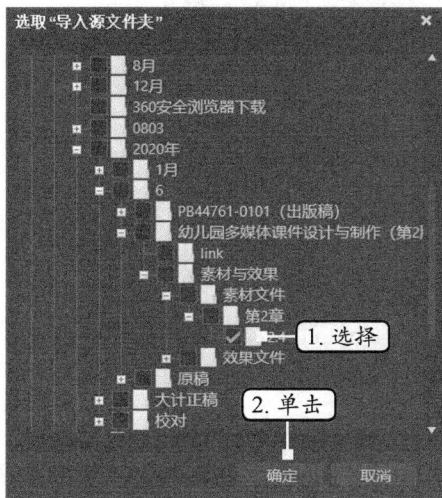

（1）选择【开始】/【会声会影2020】命令，启动会声会影程序。单击 捕获 按钮，切换到"捕获"模式，选择"从数字媒体导入"选项，打开"选取'导入源文件夹'"对话框，在其中找到需要编辑的视频所在的文件夹，单击 确定 按钮，如图2-46所示。

（2）打开"从数字媒体导入"对话框，单击 起始 按钮，在打开的界面中选择需要导入的视频文件，这里选择第1个和第3个，在"工作文件夹"选项中设置项目保存的位置，如图2-47所示。

（3）单击 开始导入 按钮，此时，会声会影将开始导入选择的视频，并显示导入进度。

图2-46　选择文件夹

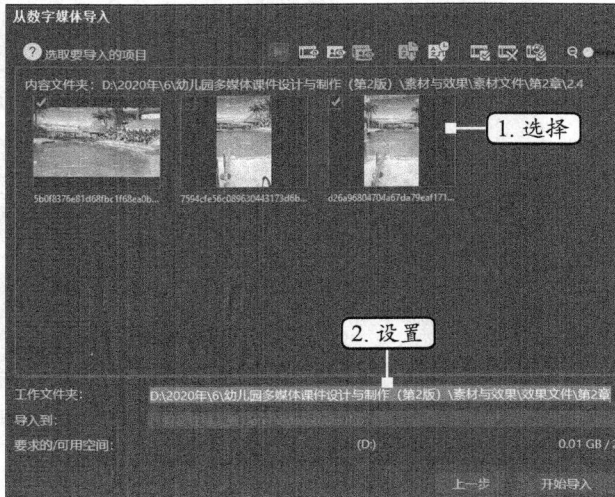

图2-47　选择需要导入的视频

（4）打开"导入设置"对话框，单击选中"捕获到素材库"复选框，在其下单击"添加新文件夹"按钮 ＋，打开"添加新文件夹"对话框，在其中输入"海豚表演"，然后单击 确定 按钮，返回"导入设置"对话框，单击 确定 按钮，如图2-48所示。

（5）此时，选中的视频将被导入到素材库中，并在预览窗口中显示，如图2-49所示。

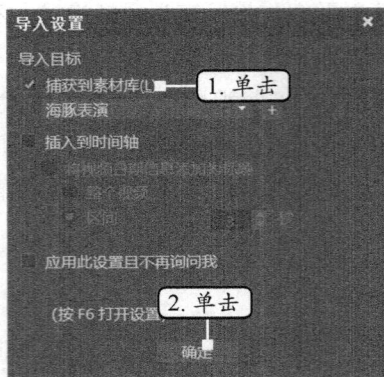

图2-48　设置视频导入到素材库中

图2-49　查看导入的视频

（6）单击 编辑 按钮，切换到编辑界面，将其中一个素材视频直接从素材库中拖动到"视频"轨道中，第一次使用该功能将打开提示对话框，单击选中"下次不显示此消息"复选框，单击 否(N) 按钮，如图2-50所示。

图2-50　插入视频到轨道

（7）在"时间轴视图"面板的"视频"轨道中单击拖入的视频，将鼠标指针移动到视频左侧，当指针变为 形状时向右拖动，并在预览窗口中观察，当视频画面出现倾斜时，释放鼠标，如图2-51所示。

> 提示　选择视频素材后，按空格键播放视频，播放到需要的位置时，按空格键暂停，然后在"视频预览窗口"面板中单击"开始标记"按钮 ，此时，将自动以播放线所在的位置为视频的开始位置，前面部分会保留在时间轴中，但不会自动播放，视频开始部分位置则在标记的位置。

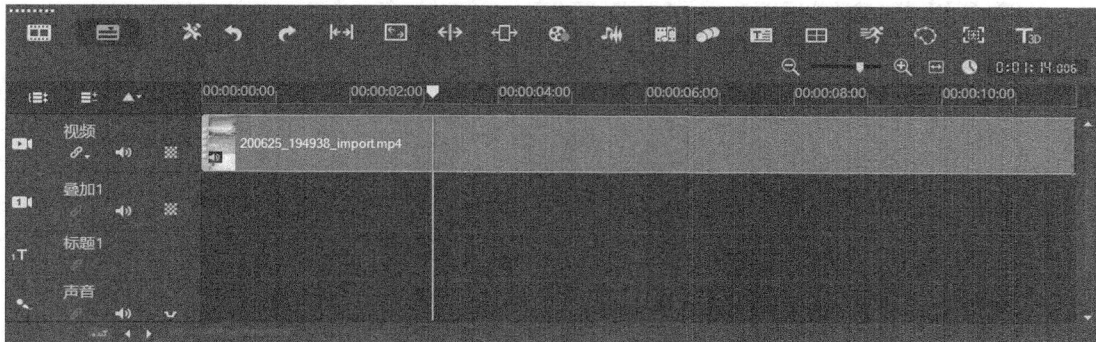

图2-51　裁剪视频

（8）此时，可将视频前的画面倾斜的部分删除。在视频上单击鼠标右键，在弹出的快捷菜单中选择"旋转"命令，在弹出的子菜单中选择"向左旋转"命令，如图2-52所示。

（9）此时画面将向左旋转90°，观察发现，旋转后的视频没有铺满屏幕，因此，再次在"视频"轨道的视频上单击鼠标右键，在弹出的快捷菜单中选择"运动"命令，在弹出的子菜单中选择"自定义动作"命令，打开"自定义动作"对话框，在"大小"栏中单击"锁定宽高比"按钮，解锁宽高比例，在左侧数值框中分别输入"312"和"308"，如图2-53所示。

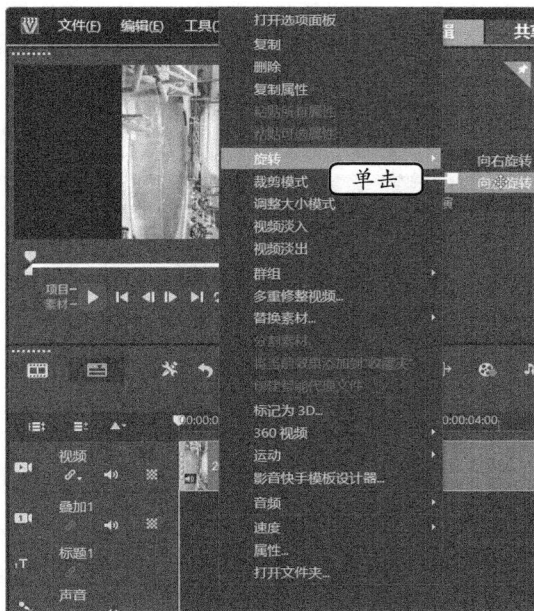

图2-52　选择菜单样式

图2-53　调整视频宽高比

（10）单击按钮，返回主界面，按空格键继续播放视频，当播放到合适的位置时按空格键暂停，这里在视频画面中的海豚跳回水里后暂停，然后在"视频预览窗口"面板中单击"根据滑轨位置分割素材"按钮，将一段视频分割为两段，如图2-54所示。

图2-54　分割视频

（11）继续播放视频，当播放到海豚出水的位置时，按空格键暂停播放，然后单击"根据滑轨位置分割素材"按钮，再次分割视频，选择分割出来的第1段视频，按【Delete】键删除，此时后面部分的视频将自动前移。

（12）观察发现，后面部分视频的画面小于前面部分，选择第2段视频，在其上单击鼠标右键，在弹出的快捷菜单中选择【运动】/【自定义动作】命令，打开"自定义动作"对话框，在"大小"栏中分别设置数值为"312"和"308"，然后将播放线移动到最后位置，再次在"大小"栏中分别设置数值为"312"和"308"，单击　　确定　　按钮，如图2-55所示。

图2-55　裁剪视频内容并调整大小

（13）使用相同的方法裁剪后面的视频，将不需要的视频内容部分裁剪掉，然后通过"自定义动作"对话框调整画面大小，使其统一，完成后的"时间轴视图"面板如图2-56所示。

图2-56　裁剪视频内容并调整

（14）在素材库中将另一个视频素材拖动到视频轨的开始位置释放，使该素材在视频的最前面，使用前面讲解的方法对素材进行相应的调整，完成视频的裁剪工作。

（15）选择【文件】/【保存】命令，打开"另存为"对话框，在其中设置文件的保存位置和名称，单击 保存(S) 按钮，如图2-57所示。

（16）单击 共享 按钮，在打开的面板中选择"MPEG-4"选项，在下方的"文件名"文本框中输入"海豚表演"，在"文件位置"选项中设置导出视频的保存位置，单击 开始 按钮，如图2-58所示（最终效果参见：效果文件\第2章\海豚表演.mp4）。

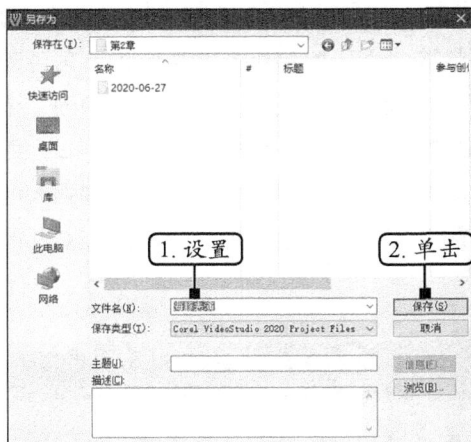

图2-57　保存文件

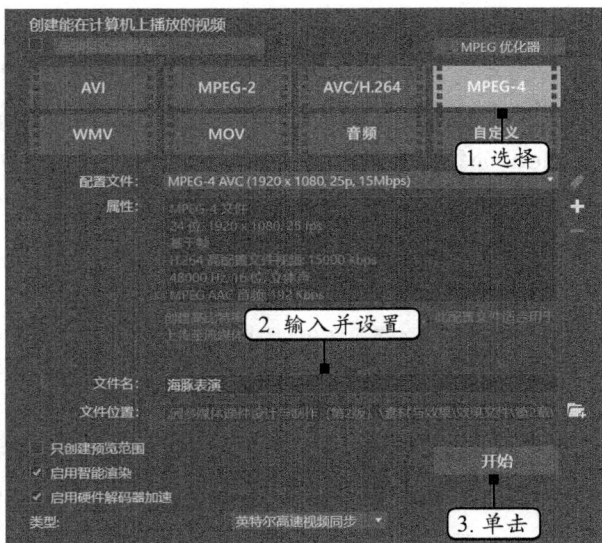

图2-58　输出视频

2.5　动画素材

动画素材是对幼儿最有感染力的素材之一，它能够利用多媒体动态地展示图形变换的过

程或事物的形成，具有强烈的直观性。数字化发展的今天，幼儿从小就接触动画片，幼儿园
教学活动设计若能模仿动画中的人物，则能够有效拉近教学内容与幼儿的距离，并激发他们
的兴趣。因此，在多媒体课件中添加动画素材能够加强教学效果。

2.5.1　动画素材的收集

动画是通过连续播放一系列的画面，在视觉上造成连续变化的图像效果。动画的基本原
理是视觉暂留效应，常见的动画主要有GIF动画和Flash动画等，下面具体介绍这两类动画相
关动画素材的获取方式。

（1）GIF动画。GIF（Graphics Interchange Format，图形交换格式）是由CompuServe
公司在20世纪80年代推出的一种高压缩比的彩色图像文件格式。它的本质是一种图像，网页
上的GIF动画采用保存图像的方法即可下载，也可使用复制粘贴的方法来保存。

（2）Flash动画。Flash动画是使用Flash软件制作的动画，其后缀名为.swf。这种动画
的体积较小，可与HTML紧密结合。利用搜索引擎，输入关键字并进行搜索，即可得到对应
的资源列表，其下载方法与视频的下载方法相同。

2.5.2　动画素材的制作

Flash动画最基本的原件是对象，使用工具箱中的绘图工具可以在图像编辑区中绘制矢
量对象，绘制的对象还可保存为组件，作为动画素材重复使用。对象在场景中的某一时刻静
止，叫作帧。每个场景可创建多个图层，每个图层中又可放置若干个对象，改变对象在场景
中的不同位置和形态，就可使其产生动画效果。使用Flash制作动画的具体操作请参见本书
第5章中的详细讲解。

三维动画又叫3D动画，在课件的使用中也非常常见。3D动画可从网上的素材库中下
载获得，也可使用三维动画制作软件来制作，如Maya、3ds Max或C4D等。Maya是美国
Autodesk公司出品的三维动画制作软件，应用对象非常广泛，如专业的影视广告、角色动
画、电影特效等，但操作相对复杂；3ds Max是世界上应用较为广泛的三维建模、动画、渲
染软件，可以满足高清动画制作、游戏设计等领域的需要，但操作也相对复杂；C4D，即
CINEMA 4D，是由德国Maxon Computer公司研发，其特点是拥有极高的运算速度和强大的
渲染插件，但同时需要结合后期软件After Effects一起使用，操作相对也比较复杂，幼儿园
教师只需要掌握Flash制作动画的相关知识即可。

2.6　练习

本章主要介绍了在设计多媒体课件过程中要使用到的素材的收集和处理方法，学好这些
知识，将有利于幼儿园教师设计出更加符合教学需要、画面精美、效果理想的多媒体课件。

1．制作动物拼图

本练习将使用美图秀秀来制作一个介绍动物的拼图，首先启动美图秀秀，然后将提
供的4张动物素材图片分别打开（素材参见：素材文件\第2章\04.jpg、05.jpg、08.jpg、

09.jpg），并为其添加文字说明，然后使用拼图功能进行拼合，完成后的参考效果如图2-59
所示（最终效果参见：效果文件\第2章\拼图.jpg）。

图2-59　拼图效果

2. 剪辑流水视频

本练习将使用会声会影剪辑一个流水的视频，首先统一视频的画面显示大小，然后分割
视频素材，调整视频素材的顺序，完成后的时间轴效果如图2-60所示，最后将视频渲染输
出（最终效果参见：效果文件\第2章\流水.mp4）。

图2-60　剪辑流水视频

2.7 拓展知识

下面主要介绍一款功能强大的视频处理软件——Adobe Premiere。Adobe Premiere是由Adobe公司推出的一款经典的影视非线性编辑软件。它的编辑画面质量比较高，且兼容性较好，可以与Adobe公司推出的其他软件相互协作，是视频编辑爱好者和专业人士非常青睐的视频编辑工具，图2-61所示为Adobe Premiere的操作界面。下面对其主要特点和功能进行简单介绍。

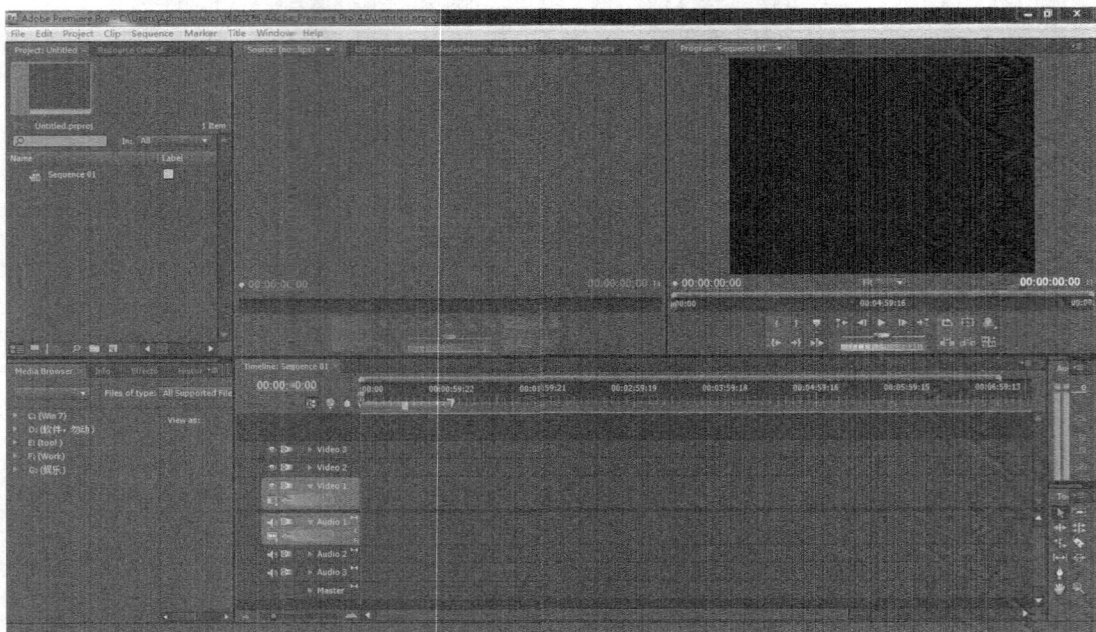

图2-61 Adobe Premiere的操作界面

（1）主要特点。它是一款简单易学、高效、精确的视频剪辑软件，在进行视频编辑、节目预览、视频捕获及节目输出等操作时，可以在兼顾效果和播放速度的同时，实现较好的影音效果。

（2）主要功能。它的功能主要包括对影视节目进行剪辑、转场及特效处理，在视频素材上增加各种字幕、图标，压缩合成影音文件，以及与线性设备进行实时对接等。从采集到编辑，再到最后合成、存盘或刻录，能满足大部分人的编辑需要并达到非常好的视频效果。

Kindergarten

Kindergarten

第3章
PPT演示型课件制作（一）

教师根据教学目标，利用PowerPoint合理地将教学内容按照一定的组织结构制作而成的课件就是演示型课件。演示型课件的生动性、对照性特点可极大地提高幼儿对事物的认知，因此，制作生动的PPT演示型课件是幼儿园教师需要掌握的技能。本章通过3个具体案例来讲解使用PowerPoint 2016制作演示型课件的基本方法。

课堂学习目标

● 制作"植物有哪些部分"课件

● 制作"有趣的图形"课件

● 设计课件的母版

3.1 制作"植物有哪些部分"课件

Microsoft 公司推出的PowerPoint是一款在幼儿园教学中非常常见的演示型课件制作软件。一个演示文稿由多张幻灯片组成，一张幻灯片由多个对象内容组成。在学习PowerPoint 2016的使用方法前，幼儿园教师首先应该掌握PowerPoint 2016的基本操作，这样才能制作出教学中需要的PPT演示型课件。本节将通过制作"植物有哪些部分"课件来具体讲解 PowerPoint 2016的基本操作，参考效果如图3-1所示。

图3-1 "植物有哪些部分"课件

3.1.1 认识PowerPoint 2016的操作界面

单击"开始"按钮，在打开的面板中选择"PowerPoint"命令，启动PowerPoint 2016后即可看到其操作界面，如图3-2所示。下面对PowerPoint 2016操作界面中的主要组成部分进行介绍。

（1）标题栏。标题栏位于PowerPoint 2016操作界面的最顶端，包括演示文稿名称、"功能区显示选项"（可对功能选项卡和命令区进行显示和隐藏操作）和右侧的"窗口控制"按钮组（包含"最小化"按钮、"最大化"按钮和"关闭"按钮），其中"窗口控制"按钮组可用于最大化、最小化和关闭窗口。

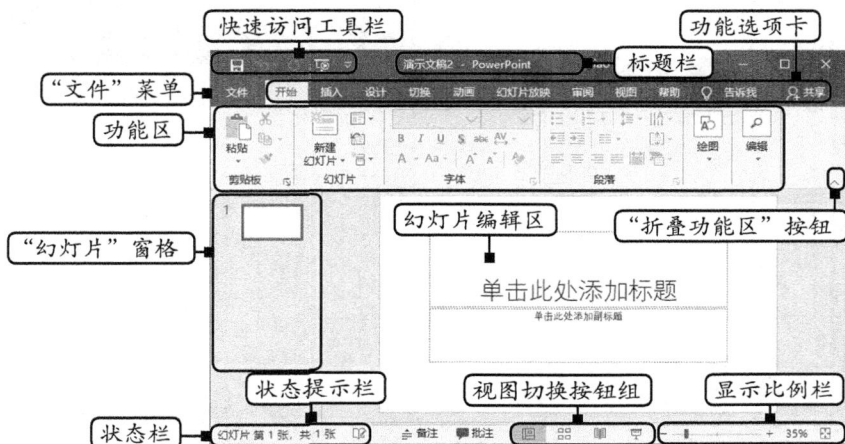

图3-2　PowerPoint 2016操作界面

（2）快速访问工具栏。快速访问工具栏中显示了一些常用的工具按钮，默认按钮有"保存"按钮🔲、"撤销键入"按钮🔄、"重复键入"按钮↻和"从头开始"按钮🔳。用户还可自定义按钮，只需单击该工具栏右侧的"自定义快速访问工具栏"按钮▾，在打开的下拉列表中选择相应的选项即可。

> 默认情况下，PowerPoint 2016软件的快速访问工具栏显示在功能选项卡的上方，用户可单击"自定义快速访问工具栏"按钮▾，在打开的下拉列表中选择"在功能区下方显示"选项，将快速访问工具栏显示在功能区的下方。

（3）"文件"菜单。该菜单中的内容主要用于执行与该组件相关演示文稿的新建、打开、保存、共享等基本命令，菜单最下方的"选项"命令可用于打开"PowerPoint 选项"对话框，在其中可对PowerPoint组件进行常规、显示、校对、自定义功能区等多项设置，如图3-3所示。

（4）功能选项卡。单击任一选项卡可打开对应的功能区，单击其他选项卡可分别切换到相应的选项卡，每个选项卡中分别包含了相应的功能集合。在功能选项卡右侧有一个智能搜索框，它是PowerPoint 2016软件新增的一项功能，通过该搜索框用户可轻松找到相关的操作说明。例如，需在文档中插入目录时，便可以直接在搜索框中输入目录，此时会显示一些关于目录的信息，将鼠标指针定位至"目录"选项上，在打开的子列表中就可以快速选择自己想要插入目录的形式，如图3-4所示。另外，单击右侧的"共享"按钮，将打开"共享"任务窗格，在其中可直接将当前的演示文稿以文件的形式保存到网络中。

（5）功能区。在功能区中有许多自动适应窗口大小的工具组，不同的工具栏中又放置了与此相关的命令按钮或列表框。"文件"菜单用于执行PowerPoint演示文稿的新建、打开、保存和退出等基本操作；而在功能区中选择其他相应的命令，将显示对应的任务窗格。

图3-3 "文件"菜单中的基本命令

图3-4 使用智能搜索框搜索

（6）"折叠功能区"按钮∧。在功能区的右端有一个"折叠功能区"按钮∧，单击它可以隐藏操作界面中的功能区，仅显示功能选项卡。若要在操作界面中重新显示功能区，可单击任意功能选项卡，在石下角单击"固定功能区"按钮▭。

（7）"幻灯片"窗格。"幻灯片"窗格位于幻灯片编辑区的左侧，主要显示当前演示文稿中所有幻灯片的缩略图，单击某张幻灯片缩略图，可跳转到该幻灯片并在右侧的幻灯片编辑区中显示该幻灯片的内容。

（8）幻灯片编辑区。幻灯片编辑区用于显示和编辑幻灯片，在"幻灯片"窗格中单击某张幻灯片后，该幻灯片的内容将显示在幻灯片编辑区中。幻灯片编辑区是使用PowerPoint制作演示文稿的操作平台，在其中可输入文字、插入图片、设置动画效果等。如果当前演示文稿中有多张幻灯片，其右侧将出现一个滚动条，单击▲或↑按钮，可切换到上一张幻灯片；单击▼或↓按钮，可切换到下一张幻灯片，如图3-5所示。单击"视图"选项卡，在【视图】/【显示】组中单击选中"标尺"复选框，可在幻灯片编辑区上方和左侧显示标尺，通过标尺可方便地查看和调整幻灯片中各对象的对齐情况。

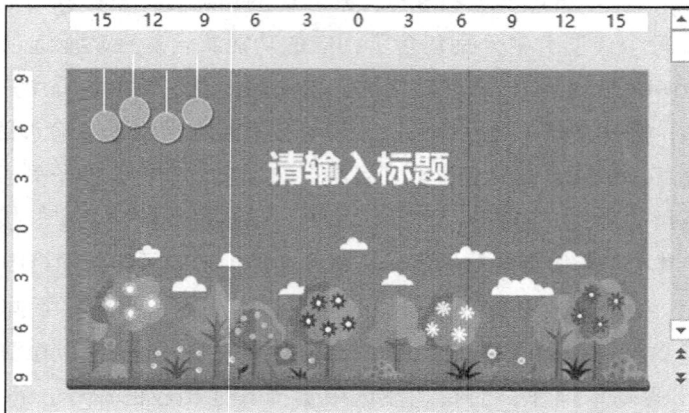

图3-5 幻灯片编辑窗口

（9）状态栏。状态栏位于操作界面的底端，用于显示当前幻灯片的页面信息，它主要由状态提示栏、"备注"按钮 ≜备注 、"批注"按钮 ▇批注 、视图切换按钮组 回 品 匪 早 、显示比例栏5部分组成。其中，单击"备注"按钮 ≜备注 和"批注"按钮 ▇批注 ，可以为幻灯片添加备注和批注内容，为演示者的演示作提醒说明；用鼠标拖动显示比例栏中的缩放比例滑块，可以调节幻灯片的显示比例。单击状态栏最右侧的 ⊞ 按钮，可以使幻灯片的显示比例自动适应当前窗口的大小。

3.1.2　幻灯片的视图模式

PowerPoint 2016为用户提供了普通视图、幻灯片浏览视图、阅读视图、备注页视图和幻灯片放映视图5种视图模式，在操作界面下方的状态栏中单击相应的视图切换按钮或在【视图】/【演示文稿视图】组中单击相应的视图切换按钮即可进入相应的视图。各视图的功能分别如下。

（1）普通视图。普通视图是PowerPoint 2016默认的视图模式，打开演示文稿即进入普通视图，单击"普通视图"按钮回也可切换到普通视图。在普通视图模式下，可以对幻灯片的总体结构进行调整，也可以对单张幻灯片进行编辑。普通视图模式是编辑幻灯片时最常用的视图模式，如图3-6所示。

（2）阅读视图。单击"阅读视图"按钮回即可进入阅读视图。进入阅读视图后，可以在当前计算机上以窗口方式查看演示文稿的放映效果，单击"上一张"按钮⊙和"下一张"按钮⊙可切换幻灯片，如图3-7所示。

图3-6　普通视图　　　　　　　　　　　　　　图3-7　阅读视图

（3）幻灯片浏览视图。单击"幻灯片浏览"按钮即可进入幻灯片浏览视图。在该视图中可以浏览演示文稿中所有幻灯片的整体效果，并且可以对其整体结构进行调整，如调整演示文稿的背景、移动或复制幻灯片等，但是不能编辑幻灯片中的内容，如图3-8所示。

（4）备注页视图。在【视图】/【演示文稿视图】组中单击"备注页"按钮，可进入备注页视图模式。备注页视图是将"备注"窗格以整页格式进行查看和使用，在备注页视图中可以更加方便地编辑备注内容，如图3-9所示。

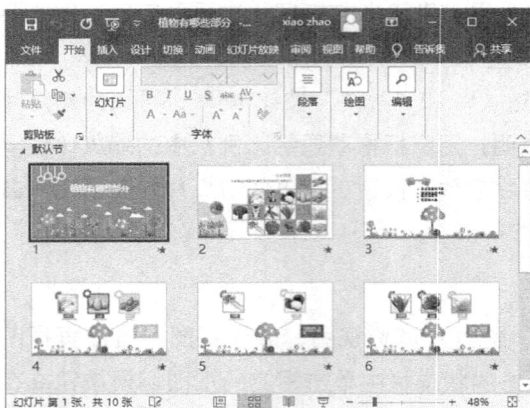

图3-8　幻灯片浏览视图

图3-9　备注页视图

（5）幻灯片放映视图。单击"幻灯片放映"按钮 即可进入幻灯片放映视图。进入幻灯片放映视图后，演示文稿中的幻灯片将按放映设置进行全屏放映。在放映视图中，可以浏览每张幻灯片的放映情况，测试幻灯片中插入的动画和声音效果，并可控制放映过程。

3.1.3　新建演示文稿

新建演示文稿的方法很多，如通过命令新建空白演示文稿、通过快捷菜单新建空白演示文稿和通过自带模板新建演示文稿等，用户可根据实际需求进行选择，下面就对这些创建方法进行讲解。

（1）通过命令新建空白演示文稿。启动PowerPoint 2016后，选择【文件】/【新建】命令，打开的"新建"列表框中显示了多种演示文稿类型，此时选择"空白演示文稿"选项，即可新建一个空白演示文稿，如图3-10所示。

（2）通过快捷菜单新建空白演示文稿。在桌面空白处单击鼠标右键，在弹出的快捷菜单中选择【新建】/【Microsoft PowerPoint演示文稿】命令，如图3-11所示。

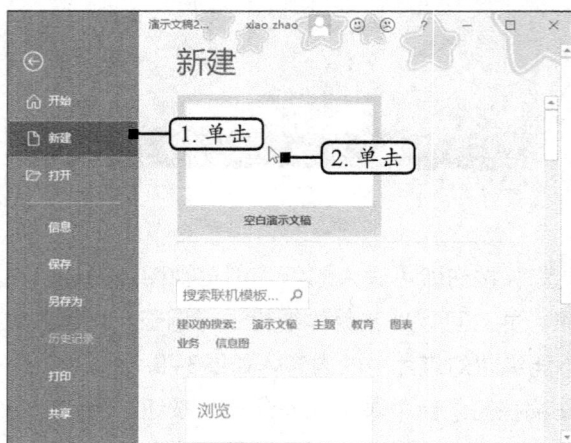

图3-10　通过命令新建空白演示文稿

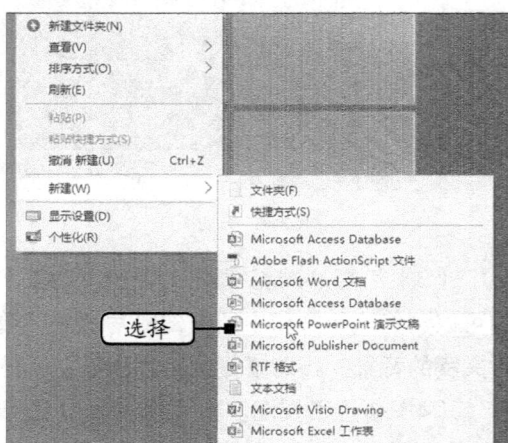

图3-11　通过快捷菜单新建空白演示文稿

（3）通过自带模板新建演示文稿。PowerPoint 2016提供了许多种模板，用户可在预设模板的基础上快速新建带有内容的演示文稿。其方法为：选择【文件】/【新建】命令，在打开的"新建"列表框中选择所需的模板选项，在打开的对话框中单击"创建"按钮 即可新建应用该样本模板样式的演示文稿，如图3-12所示。

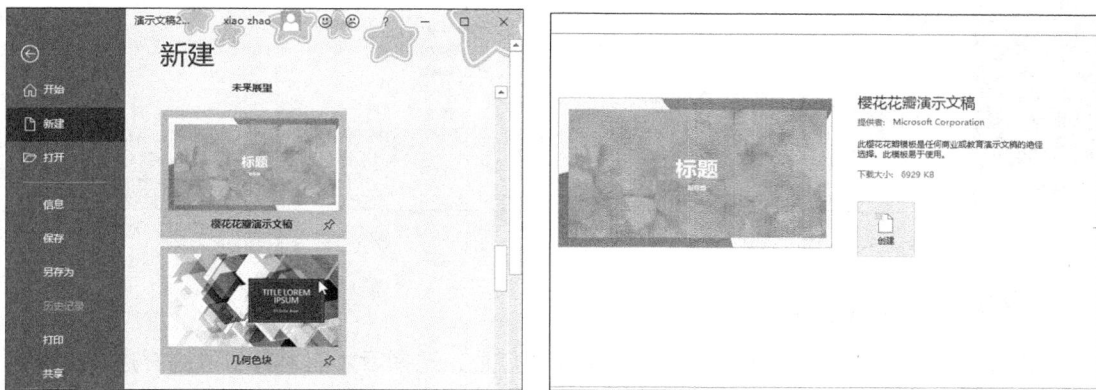

图3-12　通过自带模板新建演示文稿

3.1.4　打开演示文稿

如果需要对创建的演示文稿进行编辑，首先需要进行打开操作，其具体操作如下。

（1）启动PowerPoint 2016后，选择【文件】/【打开】命令，在打开界面的中间列表中选择"浏览"选项，如图3-13所示。

（2）打开"打开"对话框，在其中选择"植物有哪些部分"演示文稿（素材参见：素材文件\第3章\植物有哪些部分.pptx），单击 打开(O) 按钮，如图3-14所示。

微课：打开演示文稿

提示　　PowerPoint 2016提供了多种打开演示文稿的方式。如果想打开最近打开过的演示文稿，可选择【文件】/【打开】命令，在"打开"界面的右侧列表中查看最近打开的演示文稿名称，选择需打开的演示文稿即可。如果想要选择演示文稿的特殊打开方式，在"打开"对话框中单击 打开(O) 按钮右侧的下拉按钮，在打开的下拉列表中选择自己所需的选项即可。其中，"以只读方式打开"表示打开的演示文稿只能进行浏览，不能更改其中的内容；"以副本方式打开"表示将演示文稿作为副本打开，对演示文稿进行编辑时不会影响源文件的效果；"在受保护的视图中打开"表示打开的演示文稿自动进入只读状态；"打开并修复"表示PowerPoint将自动修复因未及时保存等原因损坏的演示文稿，修复完成后自动打开。

图3-13 选择"浏览"选项   图3-14 "打开"对话框

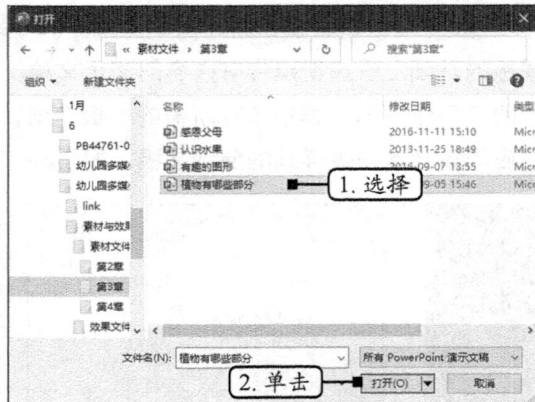

3.1.5 选择幻灯片

对幻灯片进行各种操作之前都必须先选择幻灯片，选择后才能对其中的内容进行编辑，选择幻灯片的方法主要有以下4种。

（1）选择单张幻灯片。在"幻灯片"窗格或"幻灯片浏览"视图中，单击幻灯片缩略图，可选择单张幻灯片。

（2）选择多张连续的幻灯片。在"幻灯片"窗格或"幻灯片浏览"视图中，单击要连续选择的幻灯片中的第1张幻灯片，按住【Shift】键不放，再单击需选择的最后一张幻灯片，两张幻灯片之间的所有幻灯片均被选择。

（3）选择多张不连续的幻灯片。在"幻灯片"窗格或"幻灯片浏览"视图中，单击要选择的幻灯片中的第1张幻灯片，按住【Ctrl】键不放，再依次单击需要选择的多张不连续的幻灯片。

（4）选择全部幻灯片。在"大纲/幻灯片"窗格或"幻灯片浏览"视图中，单击任意一张幻灯片缩略图，再按【Ctrl+A】组合键，即可选择当前演示文稿中所有的幻灯片。

3.1.6 添加和删除幻灯片

新建的空白演示文稿只有一张幻灯片，通常需要新建其他的幻灯片来充实演示文稿的内容。另外，若创建了多余的幻灯片还可以将其删除。下面分别讲解添加和删除幻灯片的方法，其具体操作如下。

微课：添加和
删除幻灯片

（1）在"幻灯片"窗格中单击第1张幻灯片，然后在"开始"选项卡的"幻灯片"组中单击"新建幻灯片"按钮 下方的 按钮，在打开的下拉列表中选择"标题和内容"版式。

（2）系统将根据所选择的版式添加一张幻灯片，并且，PowerPoint将自动对各张幻灯片重新编号，如图3-15所示。

> 在"幻灯片"窗格中按【Enter】键，或在"幻灯片"窗格中单击鼠标右键，在弹出的快捷菜单中选择"新建幻灯片"命令，都可在当前幻灯片后面插入一张新幻灯片。

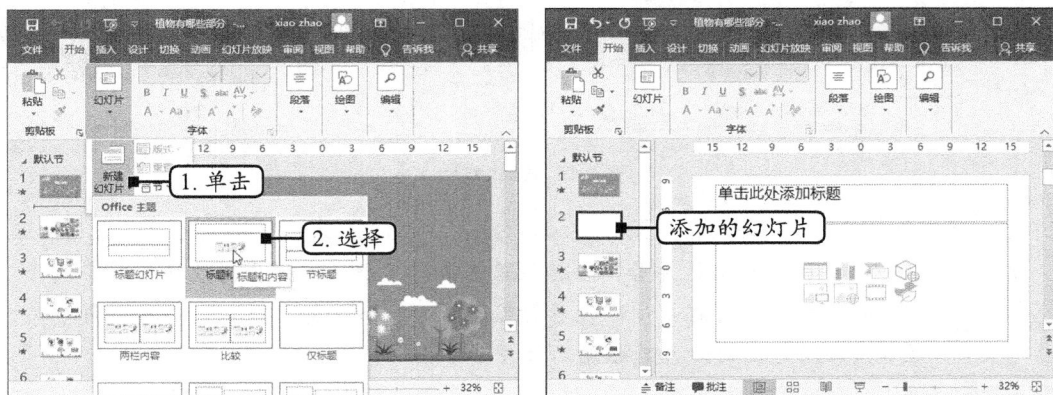

图3-15　添加幻灯片

（3）在"幻灯片"窗格中选择第2张幻灯片，单击鼠标右键，在弹出的快捷菜单中选择"删除幻灯片"命令。

（4）系统将删除选择的第2张幻灯片，如图3-16所示。

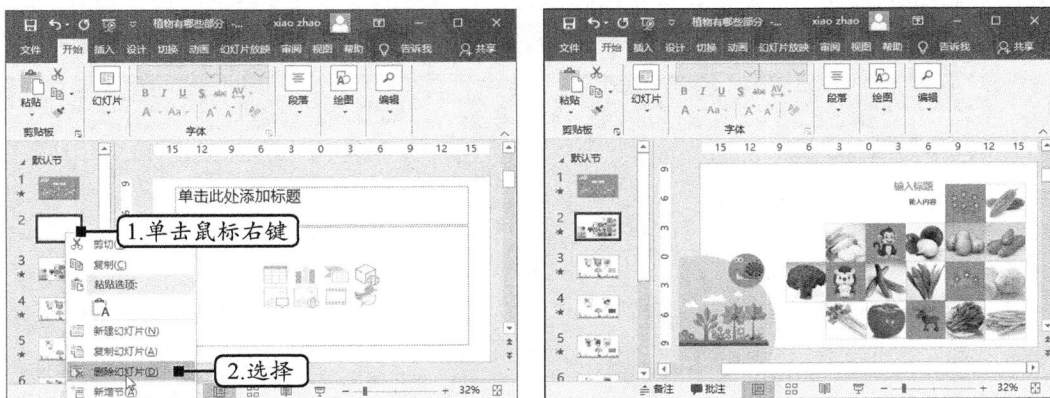

图3-16　删除幻灯片

3.1.7　移动与复制幻灯片

在插入或制作幻灯片时，由于幻灯片的位置决定了它在整个演示文稿中的播放顺序，因此可移动幻灯片重新调整幻灯片的位置，也可复制已制作完成的幻灯片，再根据需要进行修改，减少制作时间，提高工作效率。下面在前面创建的演示文稿中移动和复制幻灯片，其具体操作如下。

（1）在"幻灯片"窗格中选择第3张幻灯片，按住鼠标左键不放，将其拖动到第4张幻灯片下方，这时第4张幻灯片将自动向上移动。

微课：移动与复制幻灯片

（2）释放鼠标即可完成幻灯片的移动，这时原来第3张幻灯片的编号将自动变为"4"，如图3-17所示。

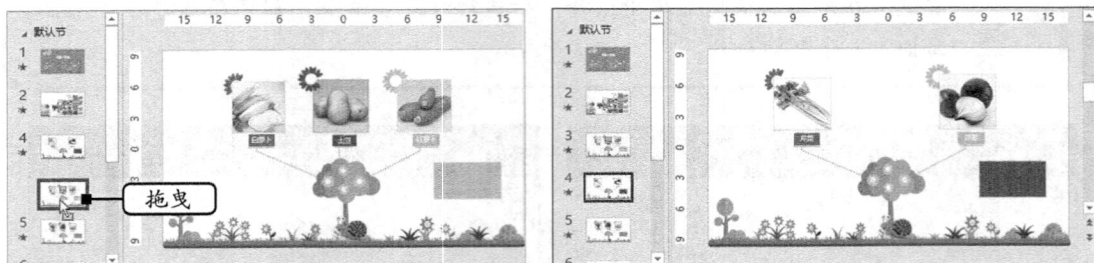

图3-17 移动幻灯片

> 提示　选择相应的幻灯片后，在其上单击鼠标右键，在弹出的快捷菜单中选择"复制"命令，可在不同的位置粘贴幻灯片；若选择"复制幻灯片"命令，则直接在所选的幻灯片后粘贴幻灯片。

（3）在"幻灯片"窗格中选择第5张幻灯片，单击鼠标右键，在弹出的快捷菜单中选择"复制"命令。

（4）将鼠标指针移动到第2张幻灯片下面并单击鼠标左键，然后单击"粘贴"按钮下方的按钮，在打开的下拉列表的"粘贴选项"栏中选择"保留源格式"命令，完成幻灯片的复制，如图3-18所示。此外，单击鼠标右键，在弹出的快捷菜单中进行选择亦可完成幻灯片的复制操作。

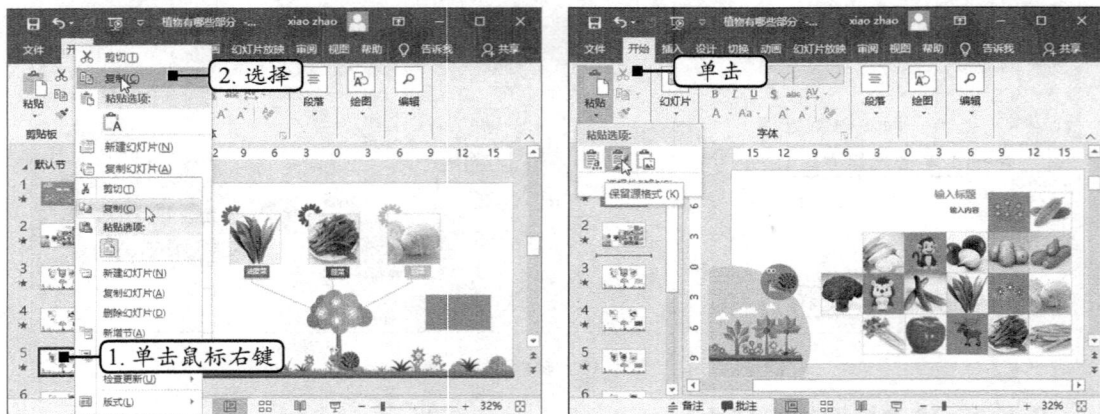

图3-18 复制幻灯片

> 提示　"粘贴选项"栏中通常有3个选项，选择"使用目标主题"选项，则移动或复制的幻灯片与现有的其他幻灯片在主题风格上保持一致，但格式上会有一些变化；选择"保留源格式"选项，则移动或复制的幻灯片可以保留幻灯片的原样，不会自动转换为现有幻灯片的主题；选择"图片"选项，则只移动或复制幻灯片中的图片。

3.1.8　输入并编辑文本

不同的演示文稿，其主题、表现方式都会有所差异，但无论是哪种类型的演示文稿，都不可能缺少文字内容。下面在"植物有哪些部分"演示文稿的幻灯片中输入并编辑文本，其具体操作如下。

微课：输入并
编辑文本

（1）选择第1张幻灯片，将鼠标指针移动到显示"请输入标题"的标题占位符处单击定位插入点。

（2）拖动鼠标选择其中的文本，按【Delete】键删除，然后输入"植物有哪些部分"文本，如图3-19所示。

（3）选择第2张幻灯片，在"输入标题"文本框中输入"认识蔬菜"文本。

（4）选择下面的"输入内容"文本框，在其中输入"你知道这些蔬菜的名称吗?我们吃的是它的哪部分？"文本，如图3-20所示。

> **提示**　这里因为提供的素材模板中已经为文本框设置了格式，所以在这类文本框中直接输入文本会自动应用设置的格式。

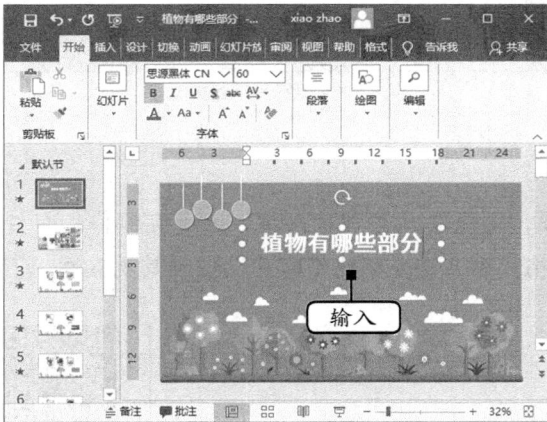

图3-19　输入标题文本

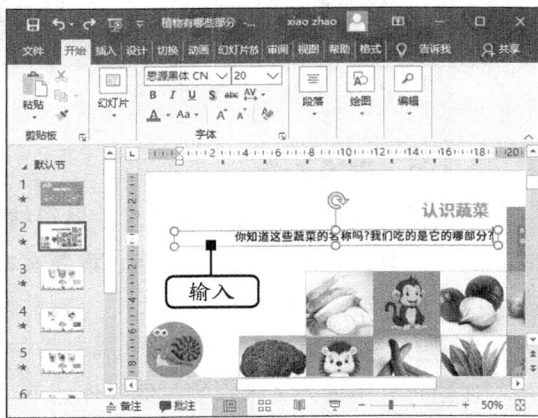

图3-20　输入内容文本

（5）选择第4张幻灯片，在右侧的矩形框上单击鼠标右键，在弹出的快捷菜单中选择"编辑文字"命令。

（6）此时，在矩形框中将显示文本插入点，在其中输入"白萝卜、土豆和胡萝卜，我们吃的是它们的根"，如图3-21所示。

（7）使用相同的方法在第5~8张幻灯片对应的文本框中输入相应的文本。

（8）选择第9张幻灯片，在其中输入相关的文本，完成后的效果如图3-22所示。

（9）选择第10张幻灯片，在其中输入"谢谢观赏"文本，完成后的效果如图3-23所示。

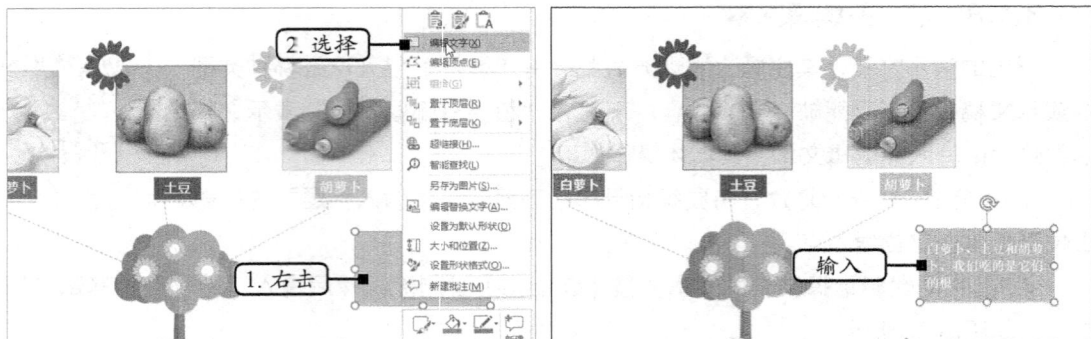
图3-21　输入文本

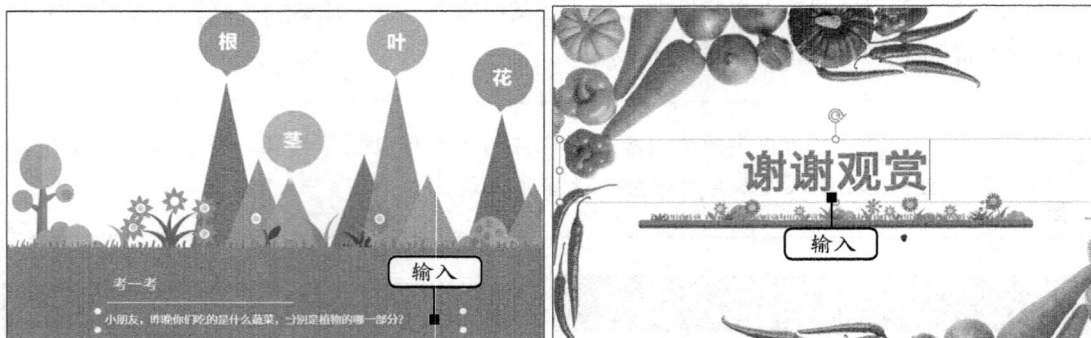
图3-22　输入"考一考"中的文本

图3-23　输入结束语

3.1.9　美化文本

使用默认的文本格式会使幻灯片显得枯燥，降低幼儿的观赏兴趣。因此在制作幻灯片时，幼儿园教师可通过插入艺术字、设置文本格式等方法来美化幻灯片，提高其观赏性，下面进行具体介绍。

1. 插入艺术字

在幻灯片中插入艺术字的具体操作如下。

（1）选择第1张幻灯片，在"插入"选项卡的"文本"组中单击"艺术字"按钮 ⁴，在打开的下拉列表中选择图3-24所示的选项。

微课：插入艺术字

（2）此时将在幻灯片中添加一个所选样式的艺术字文本框，在其中输入"科"文本，如图3-25所示。

（3）选择艺术字所在的文本框，然后在"开始"选项卡的"字体"组中的"字体"下拉列表框中选择"方正剪纸简体"选项，在"字号"下拉列表中选择"28"选项，效果如图3-26所示。

（4）保持艺术字文本框的选择状态，在"格式"选项卡的"艺术字样式"组中单击"文本效果"按钮 Ⓐ，在打开的下拉列表中选择"阴影"选项，在打开的子列表中选择"内部"栏中的"内部：右上"选项，如图3-27所示。

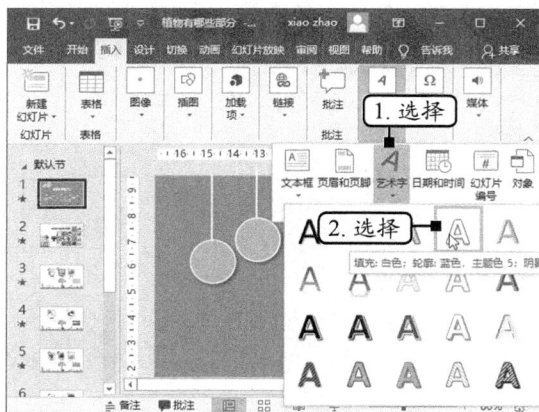

图3-24　选择艺术字

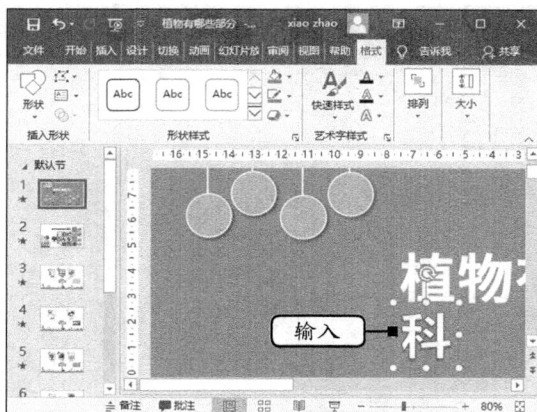

图3-25　输入文本

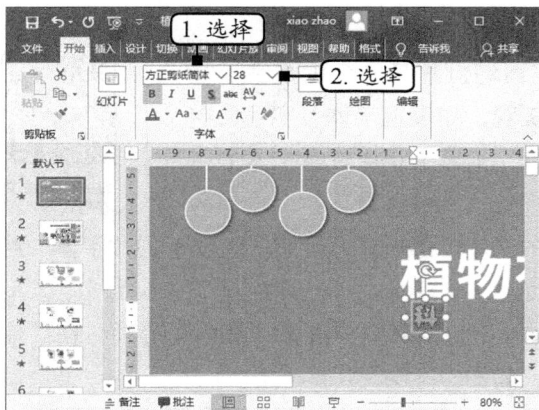

图3-26　设置艺术字字体、字号

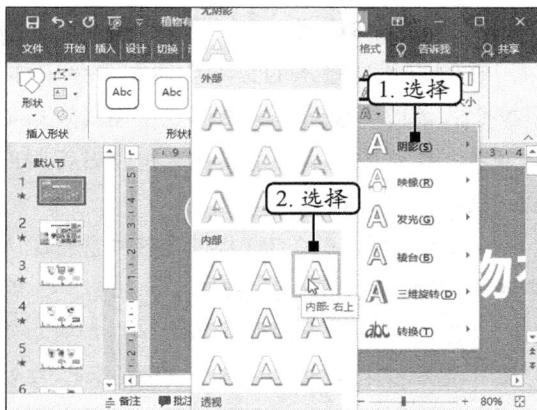

图3-27　设置艺术字样式

> **提示**　选择输入的艺术字，在激活的"格式"选项卡中还可设置艺术字的多种效果，其设置方法基本类似，如选择【格式】/【艺术字样式】组，单击"文本效果"按钮 A·，在打开的下拉列表中选择"转换"选项，在打开的子列表中将列出所有变形的艺术字效果，选择任意一个，即可为艺术字设置该变形效果。

（5）将艺术字移动到左上角合适的位置，效果如图3-28所示。

（6）选择艺术字，按【Ctrl+C】组合键复制，再按3次【Ctrl+V】组合键粘贴，将复制的艺术字分别移动到其他圆形图形上，然后修改其中的文本，完成后的效果如图3-29所示。

> **提示**　复制的艺术字还可以通过"艺术字样式"组修改样式，如在"快速样式"列表框中可以快速修改艺术字的样式；通过"文本填充"按钮 A，可以修改艺术字的文本填充颜色；通过"文本轮廓"按钮 A，可修改艺术字的文本轮廓颜色，以满足工作的需要。

图3-28　调整艺术字的位置

图3-29　制作其他艺术字

2. 设置文本格式

在幻灯片中输入的文本字体默认为宋体，而幻灯片是一个观赏性较强的文档，因此可设置其文本格式，使其效果更美观，如设置字体、字号、字体颜色和特殊效果等。下面在"植物有哪些部分"演示文稿中设置文本的格式，其具体操作如下。

微课：设置文本格式

（1）选择第5张幻灯片，在其中选择输入的文本，然后在"开始"选项卡的"字体"组中单击"对话框启动器"按钮，如图3-30所示。

（2）打开"字体"对话框，在"中文字体"下拉列表框中选择"黑体"选项，在"偏移量"文本框中输入"0%"，单击 确定 按钮，如图3-31所示。

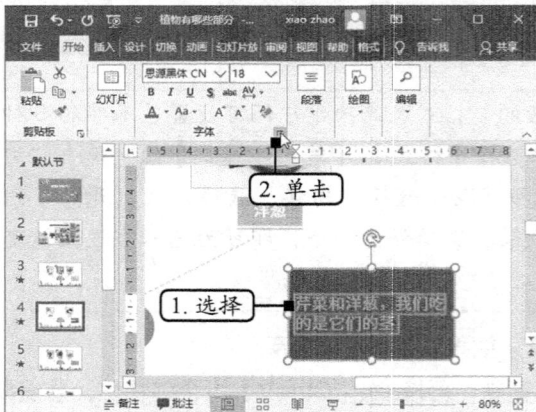

图3-30　单击"对话框启动器"按钮

图3-31　设置"字体"对话框

（3）在"开始"选项卡的"段落"组中单击"项目符号"按钮 ≔ ，在打开的下拉列表中选择"项目符号和编号"选项，如图3-32所示。

（4）打开"项目符号和编号"对话框，在其中单击 图片(P)... 按钮，如图3-33所示。

（5）在打开的对话框中选择"从文件"选项，打开"插入图片"对话框，在其中选择"图片.png"图片（素材参见：素材文件\第3章\图片.png），单击 插入(S) 按钮，如图3-34所示。

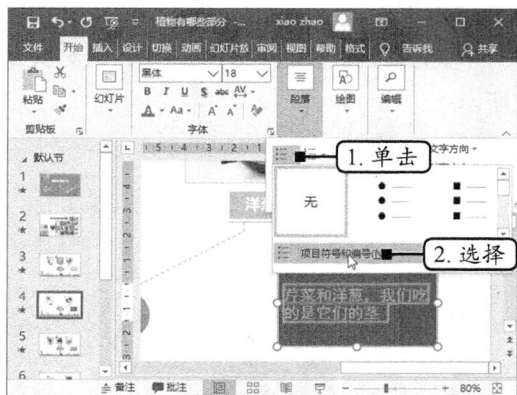

图3-32　选择"项目符号和编号"选项

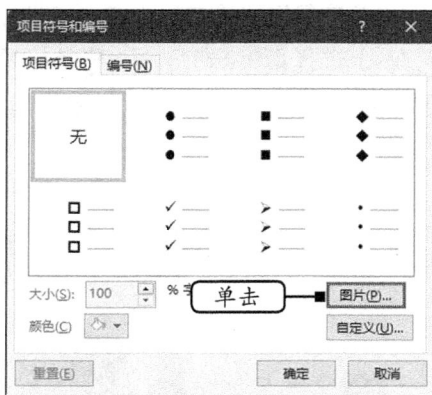

图3-33　单击"图片"按钮

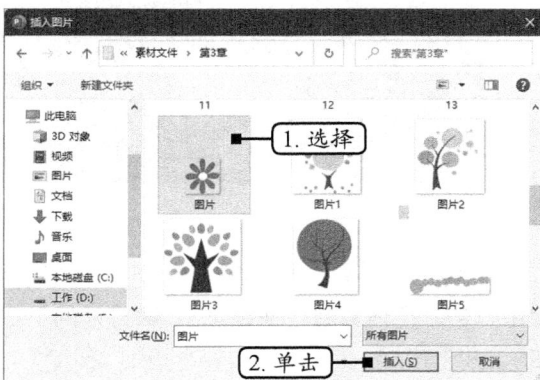

图3-34　选择图片

（6）此时，选择的图片将作为项目符号直接添加到文本前，添加项目符号后的效果如图3-35所示。

（7）在"开始"选项卡的"剪贴板"组中单击"格式刷"按钮，然后选择第5张幻灯片，拖动鼠标选择形状中的文本，为其应用格式，效果如图3-36所示。

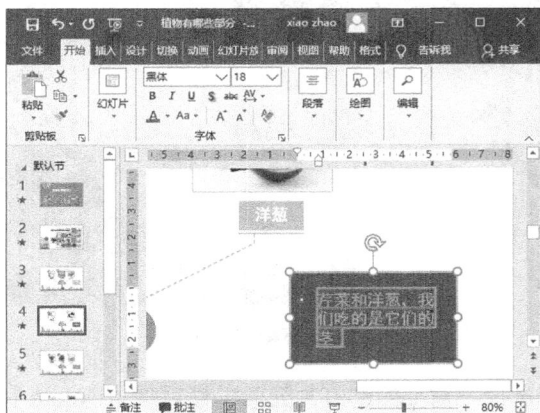

图3-35　查看添加项目符号后的效果

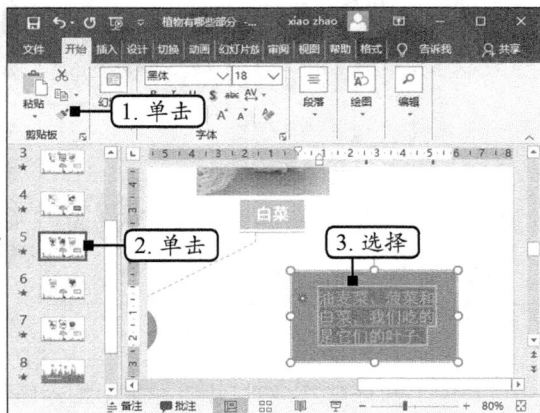

图3-36　复制格式

（8）使用相同的方法为其他幻灯片的形状中的文本复制格式。

（9）选择第9张幻灯片，将其标题文本的字符格式设置为"黑体、28"，内容文本的字符格式设置为"黑体、18"，效果如图3-37所示。

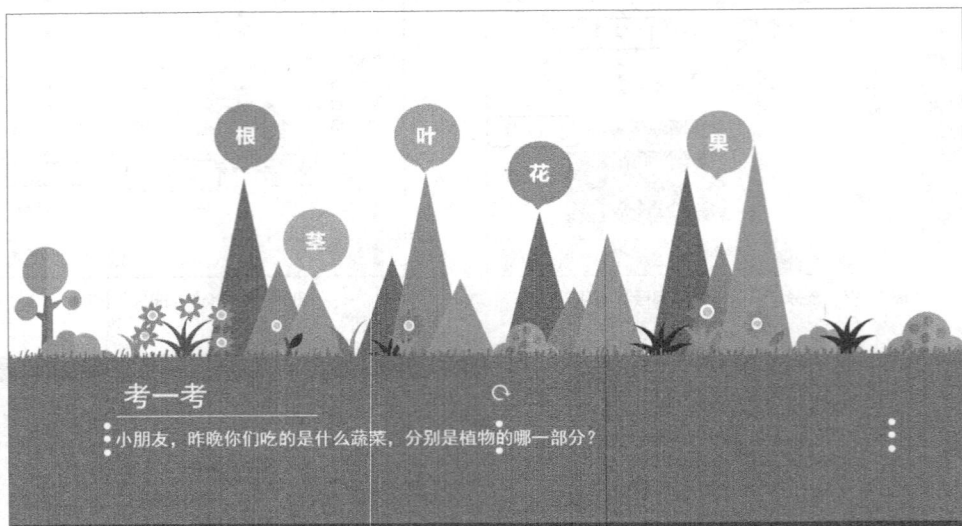

图3-37　设置字符格式

（10）选择第10张幻灯片，在其中选择第1个文本，然后在"开始"选项卡的"字体"组中单击"字体颜色"按钮 A ，在打开的下拉列表的"标准色"栏中选择"橙色"选项，如图3-38所示。

（11）此时选择的文字将应用设置的颜色，使用相同的方法为其他文本设置颜色，效果如图3-39所示。

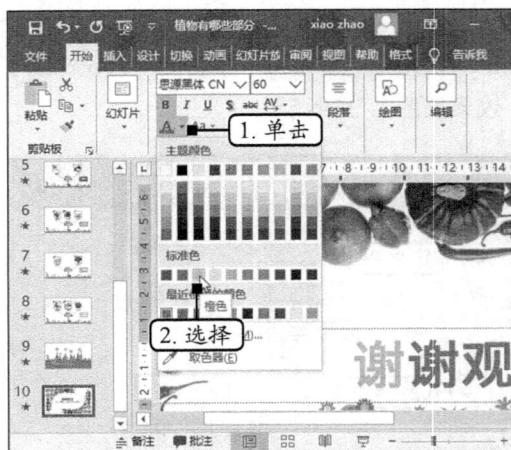

图3-38　设置第1个文本的颜色

图3-39　设置其他字符颜色

（12）选择第3张幻灯片，在其中拖动鼠标选择不需要的幻灯片元素，然后按【Delete】键将其删除，如图3-40所示。

图3-40　删除多余的元素

3．插入文本框

当幻灯片中的文本框不能满足需求时，可手动添加文本框输入文本，其具体操作如下。

（1）在"插入"选项卡的"文本"组中单击"文本框"按钮 下方的下拉按钮，在打开的下拉列表中选择"绘制横排文本框"选项，如图3-41所示。

微课：插入文本框

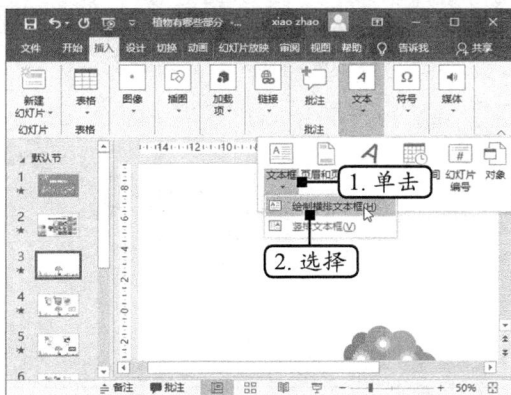

（2）在幻灯片中拖动鼠标绘制文本框，并输入文本，如图3-42所示。

图3-41　选择"绘制横排文本框"选项

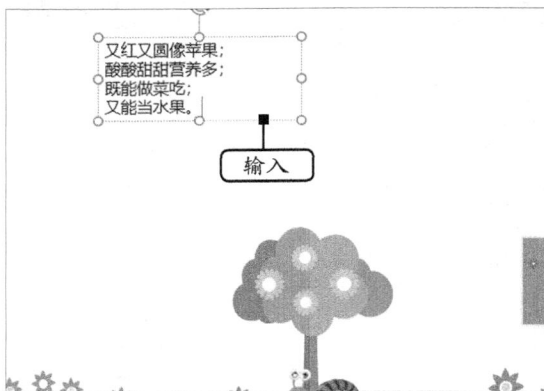

图3-42　绘制文本框并输入文本

（3）将文本框移动到幻灯片的中间位置，然后设置字符格式为"方正少儿简体、24号"，并为其添加花朵样式的项目符号，如图3-43所示。

提示　将鼠标指针移动到文本框四周的控制点上，拖动鼠标可调整文本框的大小。需要注意的是，绘制文本框后，如果没有在其中输入文本且只保持了文本框的选中状态，则需要单击鼠标右键，在弹出的快捷菜单中选择"编辑文字"命令才能重新定位插入点。

（4）在"插入"选项卡的"文本"组中单击"艺术字"按钮，在打开的下拉列表中选择图3-44所示的选项。

图3-43　调整位置并设置文本格式

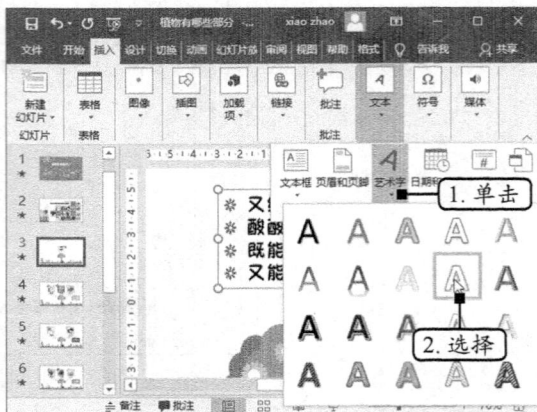

图3-44　选择艺术字样式

（5）在插入的艺术字文本框中输入"猜一猜"文本，然后在"格式"选项卡的"艺术字样式"组中单击"文本效果"按钮，在打开的下拉列表中选择"转换"选项，在打开的子列表中选择"跟随路径"栏中的"拱形"选项，如图3-45所示。

（6）完成艺术字样式的设置，然后将艺术字移动到合适的位置即可，效果如图3-46所示。

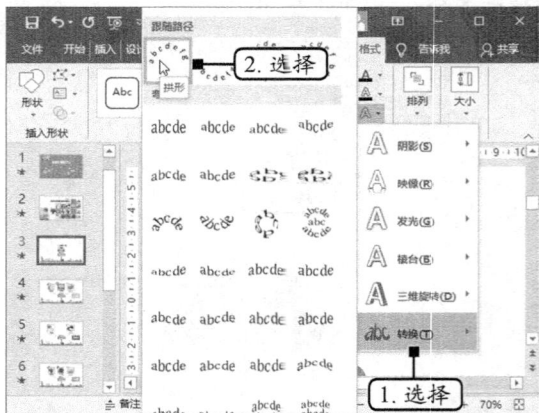

图3-45　更改艺术字样式

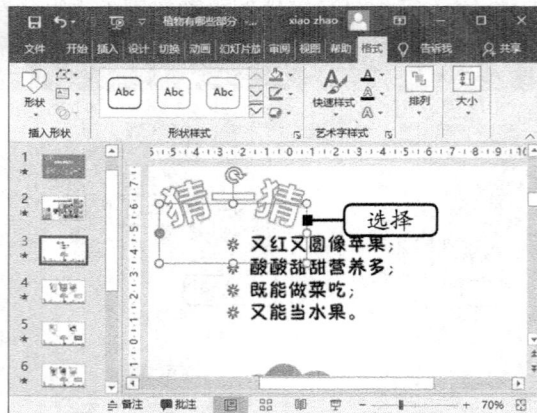

图3-46　调整文本位置

3.1.10　保存和关闭演示文稿

在创建和编辑演示文稿的过程中，可对其进行保存操作，以避免文档内容丢失。当不需要再进行编辑时，可以将演示文稿关闭，其具体操作如下。

（1）在演示文稿中选择【文件】/【另存为】命令，在中间列表中选择"浏览"选项。

微课：保存和
关闭演示文稿

（2）打开"另存为"对话框，选择保存演示文稿的位置，在"文件名"文本框中输入名称"植物有哪些部分"，然后单击 保存(S) 按钮保存该演示文稿，如图3-47所示。

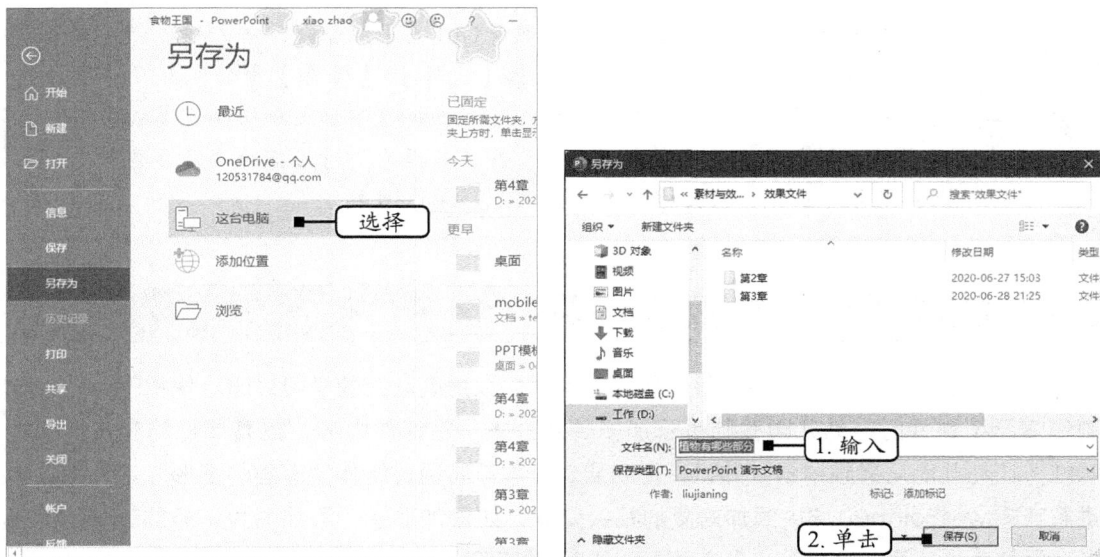

图3-47 保存演示文稿

（3）选择【文件】/【关闭】命令即可关闭演示文稿（最终效果参见：效果文件\
第3章\植物有哪些部分.pptx）。

> 提示
>
> 在"保存类型"下拉列表中可以设置将演示文稿保存为其他格式，如图
> 3-48所示。另外，PowerPoint可按照用户设置的时间自动保存演示文稿，其
> 方法是选择【文件】/【选项】命令，打开"PowerPoint选项"对话框，单击
> "保存"选项卡，在"保存演示文稿"栏中设置"保存自动恢复信息时间间
> 隔"，如图3-49所示。

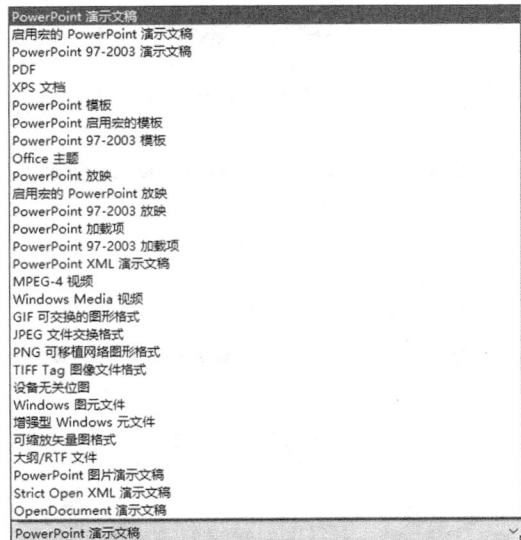

图3-48 保存为其他格式文档

图3-49 设置自动保存

> 若想直接保存，可在原文档上按【Ctrl+S】组合键，若文档之前没有保存过，则按【Ctrl+S】组合键或选择【文件】/【保存】命令，打开"另存为"对话框进行保存。另外，PowerPoint支持将演示文稿保存为模板等其他格式的文档，其方法是进行保存时，在"另存为"对话框的"保存类型"下拉列表框中选择一种文档格式，并单击 保存(S) 按钮。

3.2 制作"有趣的图形"课件

　　幼儿园使用的演示型课件一般比较生动活泼，以提高幼儿的学习兴趣。使用PowerPoint制作演示型课件时，幼儿园教师可添加多种对象来丰富课件内容，提高课件的观赏性和趣味性，让幼儿能从兴趣中学到知识，得到启发。本节将通过制作"有趣的图形"课件来具体讲解在PowerPoint 2016中添加对象的相关知识，如添加形状、添加图片、添加SmartArt图形、添加表格、添加音频等，参考效果如图3-50所示。

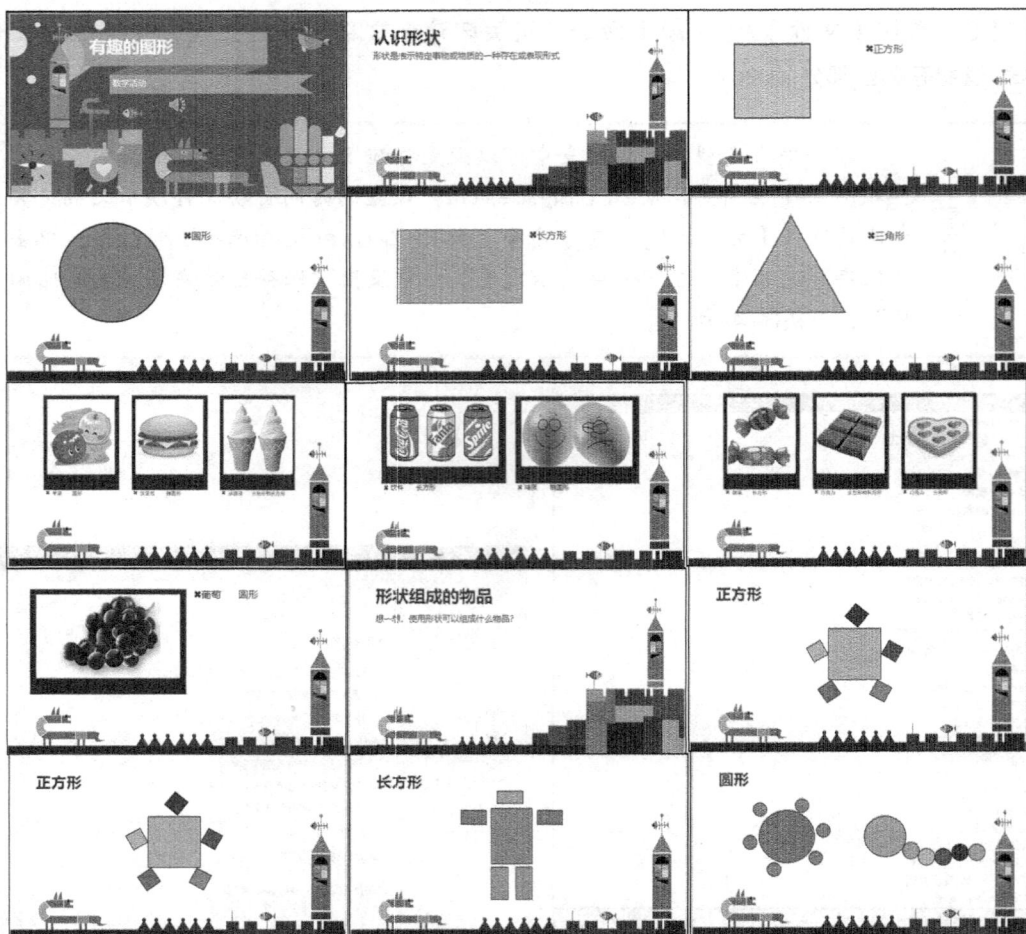

图3-50 "有趣的图形"课件

3.2.1 插入并编辑形状

微课：插入并
编辑形状

PowerPoint 2016提供了多种类型的形状供用户选择，用户可以在幻灯片中直接绘制提供的形状，还可以对形状进行编辑美化，下面在"有趣的图形"演示文稿中绘制并编辑形状，其具体操作如下。

（1）打开"有趣的图形"演示文稿（素材参见：素材文件\第3章\有趣的图形.pptx），在其中选择第3张幻灯片，然后在"插入"选项卡的"插图"组中单击"形状"按钮 ，在打开的下拉列表中选择"矩形"选项，如图3-51所示。

（2）此时鼠标指针变为 形状，按住【Shift】键的同时，在幻灯片中拖动鼠标绘制正方形，如图3-52所示。

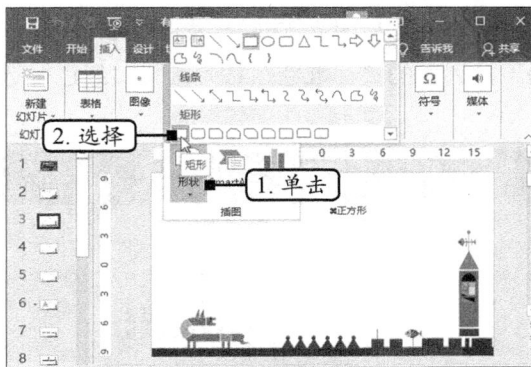

图3-51 选择形状　　　　　　　　　　图3-52 绘制形状

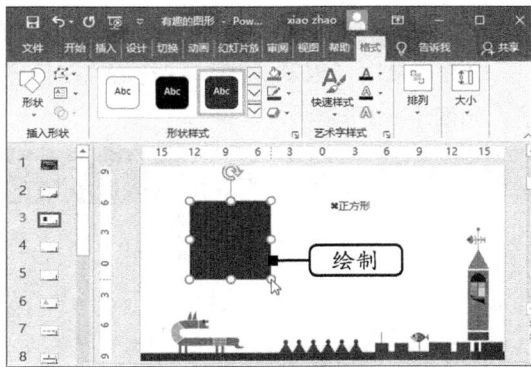

（3）此时绘制的形状将自动填充默认的颜色，保持形状的选中状态，然后在"格式"选项卡的"形状样式"组中单击"形状填充"按钮 ，在打开的下拉列表的"主题颜色"栏中选择"蓝色，个性色1，淡色80%"选项，如图3-53所示。

（4）此时形状将使用选择的颜色来填充，继续在该组中单击"形状轮廓"按钮 ，在打开的下拉列表中选择"粗细"选项，在打开的子列表中选择"4.5磅"选项，如图3-54所示。

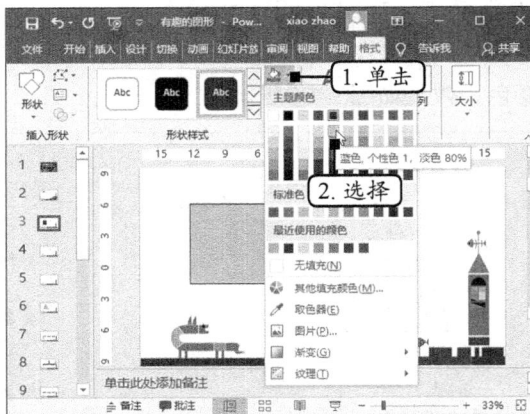

图3-53 设置填充颜色　　　　　　　　图3-54 设置轮廓粗细

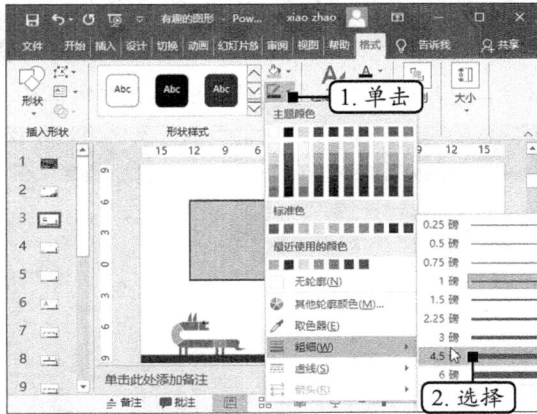

（5）完成形状的设置，效果如图3-55所示，选择形状，按【Ctrl+C】组合键复制形状。

（6）选择第5张幻灯片，在其中按【Ctrl+V】组合键粘贴形状，将鼠标指针移动到正方形右侧的边框线上，按住鼠标左键拖动鼠标调整形状为长方形，如图3-56所示。

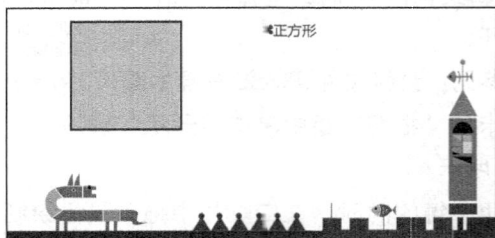

图3-55　正方形效果

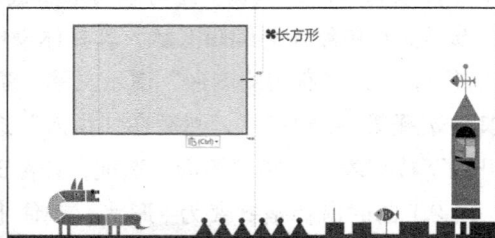

图3-56　调整正方形为长方形

（7）按照步骤（3）操作将长方形填充为"粉红，个性色2，淡色60%"，如图3-57所示。

（8）单击"形状轮廓"按钮，在打开的下拉列表的"标准色"栏中选择"红色"选项，如图3-58所示。

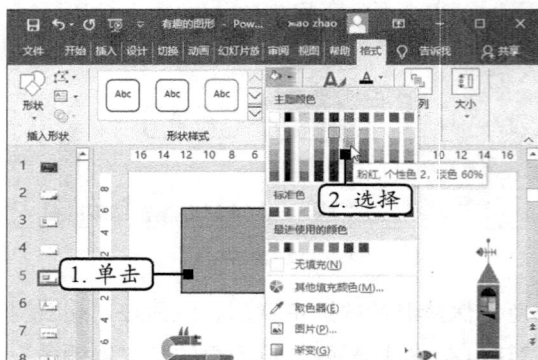

图3-57　设置长方形的填充颜色

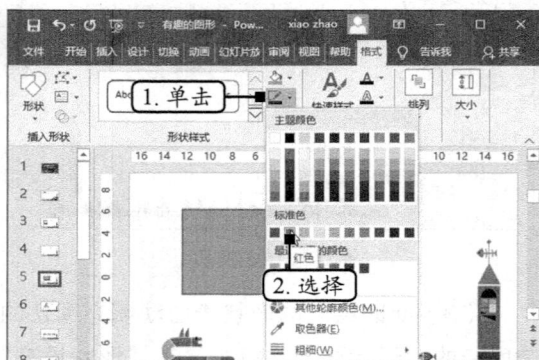

图3-58　设置长方形的轮廓颜色

（9）选择长方形形状，将其复制到第6张幻灯片中，然后在"格式"选项卡的"插入形状"组中单击"编辑形状"按钮，在打开的下拉列表中选择"更改形状"选项，在打开的子列表框中选择"基本形状"栏中的"等腰三角形"选项，如图3-59所示。

（10）此时，幻灯片中的矩形将自动变为等腰三角形，然后使用步骤（7）和步骤（8）的方法更改等腰三角形的填充颜色和轮廓颜色，效果如图3-60所示。

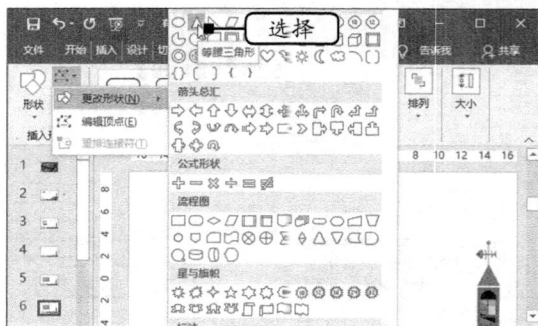

图3-59　更改形状

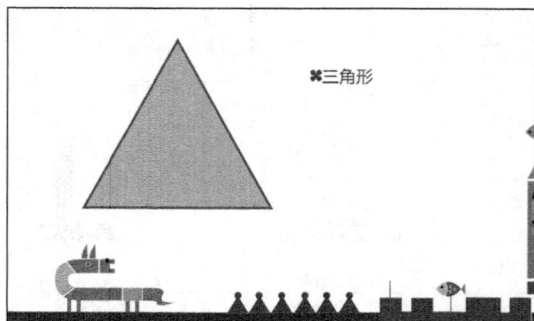

图3-60　编辑三角形

（11）选择第4张幻灯片，使用步骤（1）和步骤（2）的方法，绘制一个正圆，并更改其填充颜色和轮廓颜色，效果如图3-61所示。

（12）保持形状的选择状态，在"形状样式"组中单击"形状效果"按钮，在打开的下拉列表中选择"阴影"选项，在打开的子列表中选择"偏移：中"选项，如图3-62所示。

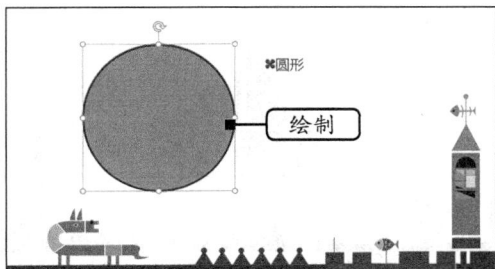

图3-61 绘制圆形

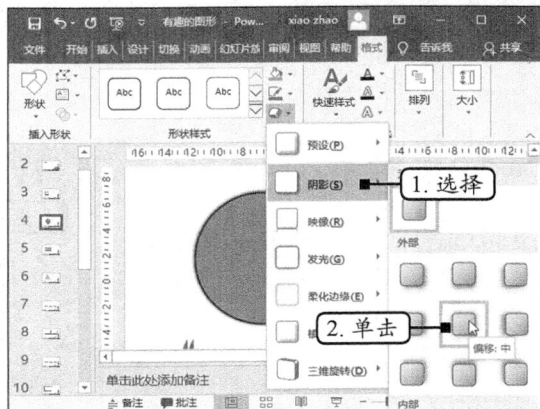

图3-62 添加形状效果

（13）使用相同的方法为前面绘制的3种形状添加相同的阴影，选择第12张幻灯片，在其中绘制一个正方形，在四周绘制5个小的正方形，然后分别填充不同的颜色，效果如图3-63所示。

（14）选择其中一个小正方形，按住【Shift】键的同时单击选择其他4个小正方形，将鼠标指针移动到正上方的控制点上，当鼠标变为旋转箭头时拖动鼠标旋转形状，如图3-64所示。

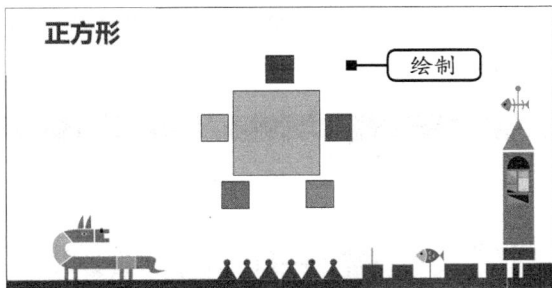

图3-63 绘制正方形

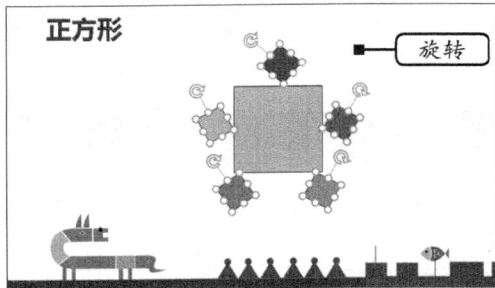

图3-64 旋转形状

提示　选择形状后按【Ctrl+G】组合键或单击鼠标右键，在弹出的快捷菜单中选择"组合"命令，再在打开的子菜单中选择"组合"命令都可以组合形状。当不需要组合形状时，可选择形状，在其上单击鼠标右键，在弹出的快捷菜单中选择"组合"命令，在打开的子菜单中选择"取消组合"命令。

（15）拖动鼠标框选绘制的形状，在"格式"选项卡的"排列"组中单击"组合"按钮 组合·，在打开的下拉列表中选择"组合"选项，组合形状，如图3-65所示。

（16）使用前面介绍的方法在第13～15张幻灯片中绘制相应的形状，并调整其填充颜色和轮廓颜色等，完成后的效果如图3-66所示。

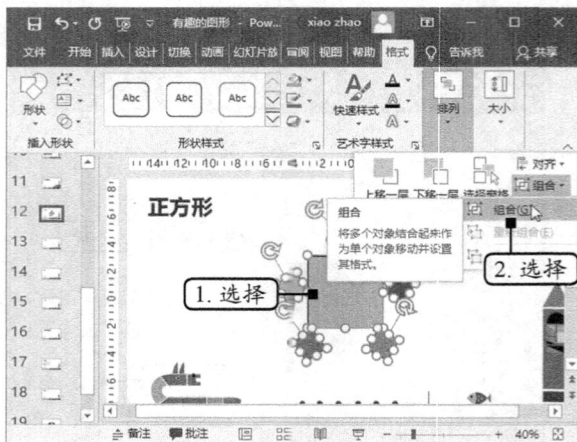

图3-65　组合形状

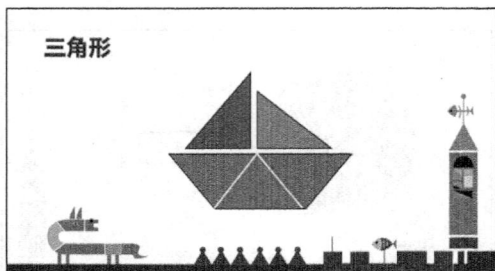

图3-66　绘制其他形状

3.2.2　插入并编辑图片

为了使幻灯片内容更丰富，在表述一些文字内容时有更直观的表达效果，通常需要在幻灯片中插入相应的图片。下面在"有趣的图形"演示文稿中插入并编辑图片，其具体操作如下。

微课：插入并
编辑图片

（1）选择第7张幻灯片，选择第1个矩形文本框，在"插入"选项卡的"图像"组中单击"图片"按钮，如图3-67所示。

（2）打开"插入图片"对话框，在其中选择"1.png"文件（素材参见：素材文件\第3章\1.png），然后单击 插入(S) 按钮，如图3-68所示。

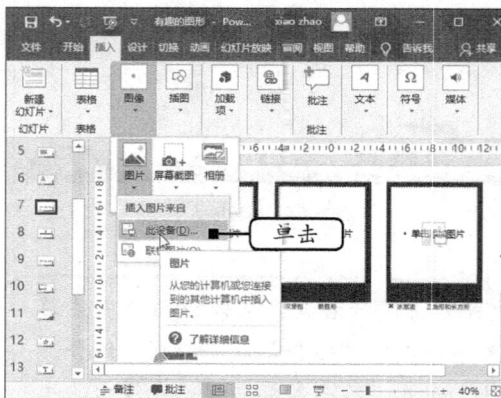

图3-67　单击"图片"按钮

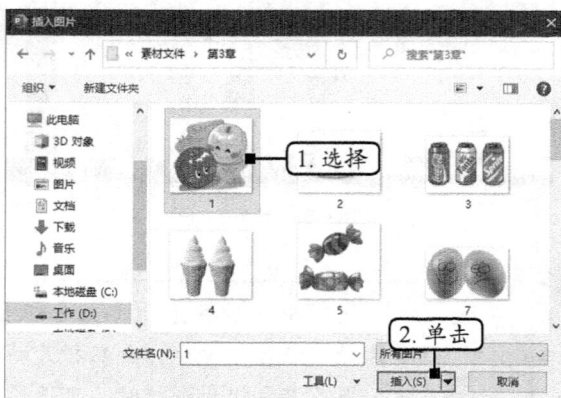

图3-68　插入图片

（3）此时图片将被插入到幻灯片中，但是图片显示不完全，保持图片的选择状态，在

"格式"选项卡的"大小"组中单击"裁剪"按钮 ![]，可查看图片的全部效果，如图3-69所示。

（4）此时图片四周将显示控制按钮，并显示裁剪控制框，将鼠标指针移动到图片边框上，当其变为┣形状时，按住【Shift】键拖动鼠标可调整图片大小，如图3-70所示。

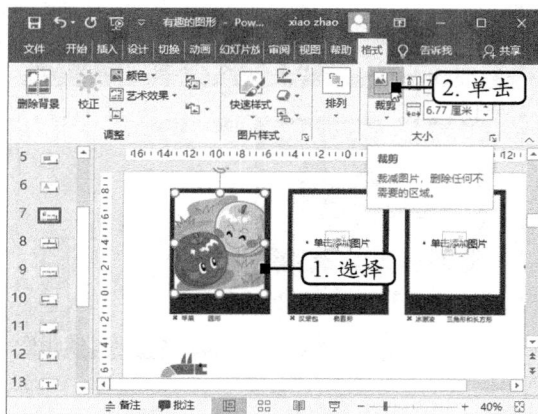

图3-69　单击"裁剪"按钮

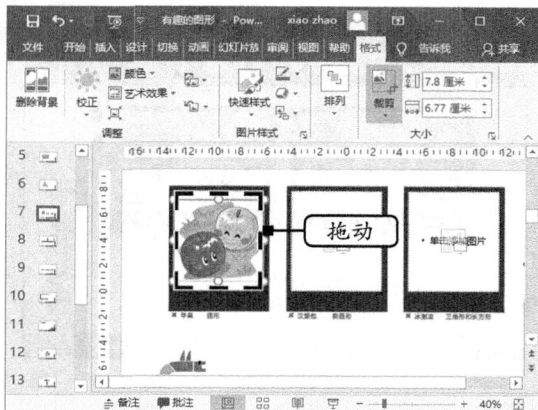

图3-70　调整图片大小

（5）在幻灯片中的第2个矩形文本框中单击"图片"按钮 ![]，打开"插入图片"对话框，在其中双击"2.png"文件（素材参见：素材文件\第3章\2.png），将图片插入到幻灯片中，效果如图3-71所示。

（6）在图片上单击鼠标右键，在弹出的浮动工具栏中单击"裁剪"按钮 ![]，进入裁剪图片状态，拖动裁剪框到合适的位置，对图片进行裁剪，效果如图3-72所示。

图3-71　插入图片

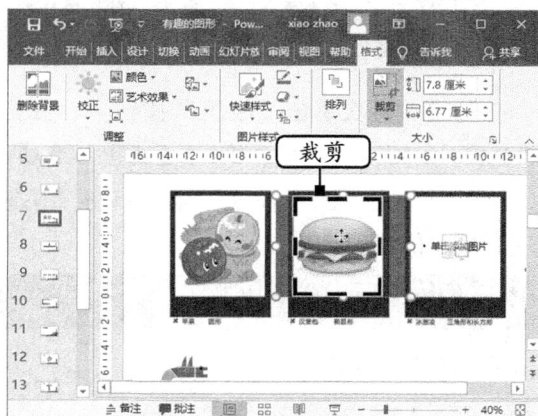

图3-72　裁剪图片

（7）使用相同的方法添加其他图片到合适的位置，完成后的效果如图3-73所示。

（8）选择第18张幻灯片，插入提供的素材图片，并将其调整到合适的位置，效果如图3-74所示。

（9）选择该图片，在"格式"选项卡的"调整"组中单击"校正"按钮 ![]，在打开的下拉列表中选择"锐化/柔化"栏中的"锐化：50%"选项，如图3-75所示。

图3-73　插入其他图片

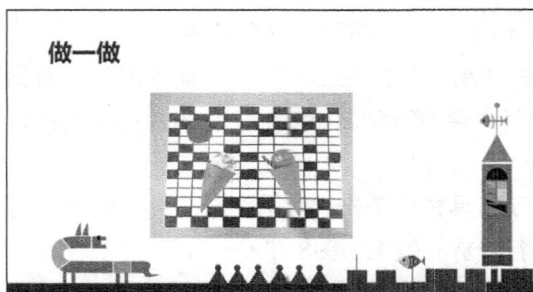

图3-74　插入图片

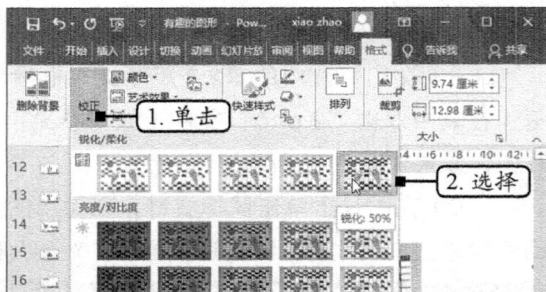

图3-75　锐化图片

（10）再次单击"校正"按钮 ✳，在打开的下拉列表中选择"亮度/对比度"栏中的"亮度：+40% 对比度：0%（正常）"选项，如图3-76所示。

（11）在"图片样式"组中单击"快速样式"按钮 🖼，在打开的下拉列表中选择图3-77所示的选项。

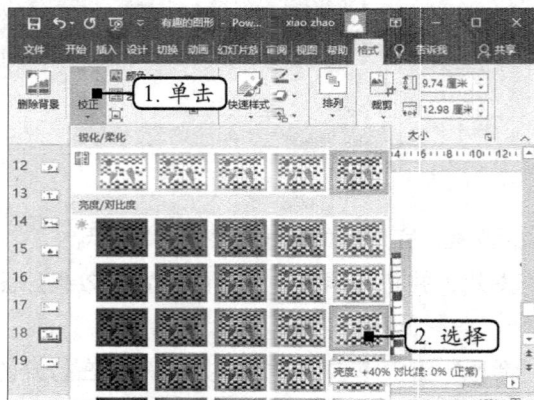

图3-76　调整图片的亮度

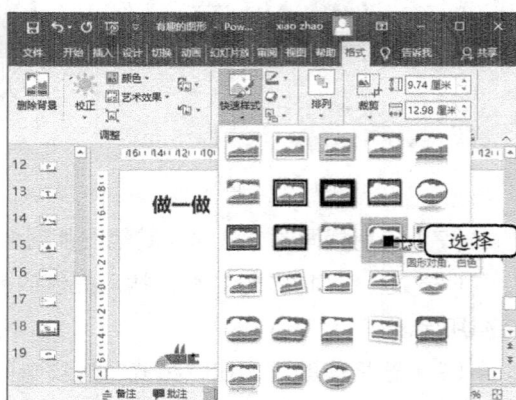

图3-77　为图片设置样式

（12）此时完成对图片的设置操作，效果如图3-78所示。

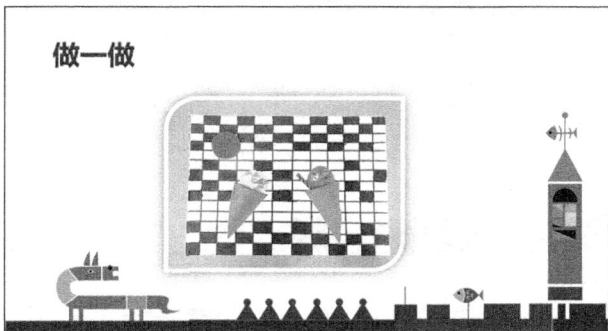

图3-78　设置图片后的效果

> 提示　当预设的图片样式不能满足需要时，可在"图片样式"组中更改图片的边框、图片效果和图片版式。方法是单击相应的按钮，然后在打开的下拉列表中进行设置。

3.2.3　插入并编辑SmartArt形状

在幻灯片中可以插入各种形状图形，还可通过"格式"选项卡对形状大小、线条样式、颜色及填充效果等进行设置。下面在"有趣的图形"演示文稿中插入并编辑SmartArt图形，其具体操作如下。

微课：插入并编辑 SmartArt 形状

（1）选择第16张幻灯片，在"插入"选项卡的"插图"组中单击"SmartArt"按钮，如图3-79所示。

（2）打开"选择SmartArt图形"对话框，在其中选择一种形状，这里选择"蛇形图片重点列表"选项，然后单击[确定]按钮，如图3-80所示。

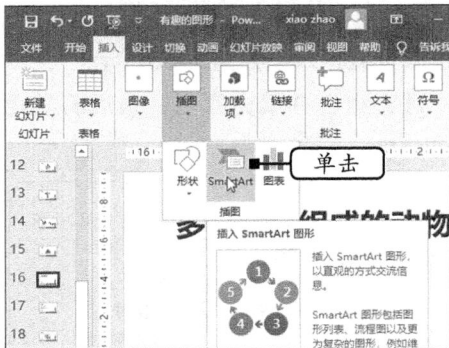

图3-79　单击"SmartArt"按钮

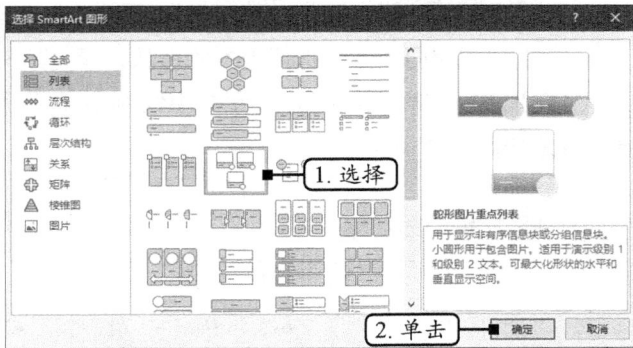

图3-80　"选择SmartArt图形"对话框

（3）幻灯片中将插入一个列表样式的SmartArt图形，在SmartArt图形左侧单击按钮展开"在此处键入文字"窗格，在其中依次输入图3-81所示的文本。

（4）拖动鼠标选择输入的文本，在"开始"选项卡的"字体"组中设置字体为"黑体"，字号为"36"，如图3-82所示。

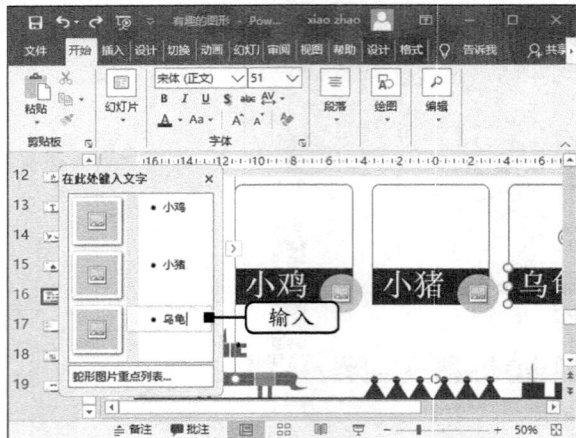

图3-81　输入文本

图3-82　设置字体和字号

（5）单击×按钮关闭左侧窗格，然后用鼠标拖动SmartArt图形四周的控制点，调整图形
大小，效果如图3-83所示。

（6）按住【Shift】键选择文本所在的图形，拖动图形上的控制点调整其大小和位置，
效果如图3-84所示。

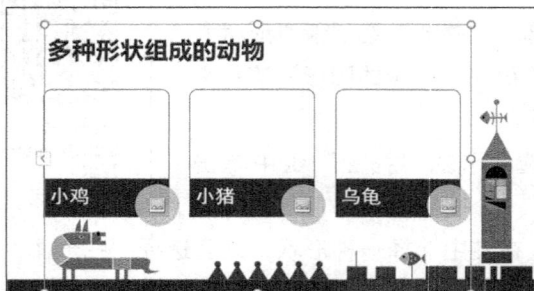

图3-83　调整SmartArt图形大小

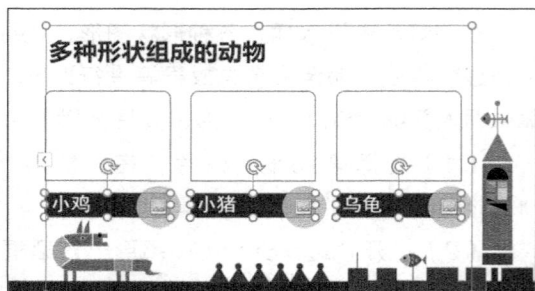

图3-84　调整文本图形的大小和位置

（7）使用相同的方法选择上方的形状，调整其大小和位置，效果如图3-85所示。

（8）使用前面介绍的方法在其中绘制各种形状，进行组合并填充颜色，最后将其组
合，效果如图3-86所示。

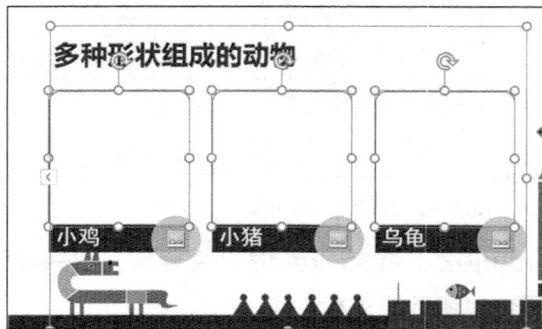

图3-85　调整形状的大小和位置

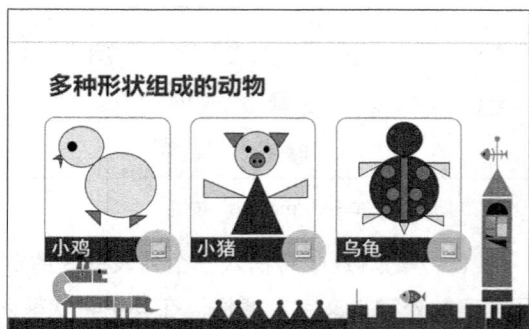

图3-86　绘制形状

（9）单击SmartArt图形右下角椭圆形状中的"图片"按钮 ，利用前面讲解的方法添加相应的图片到形状中，并调整图片的大小和位置，效果如图3-87所示。

（10）选择文本所在的形状，在"设计"选项卡的"SmartArt样式"组中单击"更改颜色"按钮 ，在其中设置图3-88所示的颜色。

图3-87　添加图片

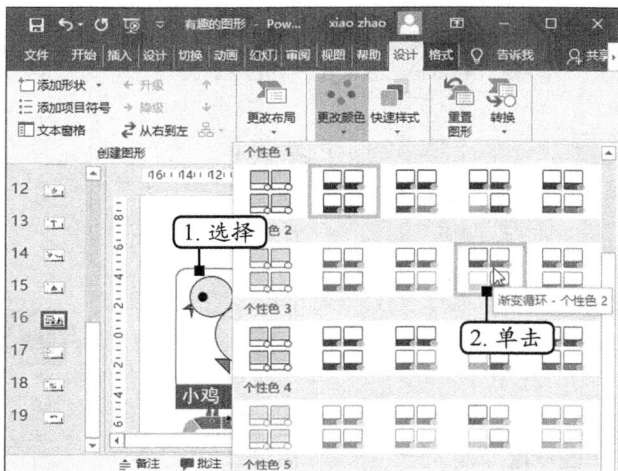

图3-88　更改形状颜色

> 提示　在SmartArt图形中也可直接单击单个形状，待出现插入点后再输入文本，当SmartArt图形的图形分支不足时，可在SmartArt图形工具的"设计"选项卡的"创建图形"组中单击 添加形状 按钮右侧的下拉按钮 ，在打开的下拉列表中选择相应的命令，添加所需的图形分支。若分支太多，也可直接选择多余的形状，然后按【Delete】键将其删除。

3.2.4　插入并编辑表格

在幻灯片中还可以插入表格来进行数据的说明，使幻灯片的内容更具说服力。下面在"有趣的图形"演示文稿中插入并编辑表格，其具体操作如下。

（1）选择第17张幻灯片，在其中单击"插入表格"按钮 ，如图3-89所示。

微课：插入并
编辑表格

（2）打开"插入表格"对话框，在其中按照图3-90所示进行设置，然后单击 确定 按钮。

（3）此时将在幻灯片中插入一个4行3列的表格，在其中输入相关的内容，如图3-91所示。

（4）选择表格，在"开始"选项卡的"字体"组中设置表格字体为"黑体"，在"段落"组中单击"居中"按钮 ，如图3-92所示。

（5）选择内容所在的行，在"字体"组中单击"文本颜色"按钮 ，在打开的下拉列表中选择"主题颜色"栏中的"黑色，文字1，淡色25%"选项，如图3-93所示。

图3-89　单击"插入表格"按钮

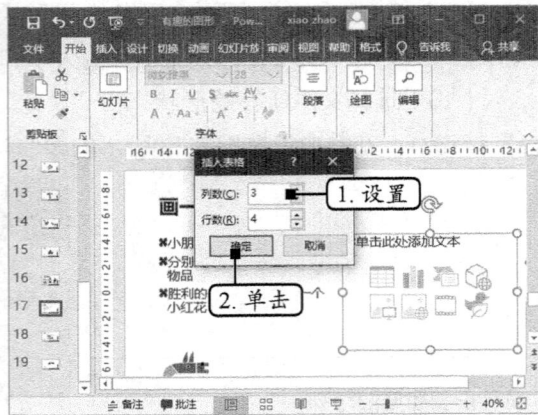

图3-90　设置表格的行数和列数

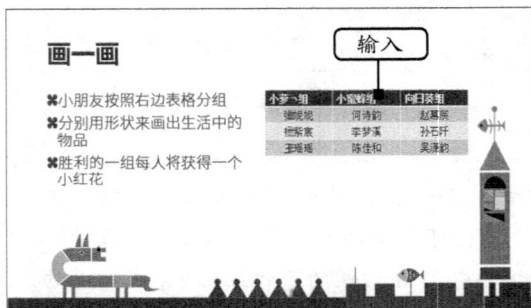

图3-91　输入表格内容

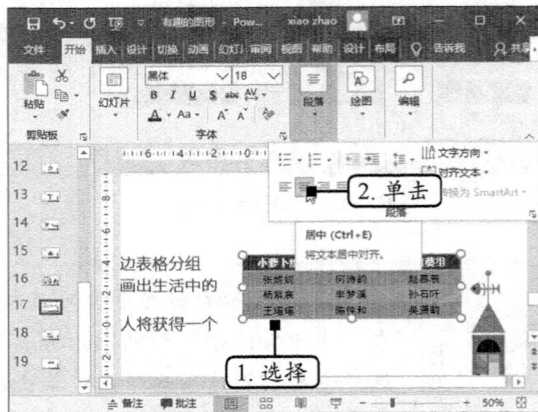

图3-92　设置文本格式

（6）选择第2行单元格，在"设计"选项卡的"表格样式"组中单击"底纹"按钮，在打开的下拉列表中选择"最近使用的颜色"栏中的"黄色"选项，设置单元格的底纹颜色，如图3-94所示。

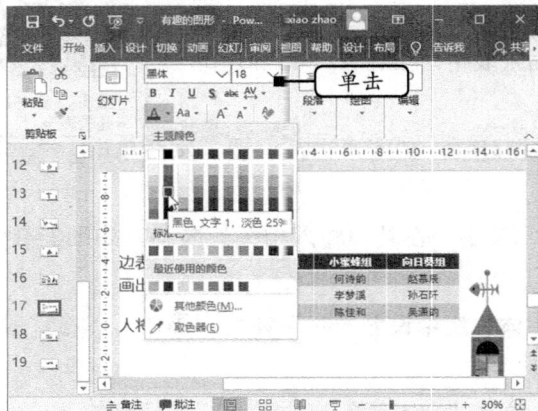

图3-93　设置文本颜色

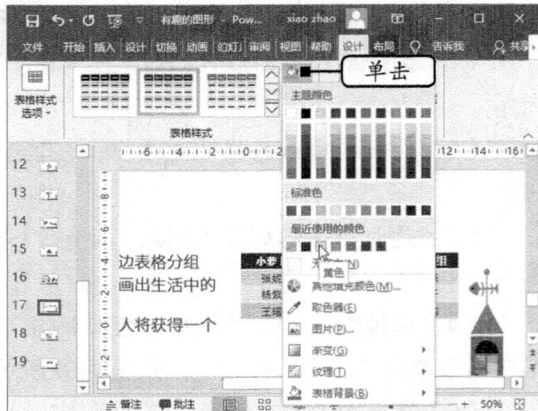

图3-94　设置单元格的底纹颜色

（7）使用相同的方法为其他单元格设置颜色，完成后的效果如图3-95所示。

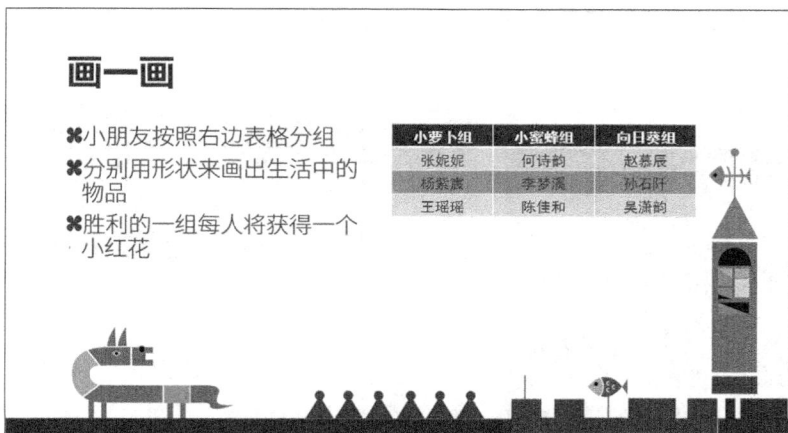

图3-95　设置其他单元格的颜色

3.2.5　插入并编辑媒体文件

在演示场合下，生动活泼的幻灯片才能更吸引观众，对于幼儿更是如此。因此，在制作幻灯片时，幼儿园教师可以插入剪辑声音、添加音乐或为幻灯片录制配音等，使幻灯片"声情"并茂。下面在"有趣的图形"演示文稿中插入媒体文件，其具体操作如下。

微课：插入并编辑媒体文件

（1）选择第1张幻灯片，在"插入"选项卡的"媒体"组中单击"音频"按钮，在打开的下拉列表中选择"PC上的音频"选项，如图3-96所示。

（2）打开"插入音频"对话框，在其中选择提供的声音文件（素材参见：素材文件\第3章\Summer.mp3），然后单击 插入(S) 按钮，如图3-97所示。

图3-96　选择选项

图3-97　"插入音频"对话框

（3）此时幻灯片中将显示一个声音图标，同时打开提示播放的控制条，单击▶按钮即可试听插入的声音（声音播放后按钮将变成 ‖），如图3-98所示。

（4）在"播放"选项卡的"编辑"组中单击"剪裁音频"按钮 ，打开"剪裁音频"对话框，在其中单击 按钮试听，调动两侧的标尺确认剪裁范围，单击 确定 按钮完成剪裁，如图3-99所示。

图3-98　插入音频

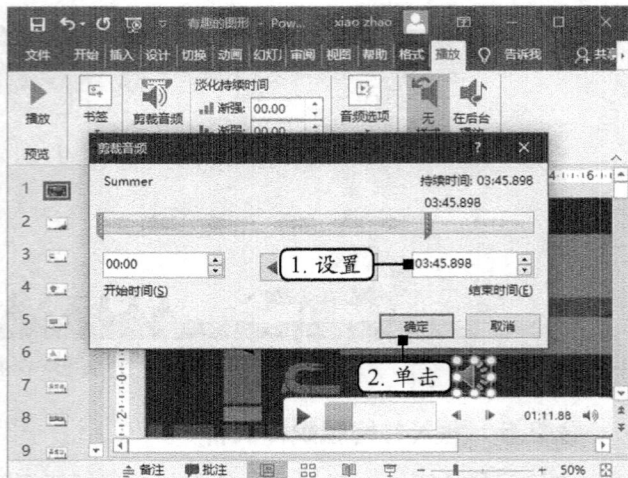

图3-99　剪裁音频

（5）在"编辑"组的"渐强："和"渐弱："数值框中，设置音频渐强、渐弱的开始时间，如图3-100所示。

（6）在"音频选项"组中的"开始"下拉列表中选择"自动"选项，单击选中"循环播放，直到停止"复选框，如图3-101所示。

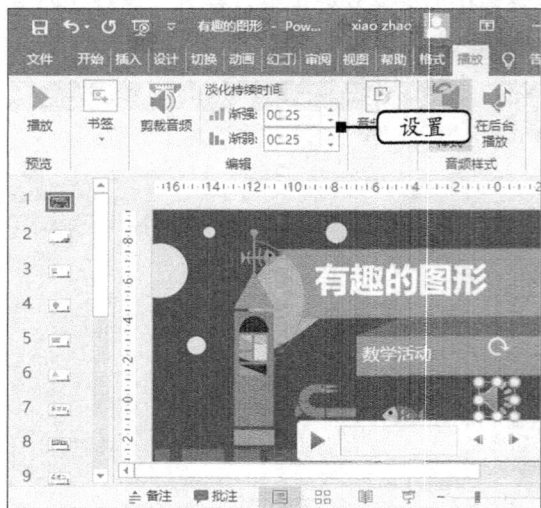

图3-100　设置声音的淡入和淡出

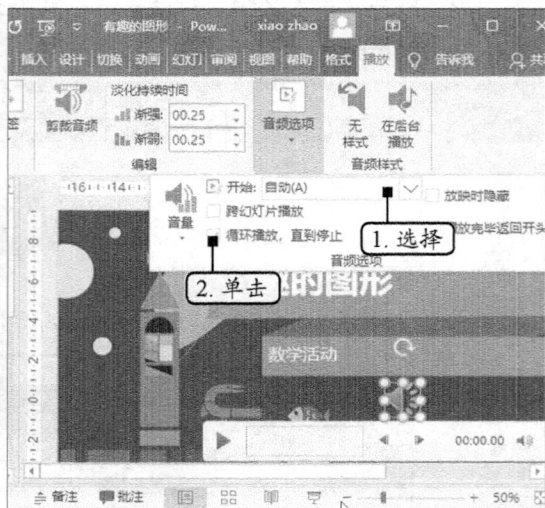

图3-101　播放方式

（7）设置完成后按【Ctrl+S】组合键保存即可（最终效果参见：效果文件\第3章\有趣的图形.pptx）。

3.3 设计课件的母版

母版是定义演示文稿中所有幻灯片或页面格式的幻灯片模板，用它可以制作演示文稿中的统一标志、文本格式、背景、颜色主题及动画等。对母版进行相关的编辑后，即可快速制作出多张样式相同的幻灯片，这极大地提高了工作效率。本节将通过制作一个课件的母版来具体讲解在PowerPoint 2016中设计母版的相关操作，参考效果如图3-102所示。

图3-102　设计演示文稿母版

3.3.1　幻灯片的布局与配色原则

对幻灯片进行合理的布局后，可以方便用户根据实际需要直接应用幻灯片版式，而为幻灯片配色可有效提高幻灯片的美观度。幻灯片的布局和配色通常需遵循一定的原则，下面分别进行介绍。

1. 幻灯片的布局原则

幻灯片中的对象主要包括文本、表格、图片、声音、动画等，要将这些对象进行合理的布局，就需要遵循以下4个原则。

（1）均衡统一。同一演示文稿中各张幻灯片的标题文本、图片等位置及页边距大小等应尽量统一，一张幻灯片中应尽量保持幻灯片上下、左右各部分内容量的均衡，背景与配色也应和谐统一。

（2）有机结合。幻灯片中的文本、图片、表格等对象应有机地结合在一起，相互配合以传达信息。但同一张幻灯片中各对象的数量也不宜过多，以避免累赘。

（3）强调主题。幻灯片中要表达的核心内容及演示文稿最后的结论部分，应通过字体、颜色、样式等方式进行强调，以引起观众的注意。

（4）内容精简。普通人在短时间内可接收并记忆的最大信息量约为7条，因此一张幻灯片中的文本最好不要超过7行，设计人员应尽量精简幻灯片的文本内容，做到言简意赅，以利于观众接受。

> **提示** 在制作幻灯片的过程中，并不是所有的原则都要同时遵循，幻灯片所表达的内容各有不同，所遵循的原则也各不相同，设计人员要灵活运用。

2. 幻灯片的配色原则

颜色的种类繁多，搭配方法也有很多，在制作幻灯片时，要想使搭配的颜色和谐统一，可参照以下5个原则进行。

（1）总体协调，局部对比。幻灯片的整体色彩应该协调、统一，局部和小范围的地方可以用一些强烈的色彩来进行区分、对比。

（2）明确主色调。每张幻灯片都应有统一的主色调，如果同一个演示文稿中运用太多的颜色，没有主次之分，则会让人感觉眼花缭乱。

（3）主色调随内容而定。根据演示文稿的内容不同，主色调也应不同。例如，内容为数学，幻灯片最好以蓝色为主色调；内容为政治，幻灯片最好以红色为主色调；内容为语文和英语，幻灯片最好以黄色为主色调；内容为生物，幻灯片最好以绿色为主色调；内容为历史和地理，幻灯片最好以灰色或褐色为主色调等。

（4）尽量使用邻近色。邻近色更易产生层次感，并使整体颜色更和谐，如深蓝、蓝色和浅蓝的搭配使用，黄色、橙色的搭配使用等。用邻近色制作的演示文稿给人一种正式、严谨的感觉，整个演示文稿看起来会更加协调。

（5）加强背景与内容的对比度。为了凸显内容，应尽量使背景色和内容颜色的对比度较高，深色背景用浅色文字，浅色背景用深色文字。不仅是文字，图表中各对象之间都需要用对比度较大的颜色来进行区分。

3.3.2 设置标题页母版

幻灯片的母版包括多种版式，下面讲解标题页母版的常用设置方法，其具体操作如下。

微课：设置标题页母版

（1）新建一个空白演示文稿，将其保存为"黄色主题母版"演示文稿，在"视图"选项卡的"母版视图"组中单击"幻灯片母版"按钮，如图3-103所示。

（2）进入幻灯片母版视图，在"幻灯片母版"选项卡的"大小"组中单击"幻灯片大小"按钮，在打开的下拉列表中选择"自定义幻灯片大小"选项。

（3）打开"幻灯片大小"对话框。在"幻灯片大小"下拉列表中选择"自定义"选项，在"宽度"和"高度"数值框中分别输入"33.862厘米"和"19.054厘米"，单击 确定 按钮，如图3-104所示。

（4）在打开的提示框中单击 确保适合(E) 按钮，更改页面大小后的效果如图3-105所示。

（5）选择副标题所在的占位符，按【Delete】键删除，然后将标题占位符移动到副标题所在的位置，设置字符格式为"方正黑体、52号、加粗"，如图3-106所示。

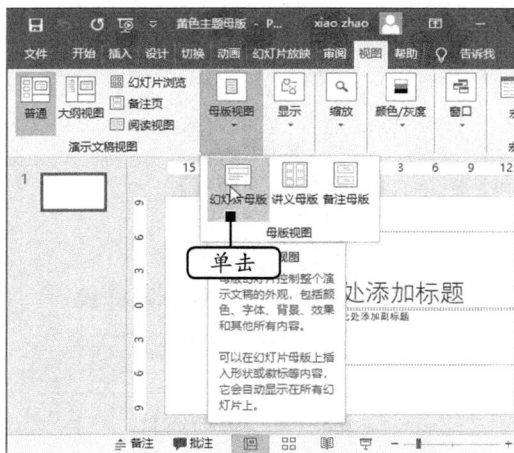

图3-103　进入幻灯片母版视图

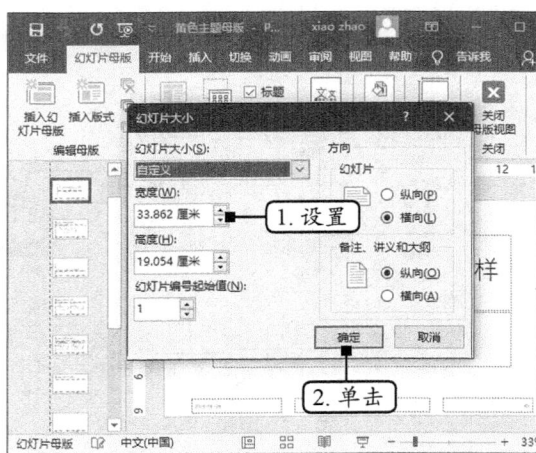

图3-104　设置页面大小

图3-105　更改页面大小

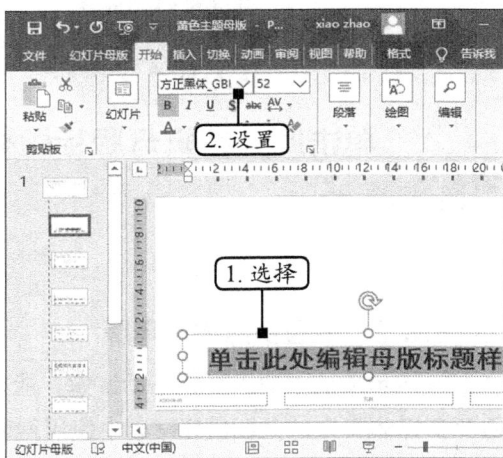

图3-106　设置标题占位符的字符格式

（6）在"插入"选项卡的"图像"组中单击"图片"按钮，打开"插入图片"对话框，在其中选择"图片9.png"图片文件（素材参见：素材文件\第3章\图片9.png），单击
按钮，如图3-107所示。

（7）此时选择的图片将被添加到幻灯片中，选择插入的图片，拖动鼠标将其移动到幻灯片的中间位置，效果如图3-108所示。

（8）使用相同的方法将"图片8.png"图片文件插入到幻灯片中并调整到左下角位置（素材参见：素材文件\第3章\图片8.png），然后将鼠标指针移动到图片控制点上，利用【Shift】键将图片等比例缩小，效果如图3-109所示。

（9）选择插入的图片，复制2张，然后将其移动到幻灯片下方排列，完成后的参考效果如图3-110所示。

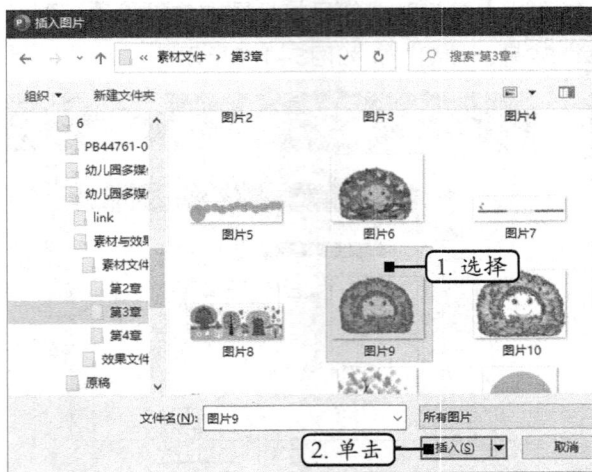

图3-107　插入图片

图3-108　调整图片位置

图3-109　调整图片大小

图3-110　完成后的参考效果

3.3.3　设置多媒体页母版

在演示文稿中插入视频辅助讲解，能够极大地提升演示文稿的生动性，因此多媒体页在幼儿园PPT设计中使用得非常频繁。下面介绍在幻灯片中设置多媒体页母版的方法，其具体操作如下。

微课：设置多媒体页母版

（1）将鼠标指针移动到第2张幻灯片下方并单击鼠标左键，在"幻灯片母版"选项卡的"编辑母版"组中单击"插入版式"按钮，如图3-111所示。

（2）在当前页面下方插入一张默认的幻灯片版式，在其中将标题占位符删除，如图3-112所示。

（3）在"插入"选项卡的"插图"组中单击"形状"按钮，在打开的下拉列表的"矩形"栏中选择"矩形"选项，在幻灯片中绘制一个矩形，然后使用相同的方法绘制3个圆形，并调整为不同的大小，最后将其填充为黄色，取消形状轮廓，效果如图3-113所示。

（4）将"图片12.png"图片文件插入到幻灯片中（素材参见：素材文件\第3章\图片12.png），并调整到合适的大小，如图3-114所示。

图3-111　插入版式

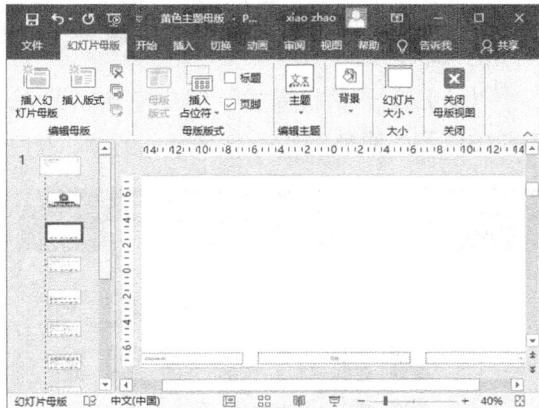

图3-112　删除占位符

图3-113　绘制形状

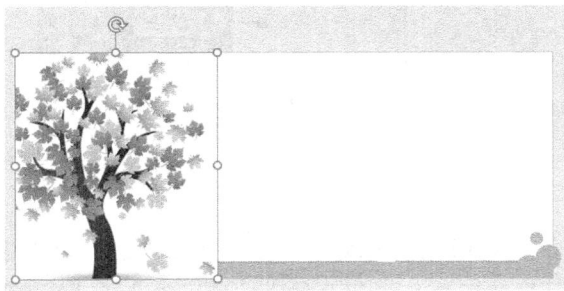

图3-114　插入并调整图片大小

（5）选择图片，在"格式"选项卡的"调整"组中单击"颜色"按钮 ，在打开的下拉列表中选择"设置透明色"选项，如图3-115所示。

（6）此时，鼠标指针变为 形状，在图片的白色区域单击，将背景设置为透明效果，如图3-116所示。

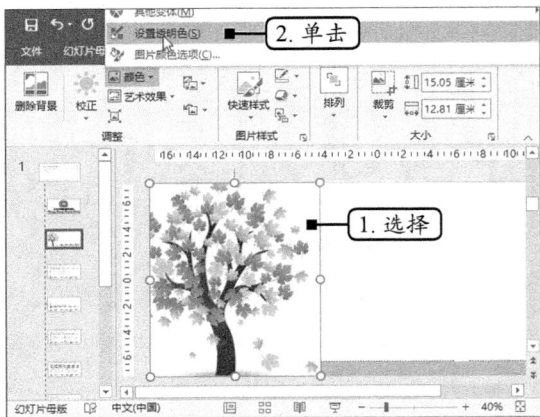

图3-115　选择"设置透明色"选项

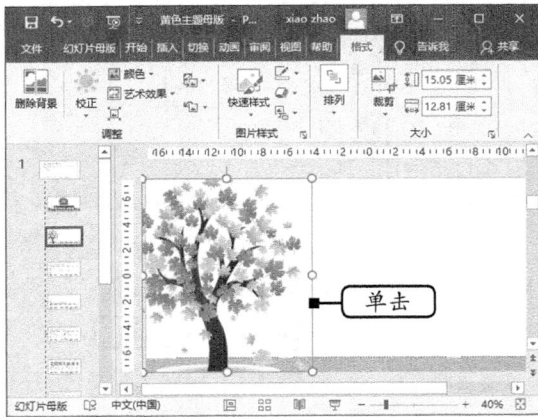

图3-116　将背景设置为透明效果

（7）单击空白处取消图片的选择，然后在幻灯片中绘制一个矩形，为其应用图3-117所示的形状样式。

（8）在"形状样式"组中单击"形状填充"按钮，在打开的下拉列表中选择图3-118所示的颜色。

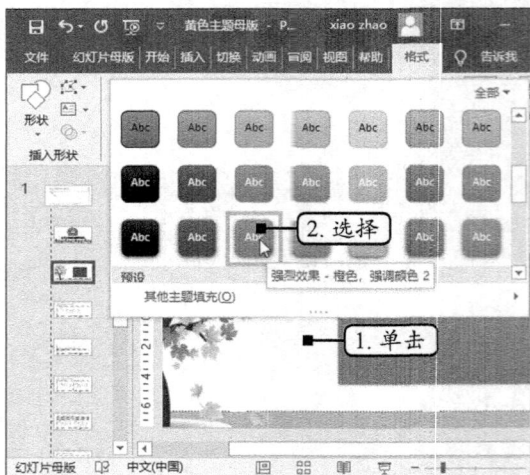

图3-117　选择形状样式

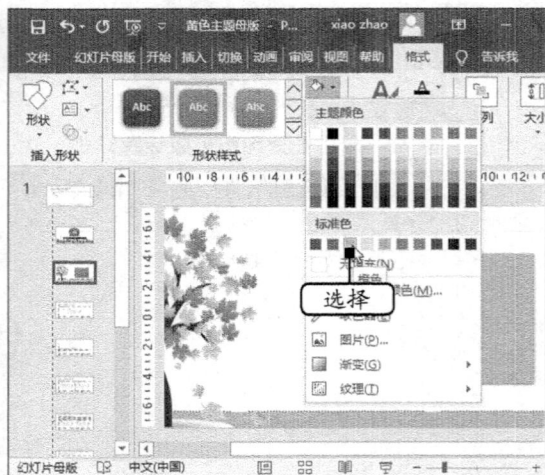

图3-118　更改形状颜色

（9）在"幻灯片母版"选项卡的"母版版式"组中单击"插入占位符"按钮下方的下拉按钮，在打开的下拉列表中选择"媒体"选项，如图3-119所示。

（10）在幻灯片的黄色形状上拖动鼠标绘制占位符，然后选择绘制的占位符，将其填充颜色设置为"黄色"，效果如图3-120所示。

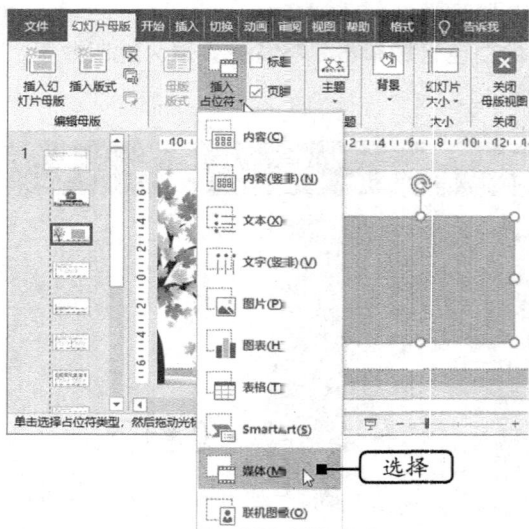

图3-119　插入占位符

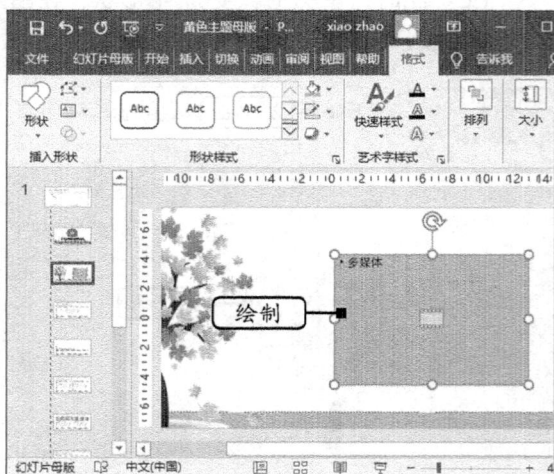

图3-120　设置占位符

3.3.4 设置过渡页母版

过渡页母版设计的具体操作如下。

（1）选择第3张幻灯片，将下方的内容占位符删除，然后在幻灯片的上方绘制多个大小不等的圆形和椭圆形，并填充为黄色，取消其形状轮廓，最后将其排列并进行合并，效果如图3-121所示。

微课：设置过渡页母版

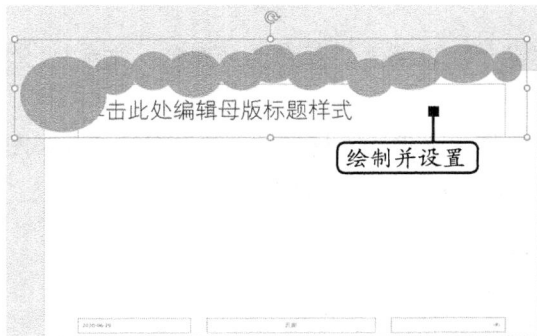

（2）在幻灯片中插入两个装饰的图片，并调整大小和位置，完成后的效果如图3-122所示。

图3-121　绘制形状

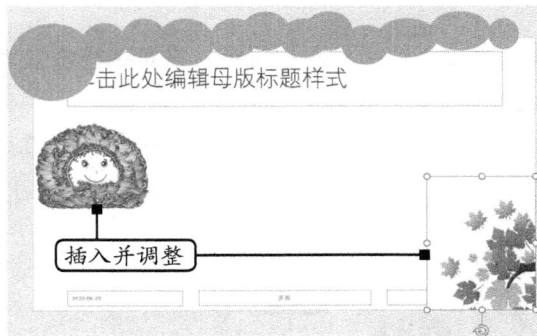

图3-122　插入并调整图片

（3）继续在幻灯片中绘制一个圆角矩形，填充为柠檬黄色，然后绘制多个正八边形，并填充不同的颜色，完成后调整大小和位置，效果如图3-123所示。

（4）选择标题占位符，在其中输入"目录"文本。

（5）设置文本格式为"方正卡通简体、48号、加粗"，然后继续在幻灯片中绘制其他形状，完成后的效果如图3-124所示。

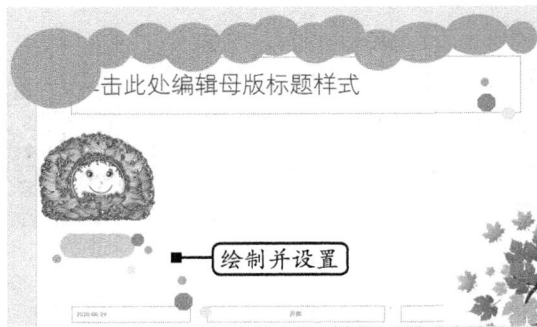

图3-123　绘制形状

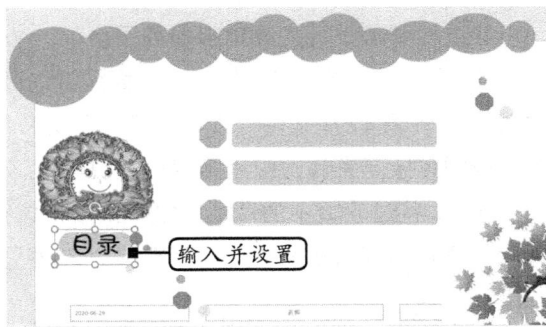

图3-124　设置文本格式

（6）选择下一张幻灯片，删除其中的内容占位符。

（7）绘制一个"同侧圆角矩形"形状，填充颜色为"金色，个性色4"，取消形状轮廓，旋转形状后将其放在幻灯片左侧，效果如图3-125所示。

（8）将上一张幻灯片中的太阳图片和正八边形复制到当前幻灯片中，调整位置后的效果如图3-126所示。

图3-125　绘制形状

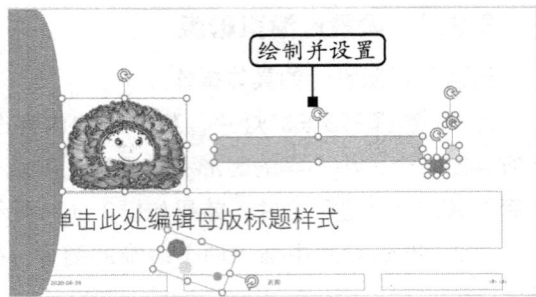

图3-126　调整复制形状的位置

（9）选择标题占位符，设置字符格式为"黑体、28号"，颜色为"黑色，文字1，淡色35%"，效果如图3-127所示。

（10）插入"图片3.png"和"图片13.png"图片文件（素材参见：素材文件\第3章\图片3.png、图片13.png），调整到合适的大小和位置后将其组合，效果如图3-128所示。

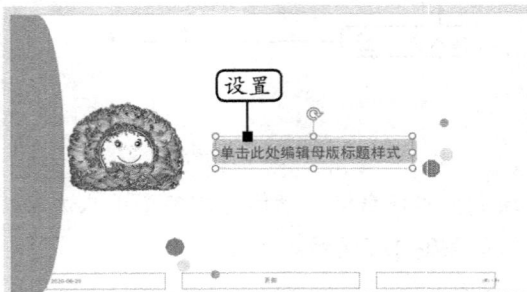

图3-127　设置字符格式

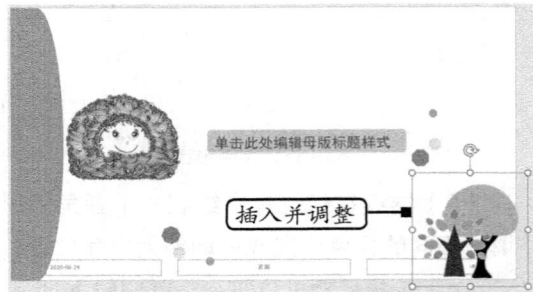

图3-128　插入并调整图片

3.3.5　设置正文页母版

正文页母版设计的具体操作如下。

（1）选择第5张幻灯片，将前面绘制的装饰形状复制到幻灯片中，插入"图片6.png"图片文件（素材参见：素材文件\第3章\图片6.png），然后在其中绘制多条竖直线，应用第1种形状样式，效果如图3-129所示。

（2）将过渡页中的黄色底纹和文字占位符复制4个到幻灯片中，调整位置后更改其字符格式为"文鼎POP-4、24号"，效果如图3-130所示。

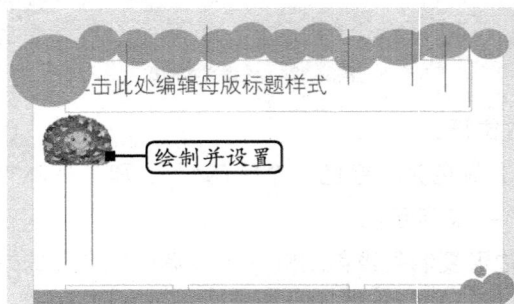

微课：设置正文页母版

图3-129　制作背景形状

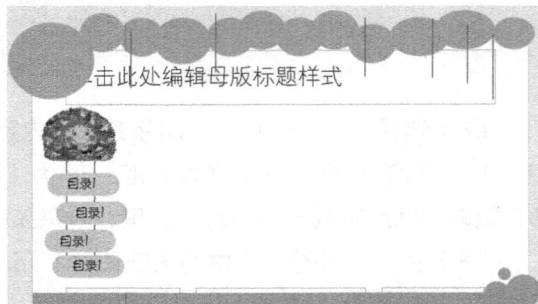

图3-130　复制目录元素

（3）插入其他装饰的图片，并将其调整为合适的大小，调整到合适的位置，完成后将最上方的黄色形状设置为顶层显示，效果如图3-131所示。

（4）将标题占位符移动到下方，设置字符格式为"黑体、28号、加粗、居中对齐"。

（5）设置颜色为"黑色 文字1 淡色25%"，然后添加一个"内容"占位符，在其中只保留第一行的内容，如图3-132所示。

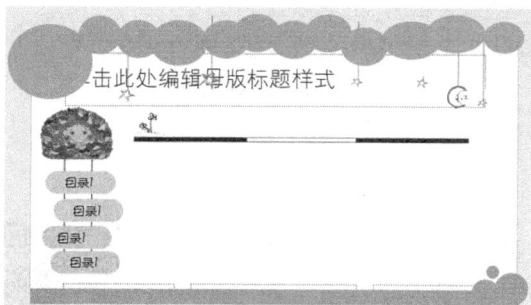

图3-131 添加装饰图片

图3-132 设置占位符

（6）复制第5张幻灯片，新建一张同样样式的幻灯片，删除其中的星星图片，插入"图片15.png"图片文件（素材参见：素材文件\第3章\图片15.png）。

（7）再复制一张新建的图片，调整其大小和位置。

（8）选择下方的内容占位符，为其添加一个花朵样式的项目符号，并将幻灯片左侧的文本"目录1"修改为"目录2"，完成后的效果如图3-133所示。

（9）复制第6张幻灯片，在其下方粘贴，然后删除右上角的装饰图像，插入提供的其他素材，并调整大小和位置，然后修改相应的文本内容，效果如图3-134所示。

图3-133 制作其他页

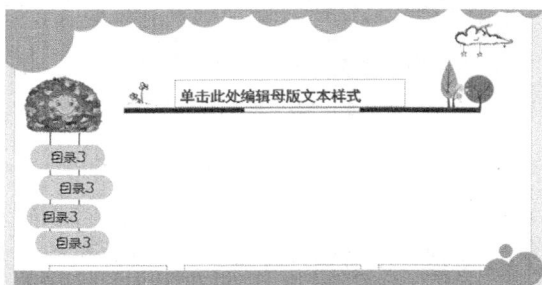

图3-134 添加装饰元素

（10）插入"图片11.png"图片文件（素材参见：素材文件\第3章\图片11.png），然后插入一个图片占位符，并调整其位置。

（11）同时选择插入的图片和占位符，将其复制一个到右侧，最后插入两个文本占位符，效果如图3-135所示。

（12）复制这张幻灯片，然后按照前面介绍的方法制作出图3-136所示的效果。

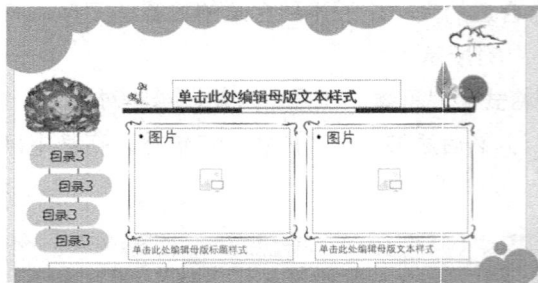

图3-135 插入图片占位符

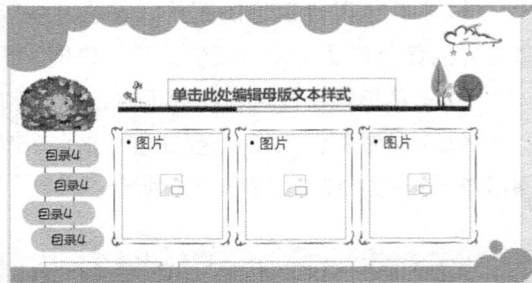

图3-136 设置其他页

3.3.6 设置结束页母版

结束页母版设计的具体操作如下。

（1）选择下一张幻灯片，删除其中的占位符，然后将前面设计好的装饰形状复制到幻灯片中，调整位置后的效果如图3-137所示。

（2）插入一个文本框，在其中输入"幼儿园向日葵班公开课"文本，为每个文字设置不同的颜色。

微课：设置结束页母版

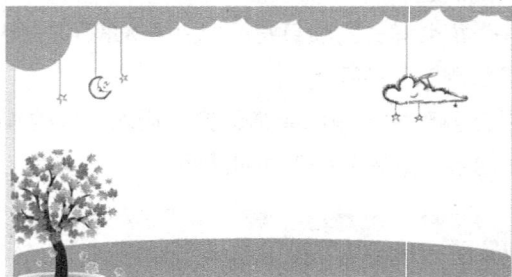

（3）选择标题页，将其中的占位符复制到结束页幻灯片中，调整到合适的位置，修改文本内容并设置字体格式为"思源黑体CN Heavy，60"，效果如图3-138所示。

图3-137 复制装饰形状

图3-138 设置文本占位符

> 提示 在母版状态下通过"插入"选项卡绘制的文本框在退出母版状态后都不可编辑，因此，在设计母版时，需要修改文本的文本框必须是文本占位符。

3.3.7 使用幻灯片母版

母版设计完成后就可以使用母版来快速完成幻灯片的制作了，其具体操作如下。

微课：使用幻灯片母版

（1）在"幻灯片母版"选项卡中单击"关闭母版视图"按钮 ，返回普通视图，此时，演示文稿中只有一个标题页，效果如图3-139所示。

（2）在"开始"选项卡的"幻灯片"组中单击"新建幻灯片"按钮 下方的下拉按钮 ，打开的下拉列表中显示了所有设置的母版幻灯片，在其中选择需要的样式，即可新

建相应的幻灯片，如图3-140所示，保存演示文稿完成操作（最终效果参见：效果文件\第3章\黄色主题母版.pptx）。

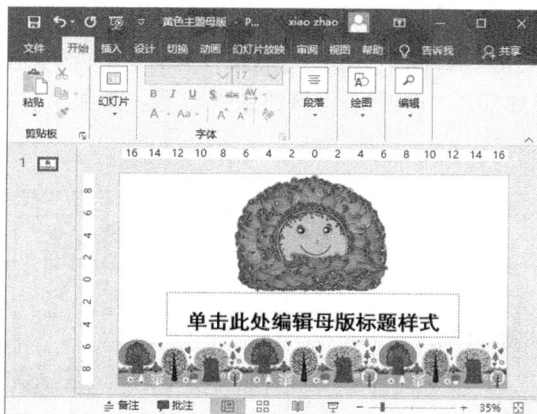

图3-139　返回普通视图

图3-140　根据母版新建幻灯片

3.4　练习

本章主要介绍了PowerPoint 2016的基本操作、在幻灯片中插入并设置各种对象的方法，以及幻灯片母版的设置方法。在幼儿园教学中，这些操作都是常用的基本操作，因此幼儿园教师需要好好掌握，并能够熟练运用。

1. 制作"认识水果"课件

本练习的主要任务是设计"认识水果.pptx"课件。 首先打开提供的"认识水果.pptx"素材文件（素材参见：素材文件\第3章\认识水果.pptx），在其中设置幻灯片的大小，然后更改幻灯片版式，最后调整幻灯片中的文本格式，完成后的参考效果如图3-141所示（最终效果参见：效果文件\第3章\认识水果.pptx）。

图3-141　"认识水果.pptx"课件

2. 制作"感恩父母"课件

本练习的主要任务是设计"感恩父母.pptx"课件。首先打开提供的"感恩父母.pptx"素材文件（素材参见：素材文件\第3章\感恩父母.pptx），在幻灯片中输入文本，设置文本格式，然后在其中插入图片并设置其样式，插入和设置形状样式，最后还需要插入SmartArt图形，并对其进行美化编辑，完成后的参考效果如图3-142所示（最终效果参见：效果文件\第3章\感恩父母.pptx）。

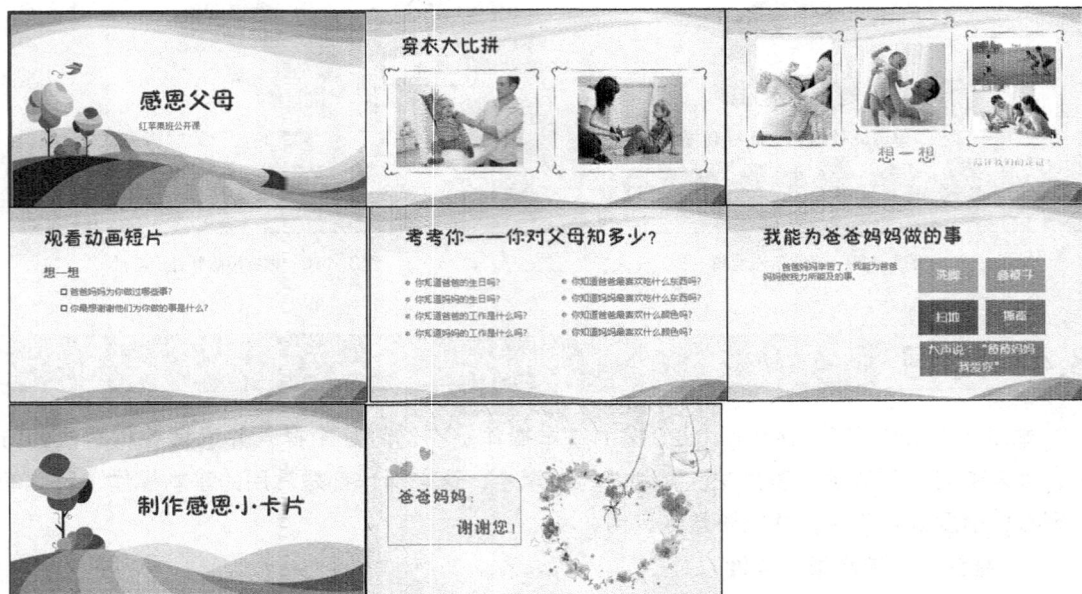

图3-142 "感恩父母.pptx"课件

3.5 拓展知识

下面主要介绍课件中幻灯片的版式设计、颜色搭配和文字设计的拓展知识，以让幼儿园教师能够制作出更精良的课件。

1. 幻灯片版式设计

幻灯片版式主要有文字型版式、图文混排型版式和全图型版式3种，设计了版式的幻灯片不仅其画面的美观性更高，其课件的专业性也会显得更强。

（1）文字型版式。文字型版式设计包括字体格式、段落格式、排列方式等的设计，具体的设计通常根据文本内容的多少来决定。文字型版式设计主要包括两种：一种是通栏型，就是文字从上到下进行排列；另一种是左右型，即左右都有文字。需注意，在对文字进行排版时，要根据文字内容的多少对文字的间距和行距进行合理的设置。如果段落文本较多，可设置相应的项目符号，使各段落之间的结构更清晰。

（2）图文混排型版式。图文混排型版式是幻灯片中最常见的一种版式设计，其设计常用的是左右型、中间型和斜边型3种排版方式。左右型排版是图文混排中最常用的一种，这类排版既符合观赏者的视线流动顺序，又能使图片与横向排列的文字形成有力的对比。左右型一般分为两种情况：一种是左边图片，右边文字；另一种是左边文字，右边图片。中间型排版的设计在幻灯片中应用得比较少，但一般都是将图片排在幻灯片中间，文字排于图片两侧。中间型排版的设计最重要的就是图片与文字的搭配，必须选择与文本内容相符的图片，确保图文的一致性。在设计幻灯片版式时，针对这一类型，要注意左右文字与图片之间的距离须保持一致，这样才能使图文的搭配更协调。上下型版式设计在幻灯片中也比较常用，在对这类版式进行设计时，要注意文字的多少及文字与图片的排列位置，这样才能使整个版式更协调。

（3）全图型版式。全图型版式多用于标题页幻灯片。在对全图型版式的设计中，图片的选用和排列方式非常重要，而且文字内容必须要少，只需突出重点即可。全图型版式的设计既可给观众带来一种强烈的视觉冲击力，让观众快速理解、记忆所传递的内容，又可增强幻灯片画面的美观性。但在使用这种版式类型制作课件时，要特别注意图片和文字的搭配效果。图3-143所示为全图型版式的幻灯片版面。

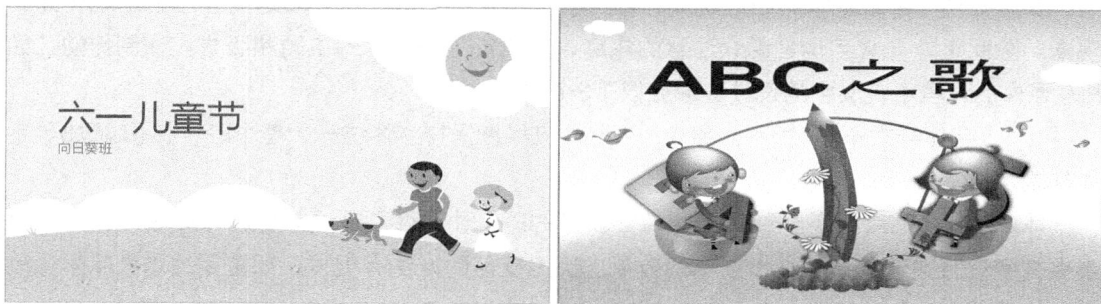

图3-143　全图型版式的幻灯片版面

2. 颜色搭配

颜色搭配是制作课件的必要环节，颜色搭配的好坏，不仅会影响课件的美观性，还会影响课件的品质感和学生对课件知识的接受度与吸收效果。幼儿园教师可以通过以下3种方式来提升自己的颜色搭配能力，美化自己的课件。

（1）从优秀的演示文稿中学习。对某些没有美术基础的幼儿园教师来说，配色非常困难，幼儿园教师一旦课件颜色搭配不好，就会影响整个课件的效果。通常在为课件配色时，幼儿园教师最好应用系统提供的配色方案，若提供的配色方案不能满足需要，则可学习、借鉴一些优秀演示文稿中的配色方案，这样才不会因配色而导致整个课件的质量降低。

（2）通过课件内容相关因素搭配。课件的主要内容是各学科的知识，因此课件的颜色搭配可以根据各学科的相关因素来进行考虑，如理科可以使用冷色调的颜色。也可以根据学校校徽的颜色、校服的颜色、各班级班徽的颜色等因素来进行课件的颜色搭配，这样不仅能提高课件的美观性，还能达到宣传学校的作用，一举两得。

（3）学习专业网站的颜色搭配。要想学习课件的颜色搭配方法，还可以参考学习专业PPT网站的配色。因为网站上的PPT一般都是由一些专业人士设计的，因此其配色比较专业。如果幼儿园教师在制作课件时不知道如何配色，便可打开这类专业网站，借鉴其配色思路。图3-144所示为两个专业PPT网站。

图3-144　两个专业PPT网站

3．文字设计

文字是PPT中最基本的组成元素，其主要作用是将幻灯片所要表达的信息清晰地传递给观众。除此之外，文字也是观众注意的焦点，其决定了幻灯片的主题和版式。在制作幼儿园PPT课件的过程中，文字的设计应遵循以下3个方面的要求。

（1）字体样式不超过3种。整个PPT课件应尽量保持字体统一，整个PPT中不超过3种字体样式。

（2）强化重点文字。制作文字内容较多的PPT时，除了要对文字进行提炼外，还应对重点文字进行强化，达到突出显示的效果。突出重点的方法有很多，如常用的增大字号、改变字体颜色、添加边框等。

（3）恰当的字体搭配。同样的一组设计，使用不同的字体，呈现的效果反差可能会非常大，因此幼儿园教师在设计PPT时还应结合演示主题、场景、风格等因素选择合适的字体。

Kindergarten

Kindergarten

第4章
PPT演示型课件制作（二）

能够使用PowerPoint制作简单的演示型课件是对幼儿园教师的基本要求，由于幼儿园教师的教学对象比较特殊，所以，幼儿园教师在制作PPT演示型课件时，不仅应保证课件内容的正确性、完整性，还应保证课件具有生动性、形象性等特征。本章通过3个具体案例来讲解在PowerPoint 2016中为课件添加动画的具体操作、放映幻灯片的相关设置，以及如何又好又快地制作PPT类演示型课件。

课堂学习目标

● 设置"小星星"课件动画

● 放映"小星星"课件

● 输出"小星星"课件

● 快速制作PPT类演示型课件

4.1 设置"小星星"课件动画

为演示型课件设置动画可以使课件内容更加生动形象，利用PowerPoint 2016可以为幻灯片中的内容添加播放动画，也可以为幻灯片添加切换动画，还可以设置触发器控制动画。而创建超链接，则可以改变课件的线性放映方式，提高课件的交互性。本节将通过设置"小星星"课件动画来具体讲解在PowerPoint 2016中设置动画的操作方法，参考效果如图4-1所示。

图4-1 "小星星"课件动画效果

4.1.1 设置对象动画

设置对象动画是指对幻灯片内的对象添加各种动画，控制对象的出现顺序和出现方式，突出重点并增加演示的趣味性。

1. 设置简单动画

下面在"小星星"课件中为第3～5张幻灯片和第7张幻灯片中的对象设置动画，具体操作如下。

微课：设置简单动画

（1）打开"小星星.pptx"演示文稿（素材参见：素材文件\第4章\小星星.pptx），选择第3张幻灯片，在其中选择圆形、小树和小鹿，在"动画"选项卡的"动画"组的"动画样式"列表框中单击"其他"按钮▽，在打开的下拉列表中选择"进入"栏中的"缩放"选项，如图4-2所示。

（2）在"计时"组的"开始"下拉列表中选择"与上一动画同时"选项，如图4-3所示。

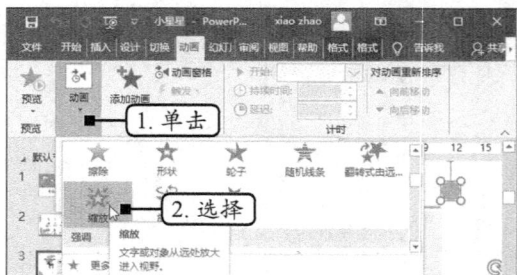

图4-2 添加动画样式

图4-3 设置动画的开始时间

（3）选择右侧的矩形对象，在"动画样式"列表框中选择"擦除"选项，单击"效果选项"按钮↑，在打开的下拉列表中选择"自左侧"选项，如图4-4所示。

（4）在"计时"组的"开始"下拉列表中选择"上一动画之后"选项，效果如图4-5所示。

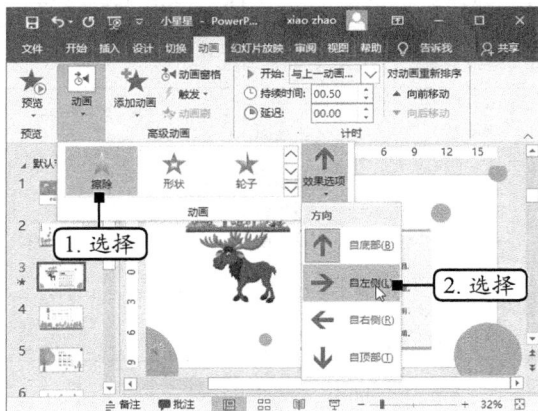

图4-4　更改动画效果选项

图4-5　设置动画的开始时间

（5）选择"小星星"文本所在的文本框，在"动画"组的"动画样式"列表框中单击"其他"按钮▽，在打开的下拉列表中选择"更多进入效果"选项，打开"更改进入效果"对话框，在其中选择"温和"栏中的"升起"选项，单击 确定 按钮，如图4-6所示。

（6）选择"小星星"下方横线，在"动画样式"列表框中选择"飞入"选项，单击"效果选项"按钮↑，在打开的下拉列表中选择"自右侧"选项，设置后的效果如图4-7所示。

图4-6　打开"更改进入效果"对话框

图4-7　设置后的效果

（7）选择"一闪一闪亮晶晶"文本，使用相同的方法为其添加"升起"动画，然后依次选择其他段落文本，使用相同的方法添加"升起"动画效果，效果如图4-8所示。

（8）在"预览"组中单击"预览"按钮★，效果如图4-9所示。

（9）选择第4张幻灯片，在其中选择两个矩形对象，然后为其添加"翻转式由远及近"效果，并设置左上角动画的开始时间为"单击时"，右下角矩形动画的开始时间为"与上一动画同时"，在"高级动画"组中单击 动画窗格 按钮，打开"动画窗格"任务窗格，效果如图4–10所示。

（10）选择"小星星"文本框，为其添加"浮入"动画，选择第1行的简谱文本框，为其添加"展开"动画，在"动画窗格"任务窗格中选择添加的动画，在其上单击鼠标右键，在弹出的快捷菜单中选择"效果选项"命令，如图4–11所示。

图4-8　添加其他动画后的效果

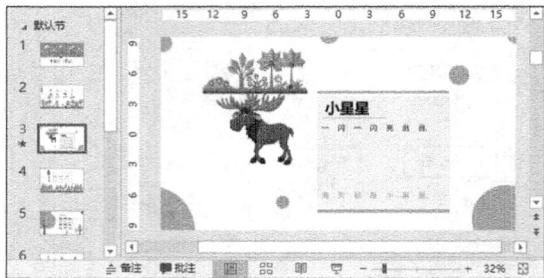

图4-9　预览动画效果

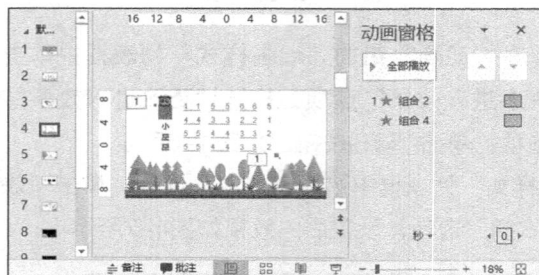

图4-10　打开"动画窗格"任务窗格

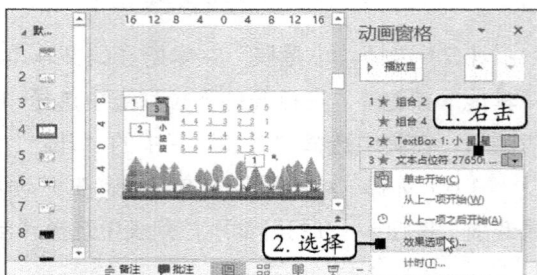

图4-11　选择"效果选项"命令

（11）打开"展开"对话框，在"动画文本"下拉列表中选择"按字母"选项，然后单击 确定 按钮，如图4–12所示。

（12）在幻灯片中选择第1行的简谱文本框，在"高级动画"组中单击 动画刷 按钮，然后在幻灯片中单击第2行的简谱文本框，复制动画效果，如图4–13所示。

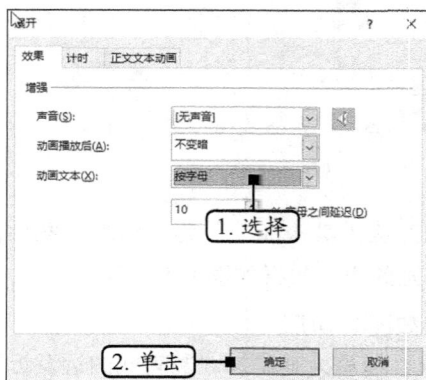

图4-12　打开"展开"对话框

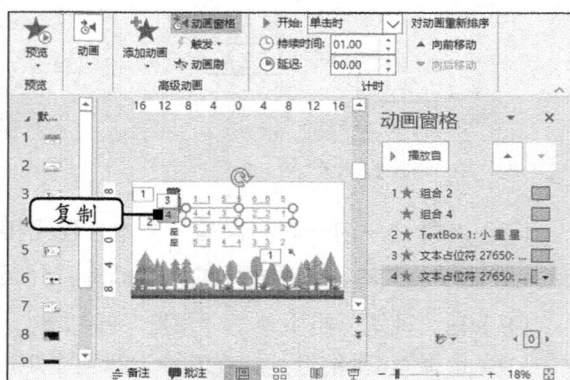

图4-13　复制动画效果

（13）使用相同的方法为另外两行简谱文本框复制动画效果，如图4-14所示。

（14）在"预览"组中单击"预览"按钮★，效果如图4-15所示。

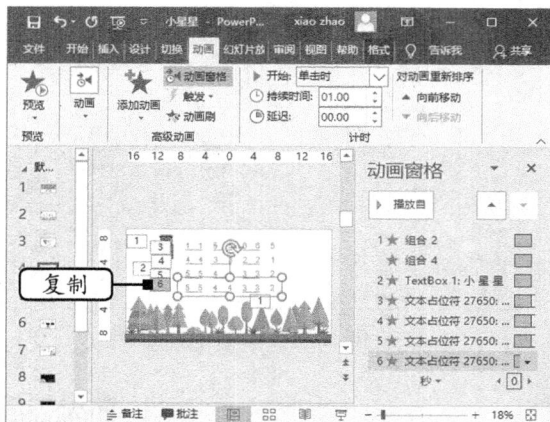

图4-14　复制动画效果

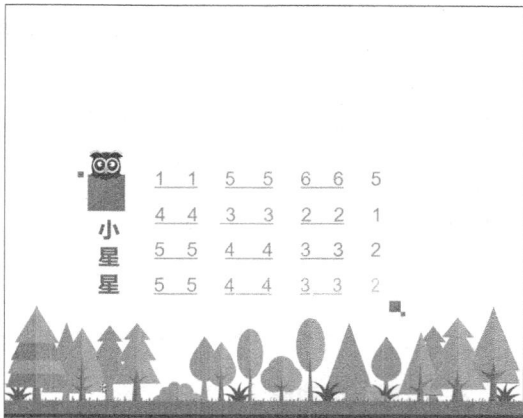

图4-15　预览动画效果

（15）选择第5张幻灯片，选择"小星星"文本框，为其添加"弹跳"动画，然后选择下方的直线，为其添加"飞入"动画，并单击"效果选项"按钮↑，在打开的下拉列表中选择"自右侧"选项，如图4-16所示。

（16）拖动鼠标选择下方文本框中的第一行内容，为其添加"缩放"动画，然后依次为下方每一行内容添加缩放动画效果，如图4-17所示。

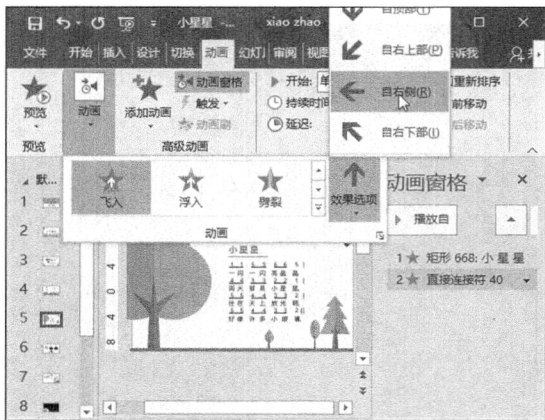

图4-16　设置第5张幻灯片动画

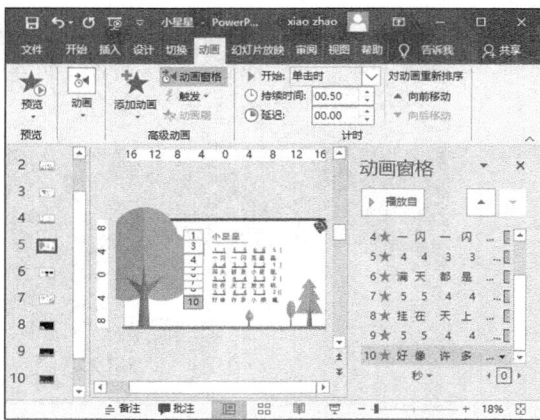

图4-17　为下方文字添加"缩放"动画

（17）选择第7张幻灯片，分别选择其中的图片对象，然后分别设置"翻转式由远及近""缩放""弹跳""脉冲""跷跷板""旋转"动画，如图4-18所示。

（18）在"动画窗格"任务窗格中选择添加的所有动画，在"计时"组中的"开始"下拉列表中选择"与上一动画同时"选项，如图4-19所示。

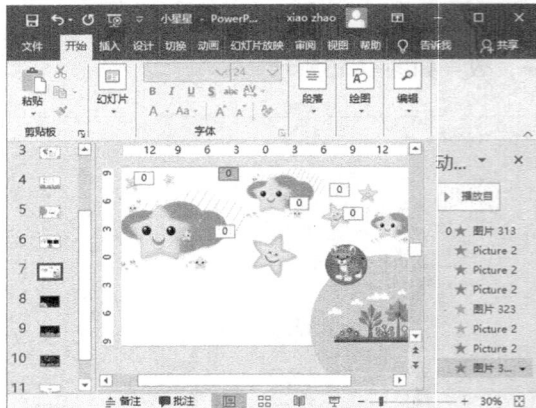

图4-18　设置第7张幻灯片动画

图4-19　设置7张幻灯片的开始时间

2. 设置路径动画

用户还可以根据需要设置动画的播放路径，使对象沿着制定的路径运动。下面为"小星星"演示文稿添加路径动画，具体操作如下。

（1）选择第8张幻灯片，在其中选择"小鹿"图形，在"添加动画"下拉列表中选择"自定义路径"选项，此时鼠标指针变为＋形状，在幻灯片中拖动鼠标绘制路径，如图4-20所示。

微课：设置路径动画

（2）绘制完成后释放鼠标，然后按【Enter】键结束路径，单击"预览"按钮★，效果如图4-21所示。

图4-20　绘制路径

图4-21　预览效果

（3）观察发现小鹿运动过快，因此选择添加的动画，在"计时"组的"持续时间"数值框中输入"05.00"，在"开始"下拉列表中选择"上一动画之后"选项，如图4-22所示。

（4）选择第9张幻灯片，在幻灯片外选择"流星"图形，在"动画"组的"动画样式"列表框中单击"其他"按钮▼，在打开的下拉列表中的"动作路径"栏中选择"直线"选项，如图4-23所示。

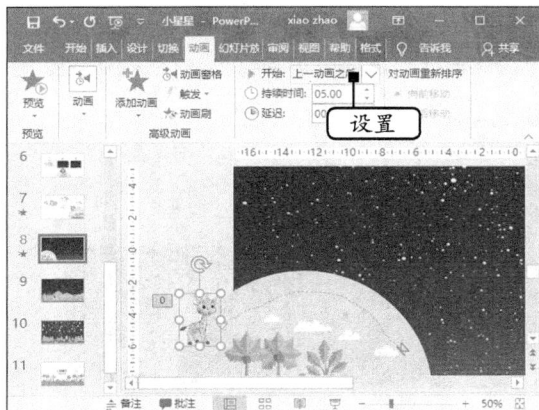

图4-22　设置持续时间

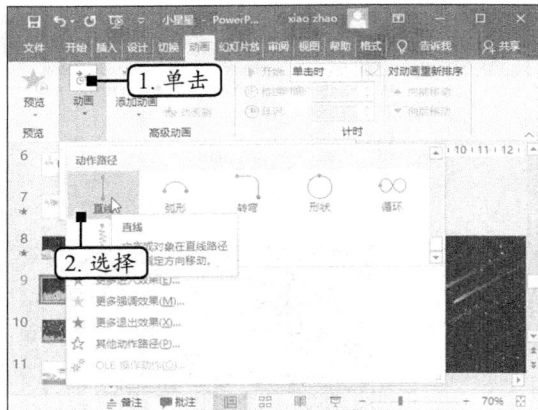

图4-23　设置第9张幻灯片

（5）此时，PowerPoint 2016将自动为选择的流星图形添加一个自上而下的直线路径动画，如图4-24所示。

（6）将鼠标指针移动到直线路径结束处，当其变为形状后，按住鼠标左键不放向左下角拖动鼠标，调整直线路径的长度和方向，使其与原来图片上的流星角度平行，如图4-25所示。

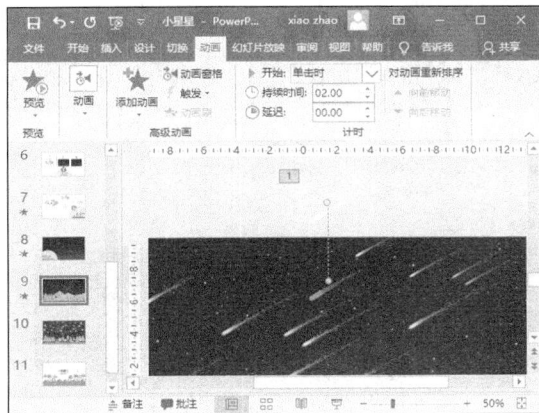

图4-24　添加的直线路径动画

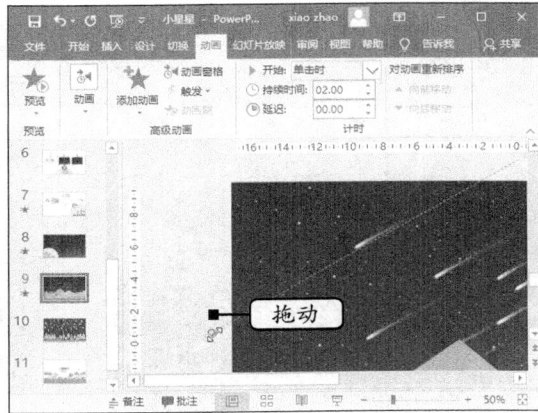

图4-25　调整路径

（7）选择添加路径动画后的流星图形，复制一个动画，并将其调整到合适的位置，最后在"计时"组中的"开始"下拉列表中选择"与上一动画同时"选项，如图4-26所示。

> 提示　在更改某对象的动画效果时，必须选择该对象。若选择的是整张幻灯片，则在"动画"选项卡中只有"预览"按钮和"动画窗格"按钮可用，其他按钮都呈灰色不可用状态。

（8）使用相同的方法再复制两个流星图形，将其调整到合适的位置后，在"计时"组中的"开始"下拉列表中分别选择"上一动画之后"和"与上一动画同时"选项，如图4-27所示。

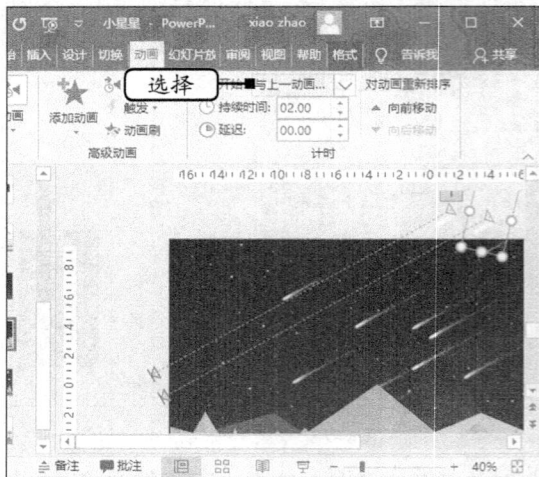

图4-26　复制下一个动画

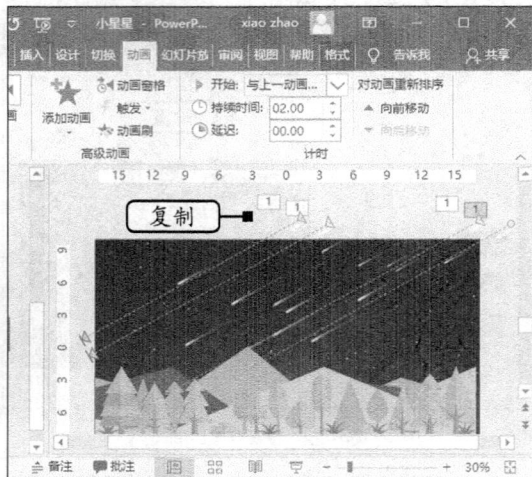

图4-27　继续复制动画

（9）使用相同的方法再次复制一个动画，并在"开始"下拉列表中选择"上一动画之后"选项，如图4-28所示。

（10）完成流星运动轨迹的制作，单击"预览"按钮★，预览流星动画效果，如图4-29所示。

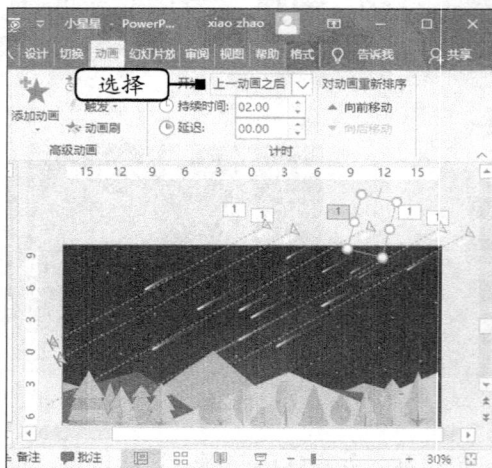

图4-28　复制下一个动画

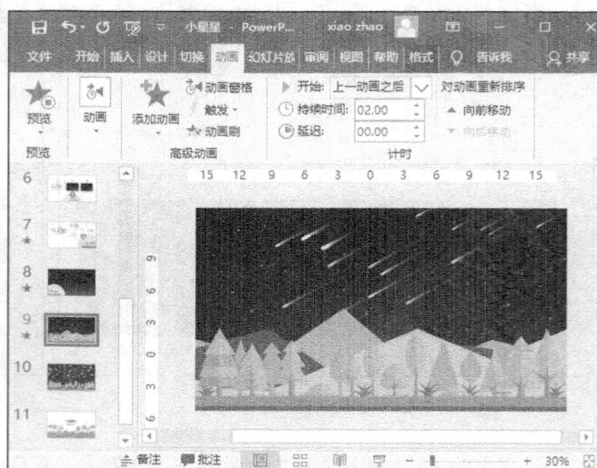

图4-29　预览流星动画效果

（11）观察发现，流星运动坠落在最上层，因此，选择所有的流星形状，在"格式"选项卡的"排列"组中单击"下移一层"按钮，单击多次，直到流星形状位于背景图层的上一层，如图4-30所示。

（12）选择第10张幻灯片，在其中选择月亮形状，通过前面介绍的添加自定义幻灯片的方法为其添加一个由左下至右上的路径动画，并在"开始"下拉列表中选择"与上一动画同时"选项，再设置"持续时间"为"05.00"，如图4-31所示。

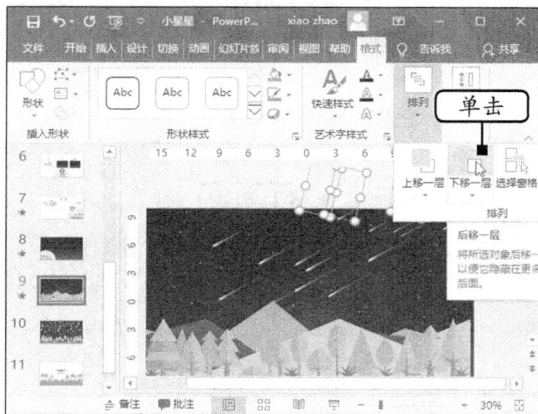

图4-30　调整排列图层

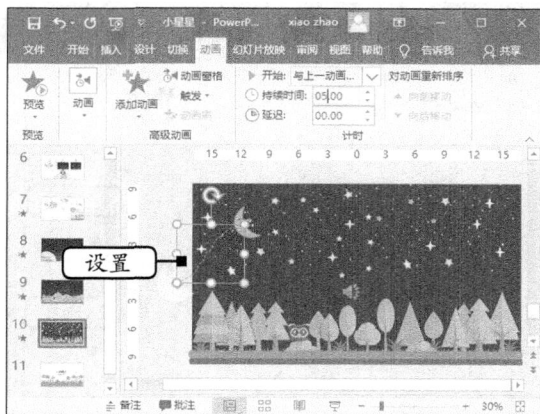

图4-31　添加自定义路径动画

3．制作星星闪耀动画

在动画制作过程中，还可通过为多个形状应用不同的动画来制作出闪耀的动画效果。下面就在"小星星"演示文稿中为星星形状添加各种动画，制作群星闪耀的动画效果，具体操作如下。

微课：制作星
星闪耀动画

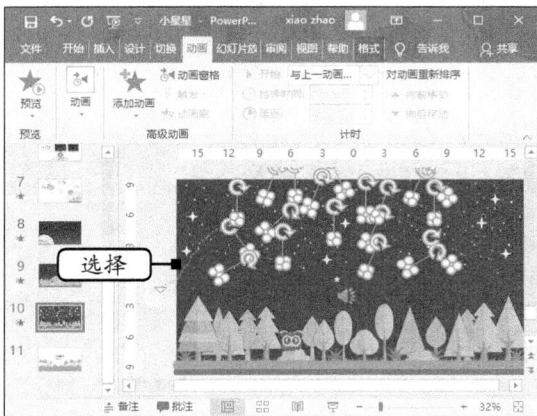

（1）按住【Shift】键不放依次单击幻灯片中的五角星形状，选择所有的五角星形状，如图4-32所示。

（2）在"动画"组的"动画样式"列表框中单击"其他"按钮▽，在打开的下拉列表中选择"强调"栏中的"脉冲"选项，为选择的形状添加动画，如图4-33所示。

图4-32　选择所有的五角星形状

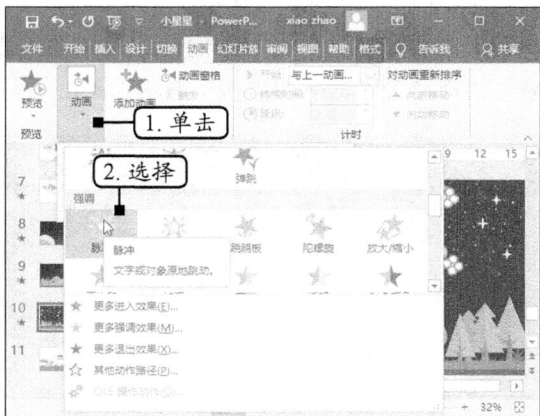

图4-33　选择动画样式

（3）此时所有的五角星形状都添加了"脉冲"动画样式，在"高级动画"组中单击动画窗格按钮打开"动画窗格"任务窗格，在其中的动画列表上单击鼠标右键，在弹出的快捷菜单中选择"计时"选项，如图4-34所示。

（4）打开"脉冲"对话框中的"计时"选项卡，在"开始"下拉列表中选择"与上一动画同时"选项，在"期间"下拉列表中选择"快速（1秒）"选项，在"重复"下拉列表中选择"直到下一次单击"选项，单击　确定　按钮，如图4-35所示。

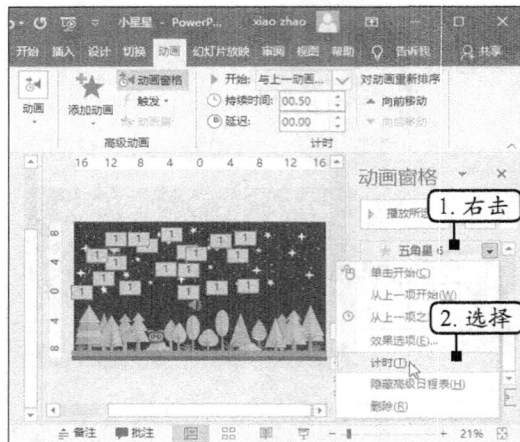

图4-34 选择"计时"选项

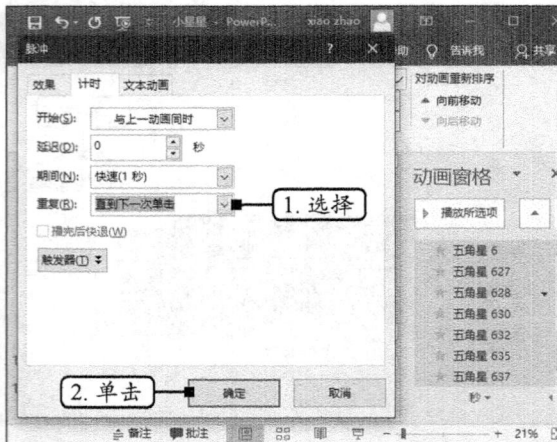

图4-35 设置"计时"选项卡

> **提示** 在"动画窗格"的动画样式选项上单击鼠标右键，在弹出的快捷菜单中选择"效果选项"命令，也可打开"脉冲"对话框，在其中单击"计时"选项卡可完成计时设置。

（5）按住【Shift】键选择所有的十字星形状，在"动画"组的"动画样式"列表框中单击"其他"按钮▽，在打开的下拉列表中的"进入"栏中选择"缩放"选项，如图4-36所示。

（6）打开"缩放"对话框，单击"计时"选项卡，在"开始"下拉列表中选择"与上一动画同时"选项，在"期间"下拉列表中选择"快速（1秒）"选项，在"重复"下拉列表中选择"直到下一次单击"选项，单击 确定 按钮，如图4-37所示。

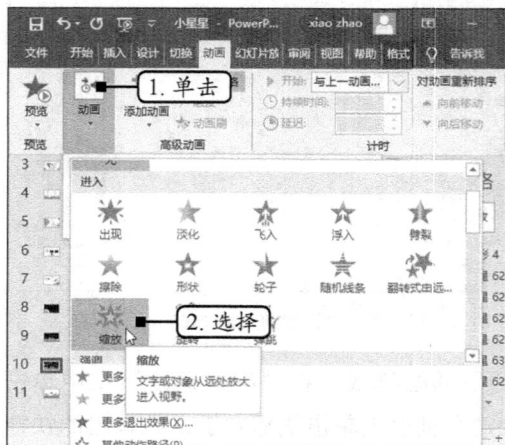

图4-36 选择动画样式

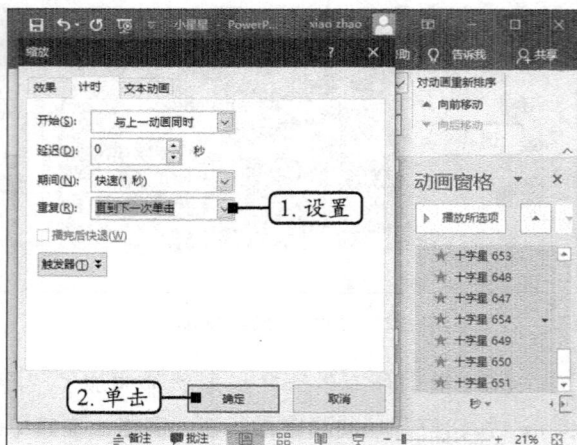

图4-37 设置"缩放"对话框

（7）再次按住【Shift】键选择所有的十字星形状，在"高级动画"组中单击"添加动画"按钮★，在打开的下拉列表的"退出"栏中选择"缩放"选项，如图4-38所示。

> **提示** 需要注意的是，在已经添加了动画样式的对象上添加动画时，需要通过"添加动画"按钮★来完成，若直接通过"动画样式"列表框添加动画，则新添加的动画样式将覆盖原有的动画样式。

（8）打开"缩放"对话框，单击"计时"选项卡，在"开始"下拉列表中选择"上一动画之后"选项，在"期间"下拉列表中选择"快速（1秒）"选项，在"重复"下拉列表中选择"直到下一次单击"选项，单击 确定 按钮，如图4-39所示。

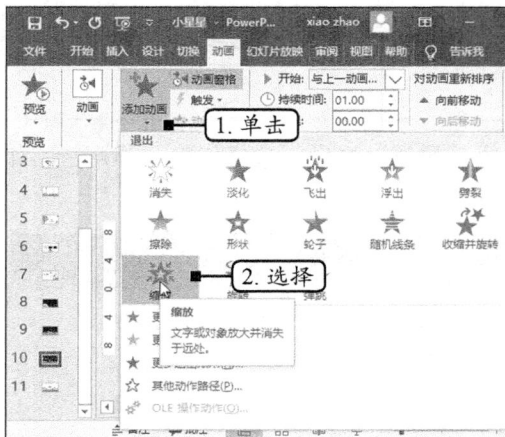

图4-38 选择动画样式

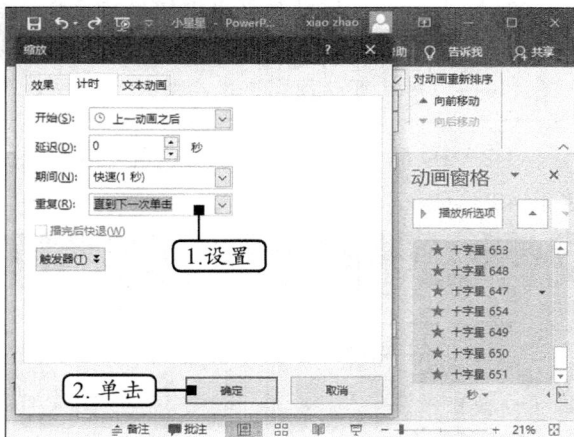

图4-39 设置"缩放"对话框

（9）选择幻灯片中的音频图标，单击"播放"选项卡，在"音频选项"组中的"开始"下拉列表中选择"自动"选项，然后在"动画窗格"任务窗格中将鼠标指针移动到音频动画选项上，按住鼠标左键不放，将其拖动到动画最上方，如图4-40所示。

（10）在"动画"选项卡的"预览"组中单击"预览"按钮★，预览动画效果如图4-41所示。

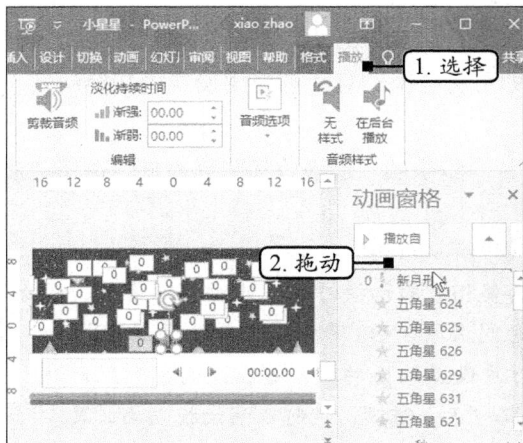

图4-40 设置音频动画顺序

图4-41 预览动画效果

4.1.2　设置课件切换动画

在PowerPoint 2016中除了可以为对象添加动画外，还可以为幻灯片设置切换动画。切换动画是指在放映幻灯片时，一张幻灯片从屏幕上消失，另一张幻灯片显示在屏幕上这一过程中的动态效果。下面就为"小星星"演示文稿设置切换动画，其具体操作如下。

微课：设置课件切换动画

（1）选择第4张幻灯片，单击"切换"选项卡，在"切换到此幻灯片"组中单击"切换效果"按钮，在打开的下拉列表的"细微型"栏中选择"推入"选项，如图4-42所示。

> **提示** 为幻灯片应用了切换动画效果后，在"幻灯片"窗格中，应用了动画的幻灯片左上角会显示★图标，表示该幻灯片已经添加了动画效果，单击该图标就可以预览整张幻灯片的动画效果。

（2）在"计时"组的"开始"下拉列表中选择"风铃"选项，选择切换动画声音，如图4-43所示。

图4-42　添加切换动画效果

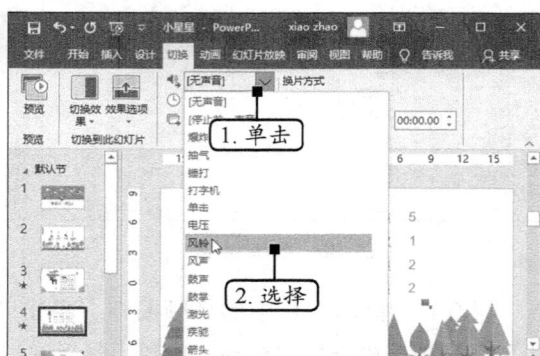

图4-43　选择切换动画声音

> **提示** 在添加了切换声音后，系统将快速把设置的声音播放一遍，并对设置的幻灯片的切换动画进行预览，用户可查看效果。

（3）在"计时"组中单击 应用到全部 按钮，即可将全部幻灯片都应用设置的切换动画，如图4-44所示。

（4）选择第1张幻灯片，在"切换到此幻灯片"组中的"切换效果"列表框中选择"淡入/淡出"选项，如图4-45所示。

> **提示** 更改动画选项后，系统会自动调整相应的切换时间。此时可以看到，设置"淡入/淡出"切换动画后，默认时间由原来的"01.00"变为"07.00"。需要注意的是，若不需要为当前幻灯片设置切换动画，可在"切换到此幻灯片"组中的"动画样式"列表框中选择"无"选项，便可取消切换动画效果。

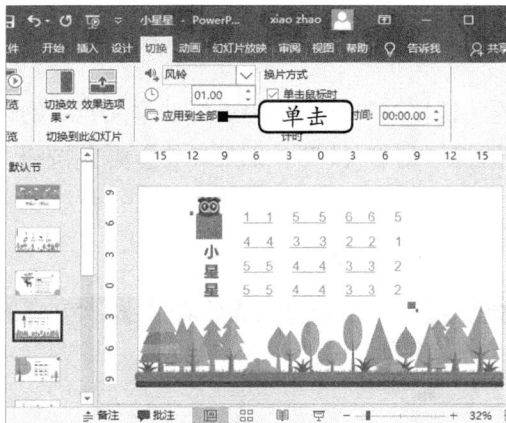

图4-44 全部应用切换效果

图4-45 设置第1张幻灯片的切换效果

（5）选择最后一张幻灯片，在"切换到此幻灯片"组中的"切换效果"列表框中选择"溶解"选项，如图4-46所示。

图4-46 更改最后一张幻灯片的切换效果

> 提示
> 在"计时"组中单击选中"单击鼠标时"复选框，可设置幻灯片的切换方式为单击鼠标时才切换；若单击选中"设置自动换片时间"复选框，并在其后的数值框中设置时间，可使幻灯片在指定的时间进行切换；若两个复选框都选中，则表示在放映时，若单击鼠标，可切换到下一张幻灯片，若不单击鼠标，则到设置的时间后，幻灯片将自动切换到下一张幻灯片。

4.1.3 创建并编辑超链接

通常情况下，幻灯片是按照默认的顺序依次放映的。除了该方法外，还可在演示文稿中通过创建超链接的方式，实现单击链接对象即跳转到其他幻灯片的操作。下面为"小星星"演示文稿创建超链接，并进行编辑，其具体操作如下。

微课：创建并编辑超链接

（1）选择第6张幻灯片，在其中选择"星星"文本，单击"插入"选项卡，在"链接"组中单击"超链接"按钮🌐，如图4-47所示。

（2）打开"插入超链接"对话框，在其中的"链接到"列表框中选择"本文档中的位置"选项，在"请选择文档中的位置"列表框中选择"幻灯片7"，然后单击 确定 按钮，如图4-48所示。

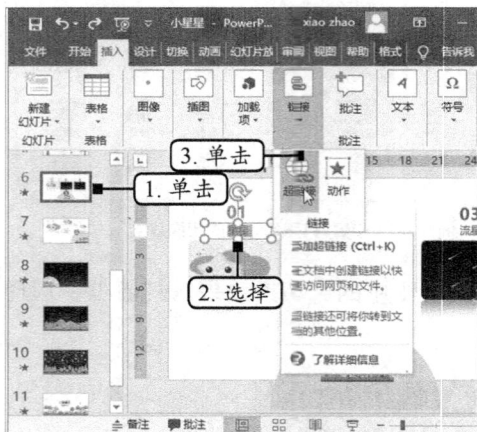

图4-47　单击"超链接"按钮

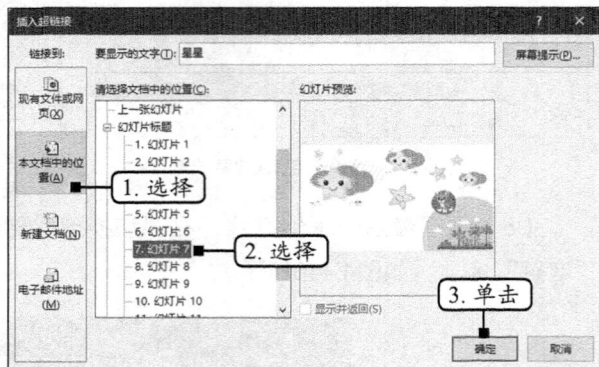

图4-48　选择链接对象

（3）返回幻灯片，即可看到选择的文本变为蓝色，并添加了下画线，如图4-49所示。

（4）选择"星空"文本，在其上单击鼠标右键，在弹出的快捷菜单中选择"超链接"命令，如图4-50所示。

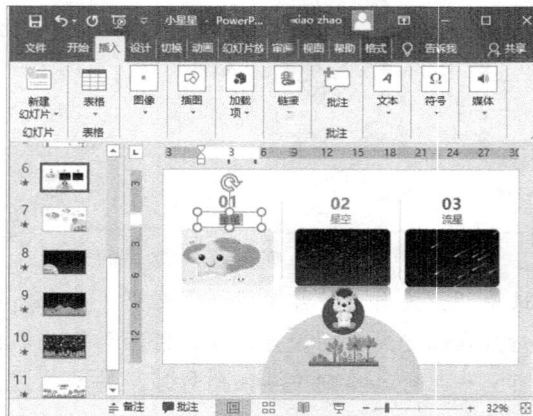

图4-49　查看设置超链接后的效果

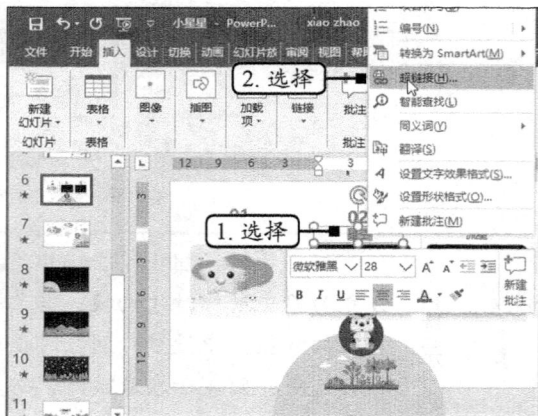

图4-50　选择"超链接"命令

（5）打开"插入超链接"对话框，在"请选择文档中的位置"列表框中选择"幻灯片8"，然后单击 屏幕提示(P)... 按钮，打开"设置超链接屏幕提示"对话框，在"屏幕提示文字"栏的文本框中输入"欣赏星空"文本，单击 确定 按钮，如图4-51所示。

（6）返回"插入超链接"对话框，单击 确定 按钮返回幻灯片，然后使用相同的方法，将"流星"文本链接到"幻灯片9"，完成后的效果如图4-52所示。

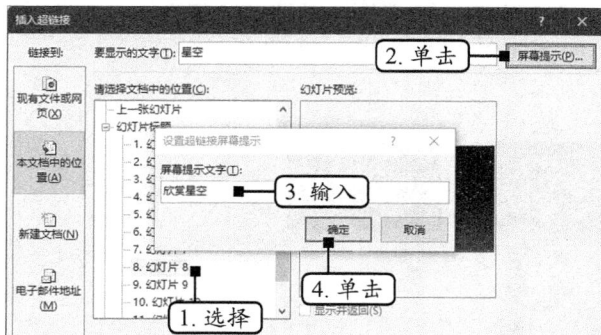

图4-51 设置屏幕提示

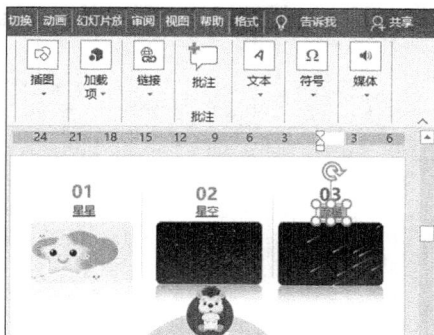

图4-52 设置其他超链接

> 提示
>
> 　　除了文本外，幻灯片中的文本框、艺术字和图片等也可添加超链接，若添加超链接的对象是文本框或图片，则添加超链接后不会有任何变化。在放映幻灯片时，将鼠标指针移动到超链接上，鼠标指针变为👆形状后，单击鼠标左键即可查看设置的超链接内容。

（7）单击"设计"选项卡，在"变体"组中单击"其他"按钮▽，在打开的下拉列表中选择"颜色"选项，如图4-53所示。

（8）打开"新建主题颜色"对话框，在"主题颜色"栏中单击"超链接"右侧的▦▾按钮，在打开的下拉列表中的"标准色"栏中选择"红色"选项，单击 保存(S) 按钮，如图4-54所示。

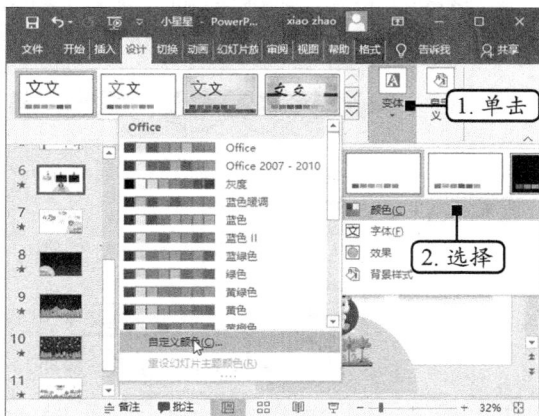

图4-53 选择"颜色"选项

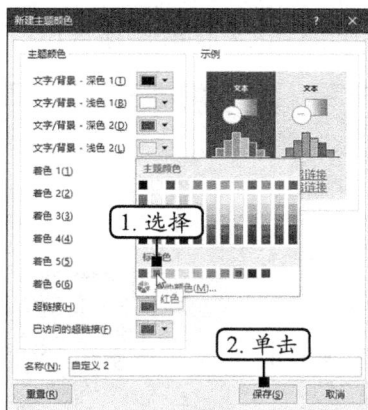

图4-54 设置超链接的颜色

> 提示
>
> 　　在超链接上单击鼠标右键，在弹出的快捷菜单中选择"编辑超链接"命令，可打开"编辑超链接"对话框，在其中可更改超链接。另外，若设置超链接后，发现因误操作导致超链接无用，则可在需要删除超链接的对象上单击鼠标右键，在弹出的快捷菜单中选择"取消超链接"命令或打开"编辑超链接"对话框，在其中单击 删除链接(R) 按钮将超链接删除。

（9）返回幻灯片，即可看到超链接文本的颜色发生了变化，如图4-55所示。

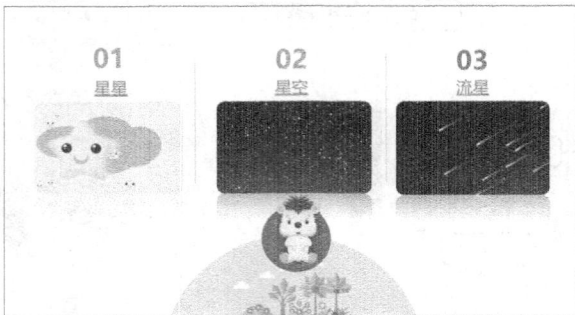

图4-55　查看超链接的颜色

4.1.4　设置触发器

触发器是PowerPoint 2016中的一项功能，它可以是一个图片、文字或文本框等，其作用相当于一个按钮。设置好触发器后，单击就会触发一个操作。该操作可以是播放音乐、影片或者动画等，其具体操作如下。

微课：设置触发器

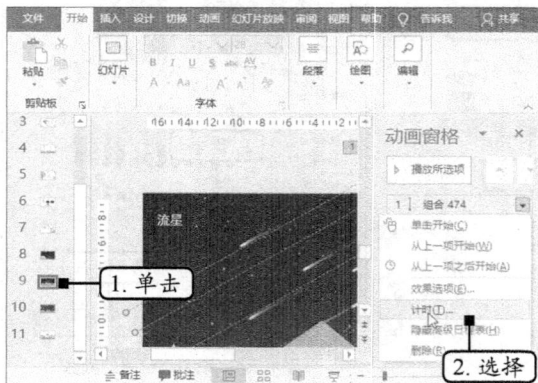

（1）选择第9张幻灯片，在左上角插入一个横排文本框，然后输入"流星"文本，设置格式为"黑体、28号、黄色"，打开"动画窗格"任务窗格，选中所有的动画，在其上单击鼠标右键，在弹出的快捷菜单中选择"计时"命令，如图4-56所示。

（2）打开"向下"对话框，在其中单击 触发器(T) 按钮，在展开栏中单击选中"单击下列对象时启动动画效果"单选项，在右侧的下拉列表框中选择"文本框501：流星"选项，单击 确定 按钮，如图4-57所示。

图4-56　选择"计时"命令

图4-57　设置触发器

提示　使用触发器时，PowerPoint 2016会自动对其中的对象进行编号，所以这里有组合474、组合477、组合491、组合494和组合498的区别。需要注意的是，触发器是幻灯片播放时单击的对象，因此在设置时一定要选择该对象对应的选项。

（3）返回幻灯片，在状态栏中单击"幻灯片放映"按钮 ☲，此时将放映幻灯片，然后单击输入的"流星"文本，此时将播放设置的流星动画，如图4-58所示。

（4）按【Esc】键退出放映状态，然后按【Ctrl+S】组合键保存演示文稿即可（最终效果参见：效果文件\第4章\小星星.pptx）。

图4-58　查看效果

4.2　放映"小星星"课件

制作课件的最终目的是将课件中的幻灯片都放映出来，让学生能够认识和了解其中的内容。本节将通过放映前面制作的"小星星"课件来具体讲解在PowerPoint 2016中放映课件的相关操作，参考效果如图4-59所示。

图4-59　放映"小星星"演示文稿

4.2.1　直接放映

直接放映是放映演示文稿最常用的放映方式，PowerPoint 2016中提供了从头开始放映和从当前幻灯片开始放映两种形式。

1. 从头开始放映

从头开始放映幻灯片即从第1张幻灯片开始，依次放映每张幻灯片。其操作方法主要有以下3种。

（1）在"幻灯片"窗格中选择第1张幻灯片，在状态栏中单击"幻灯片放映"按钮 ，即可从头开始放映幻灯片。

（2）选择任意一张幻灯片，单击"幻灯片放映"选项卡，在"开始放映幻灯片"组中单击"从头开始"按钮 ，即可从头开始放映幻灯片，如图4-60所示。

（3）直接按【F5】键，也可从头开始放映幻灯片。

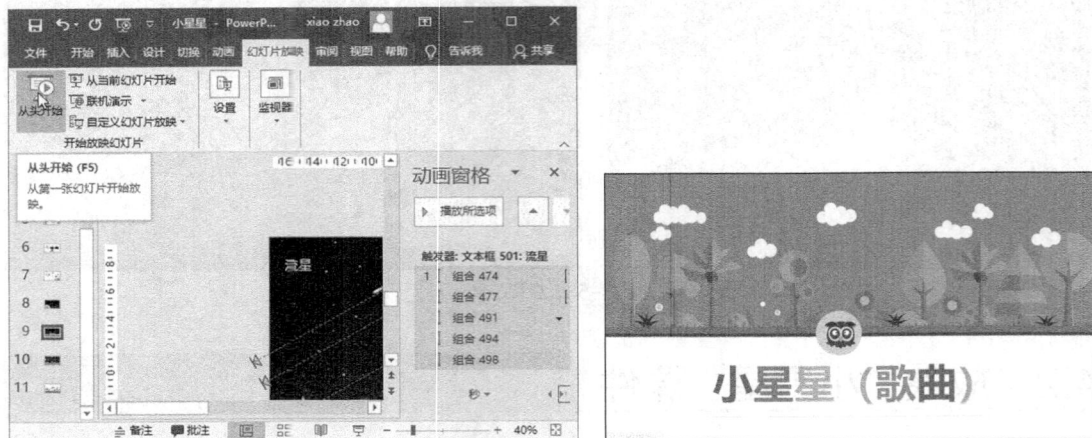

图4-60　从头开始放映

2. 从当前幻灯片开始放映

在某些特定环境下，可能只需要对演示文稿中的某张幻灯片进行放映，此时可通过以下两种方法来实现。

（1）在"幻灯片"窗格中选择某张幻灯片，在状态栏中单击"幻灯片放映"按钮 ，即可从当前幻灯片开始放映。

（2）选择某张幻灯片，单击"幻灯片放映"选项卡，在"开始放映幻灯片"组中单击"从当前幻灯片开始"按钮 ，即可从当前幻灯片开始放映，如图4-61所示。

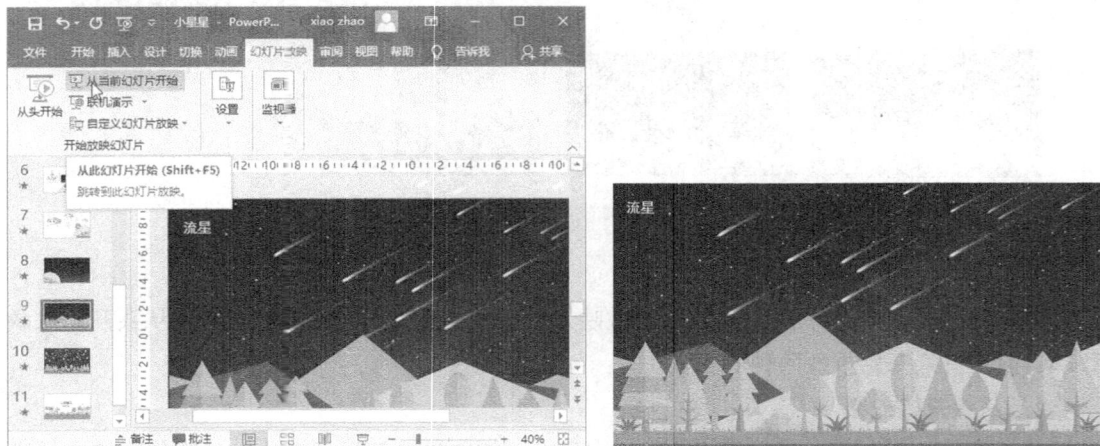

图4-61　从当前幻灯片开始放映

4.2.2 自定义放映

微课：自定义
放映

在放映幻灯片时，有时可能只需放映演示文稿中的一部分幻灯片，这时可通过设置幻灯片的自定义放映来实现。下面为"小星星"演示文稿设置自定义放映，其具体操作如下。

（1）打开"小星星"演示文稿，单击"幻灯片放映"选项卡，在"开始放映幻灯片"组中单击"自定义幻灯片放映"按钮，在打开的下拉列表中选择"自定义放映"选项，如图4-62所示。

（2）打开"自定义放映"对话框，单击 新建(N) 按钮，打开"定义自定义放映"对话框，在"幻灯片放映名称"文本框中输入自定义放映的名称。

（3）在"在演示文稿中的幻灯片"列表框中，单击选中第1张幻灯片，单击 添加(A) 按钮，将幻灯片添加到"在自定义放映中的幻灯片"列表框中。

（4）按顺序依次选择想要放映的幻灯片，并单击 添加(A) 按钮将其添加到"在自定义放映中的幻灯片"列表框中，单击 确定 按钮，如图4-63所示。

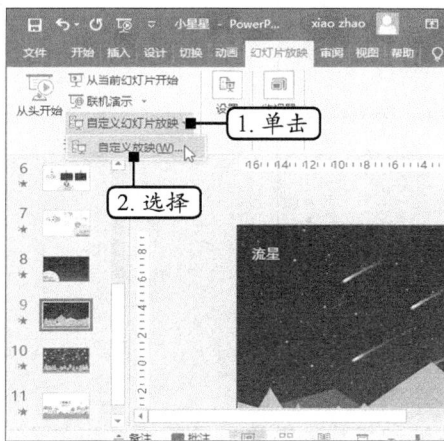

图4-62　选择"自定义放映"选项

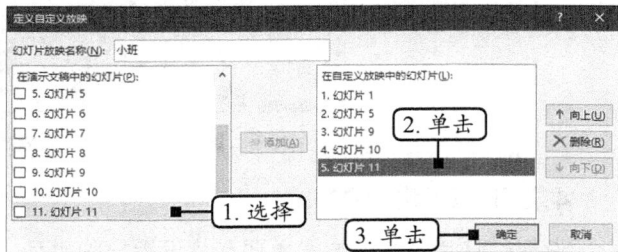

图4-63　打开"定义自定义放映"对话框

> **提示**
>
> 在打开的"定义自定义放映"对话框中，用户可根据需要对添加的幻灯片进行调整。方法是在"在自定义放映中的幻灯片"列表框中选择需要调整的幻灯片，单击右侧的 向上(U) 按钮，可以将所选幻灯片向前移动一个位置；单击 向下(D) 按钮，可以将所选的幻灯片向后移动一个位置；单击 删除(R) 按钮，可以删除所选的幻灯片。

（5）返回"自定义放映"对话框，在"自定义放映"列表框中已显示出新创建的自定义放映名称。

（6）选择自定义播放的幻灯片选项，单击 放映(S) 按钮，如图4-64所示，播放自定义顺序的幻灯片。

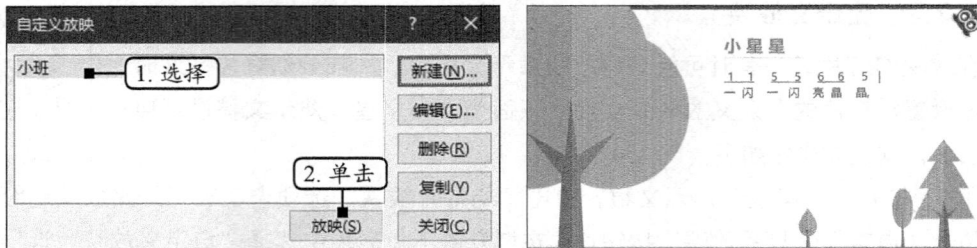

图4-64　播放自定义顺序的幻灯片

> 也可以在"自定义放映"对话框中单击 关闭(C) 按钮关闭"自定义放映"对话框，返回演示文稿的普通视图中，在"开始放映幻灯片"组中单击"自定义幻灯片放映"按钮，在打开的下拉列表中选择前面设置的自定义播放的名称对应的选项，如图4-65所示，开始播放自定义的幻灯片。

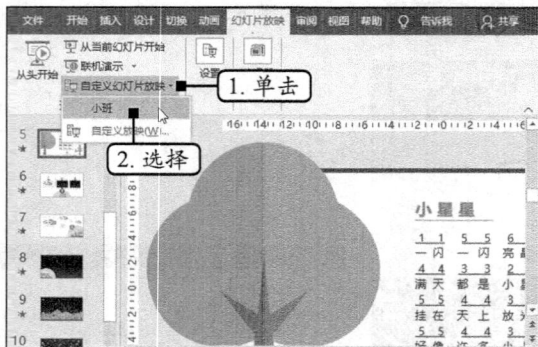

图4-65　放映自定义放映的幻灯片

4.2.3　设置放映方式

设置幻灯片的放映方式主要包括设置放映类型、放映幻灯片的数量、换片方式和是否循环放映演示文稿等。单击"幻灯片放映"选项卡，在"设置"组中单击"设置幻灯片放映"按钮，在打开的"设置放映方式"对话框中进行设置即可，如图4-66所示。

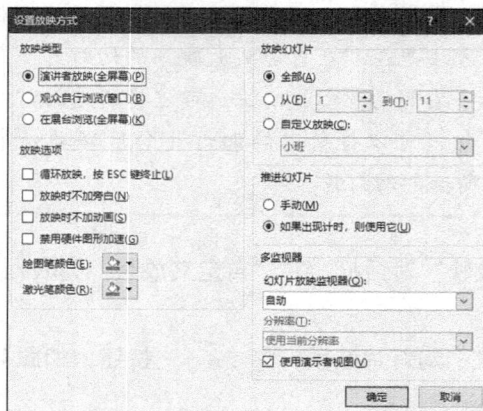

图4-66　"设置放映方式"对话框

1. 设置放映类型

在"放映类型"栏中单击对应的单选项，即可选择幻灯片的放映类型，包括"演讲者放映（全屏幕）""观众自行浏览（窗口）""在展台浏览（全屏幕）"3种类型，其作用分别如下。

（1）演讲者放映（全屏幕）。这是一种便于演讲者演讲的放映类型，也是最常用的全屏幻灯片放映类型。在该类型下，演讲者具有完全的控制权，可以手动切换幻灯片和动画，还可使用排练时间放映幻灯片。

（2）观众自行浏览（窗口）。此类型将以窗口形式放映演示文稿，在放映过程中可利用滚动条、【PageDown】键、【PageUp】键对放映的幻灯片进行切换，但不能通过单击鼠标放映。

（3）在展台浏览（全屏幕）。这种类型将以全屏模式放映幻灯片，并且循环放映。在这种方式下，不能单击鼠标手动放映幻灯片，但可以通过单击超链接和动作按钮来切换幻灯片；终止放映只能使用【Esc】键。此种方式通常用于无人管理幻灯片放映的展览会场或会议等场合中。

2. 设置放映幻灯片

在"放映幻灯片"栏内可选择需要放映的幻灯片的数量。

（1）放映全部幻灯片。单击选中"全部"单选项，将依次放映演示文稿中所有的幻灯片。

（2）放映一组幻灯片。单击选中"从"单选项，在其右侧的数值框中输入开始和结束幻灯片的页数，将依次放映所选的一组幻灯片。

（3）自定义放映。单击选中"自定义放映"单选项，在其下方的下拉列表框中选择之前设置的自定义放映选项，即可按自定义的设置放映幻灯片。

3. 放映选项

"放映选项"栏内的选项可用来指定幻灯片放映时的循环方式、旁白、动画和绘图笔。

（1）若要连续放映幻灯片，可单击选中"循环放映，按Esc键终止"复选框。

（2）若要放映幻灯片而不播放嵌入的解说，可单击选中"放映时不加旁白"复选框。

（3）若要放映幻灯片而不播放嵌入的动画，可单击选中"放映时不加动画"复选框。

（4）在放映幻灯片时，可在幻灯片上写字。若要指定墨迹的颜色，可在"绘图笔颜色"或者"激光笔颜色"下拉列表中选择墨迹颜色。

（5）若要放映幻灯片而不放映嵌入的图片，可单击选中"禁用硬件图形加速"复选框。

> 提
> 示
>
> "绘图笔颜色"下拉列表只有在单击选中"演讲者放映（全屏幕）"单选项后才可使用。

4. 设置切换方式

在"推进幻灯片"栏中可选择幻灯片的切换方式。

（1）若要在演示过程中手动前进到每张幻灯片，则单击选中"手动"单选项。

（2）若要在演示过程中使用幻灯片排练时间自动前进到每张幻灯片，则需单击选中"如果出现计时，则使用它"单选项。

> 在"多监视器"栏中可以设置播放器，当计算机连接了两个以上的显示器时，在"幻灯片放映监视器"下拉列表中选择一个显示器对应的选项，即可在该显示器中放映幻灯片。

4.2.4　隐藏和显示幻灯片

放映幻灯片时，系统将自动按设置的放映方式依次放映每张幻灯片，但在实际放映过程中，可以将暂时不需要的幻灯片隐藏起来，等到需要时再将其显示，其具体操作如下。

微课：隐藏和显示幻灯片

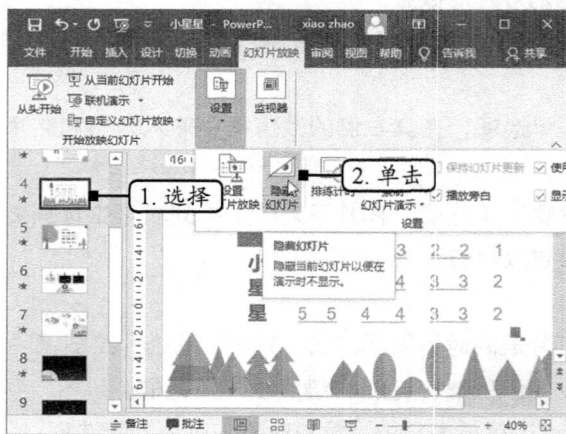

（1）选择第4张幻灯片，然后单击"幻灯片放映"选项卡，在"设置"组中单击"隐藏幻灯片"按钮，隐藏幻灯片，如图4-67所示。

（2）此时在"幻灯片"窗格中，该幻灯片缩略图呈淡化显示，其编号上将显示图标，如图4-68所示。

图4-67　隐藏幻灯片　　　　　　　　　图4-68　隐藏后的效果

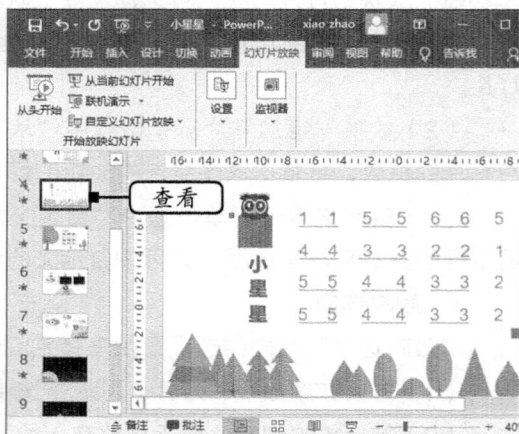

> 隐藏幻灯片后，该幻灯片仍保留在文件中，只是在放映幻灯片时是隐藏状态。如果要显示以前隐藏的幻灯片，则选择需要显示的幻灯片，单击"隐藏幻灯片"按钮即可。在放映幻灯片时，单击鼠标右键，在弹出的快捷菜单中选择"查看所有幻灯片"命令，再在屏幕中选择需要显示的幻灯片，也可将隐藏的幻灯片显示出来。

4.2.5　录制旁白

若无人放映演示文稿，可通过录制旁白的方法事先录制好演讲者的演说词。下面在"小星星"演示文稿中为第1张幻灯片录制旁白，其具体操作如下。

微课：录制旁白

（1）选择第1张幻灯片，单击"幻灯片放映"选项卡，在"设置"组中单击"录制幻灯片演示"按钮▣下方的 按钮，在打开的下拉列表中选择"从当前幻灯片开始录制"选项，如图4-69所示。

（2）在打开的"录制幻灯片演示"对话框中取消选中"幻灯片和动画计时"复选框，单击 开始录制(R) 按钮，如图4-70所示。

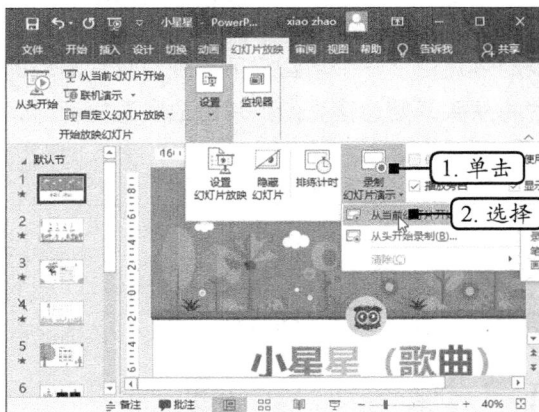

图4-69 选择"从当前幻灯片开始录制"选项

图4-70 选择要录制的内容

（3）进入幻灯片放映状态后开始录制旁白，同时会在幻灯片中显示"录制"工具栏，录制完成后按【Esc】键退出幻灯片放映状态，此时可在该幻灯片中看到添加的录制旁白的声音图标 ，如图4-71所示。

（4）在演示文稿的普通视图状态中，单击该声音图标，将自动显示声音控制条，然后在其中单击"播放"按钮 ，即可预览旁白，如图4-72所示。

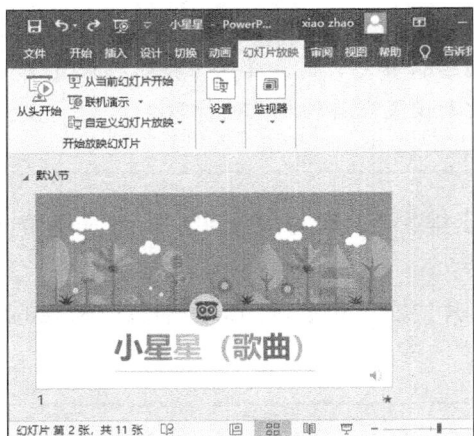

图4-71 完成录制

图4-72 预览旁白

> 计算机必须安装有声卡和话筒才能够录音，录制旁白前还需进行话筒的检查，以保证其正常使用。
>
> 提示

4.2.6　排练计时

微课：排练
计时

为了更好地掌握幻灯片的放映情况，用户可通过设置排练计时得到放映整个演示文稿和放映每张幻灯片所需的时间，以便在放映演示文稿时安排放映的时间，从而实现演示文稿的自动放映，其具体操作如下。

（1）单击"幻灯片放映"选项卡，在"设置"组中单击"排练计时"按钮，进入放映排练状态，同时打开"录制"工具栏并自动为该幻灯片计时，如图4-73所示。

（2）可通过单击鼠标或按【Enter】键控制幻灯片中下一个动画或下一张幻灯片出现的时间。切换到下一张幻灯片时，"录制"工具栏将从头开始为该张幻灯片的放映进行计时，如图4-74所示。

图4-73　设置计时

图4-74　继续设置计时

> 提示　在"录制"工具栏中单击 ‖ 按钮可暂停排练计时；单击 → 按钮可设置下一个放映对象的计时；单击 ↶ 按钮可重新设置当前幻灯片的计时。

（3）设置好排练计时后，打开提示对话框提示排练计时时间，并询问是否保留新的幻灯片计时，单击 是(Y) 按钮进行保存，如图4-75所示。

（4）进入"幻灯片浏览"视图，在每张幻灯片的右下角显示幻灯片播放时需要的时间，如图4-76所示。

> 提示　用户若需要对排练计时进行重新设置，可再次在"幻灯片放映"选项卡的"设置"组中单击"排练计时"按钮，然后按照上面介绍的方法对排练计时进行重新设置。需要注意的是，无论设置多少次排练计时，PowerPoint 2016只会保留最后一次设置的排练计时。

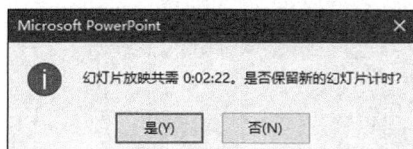

图4-75 保存排练计时

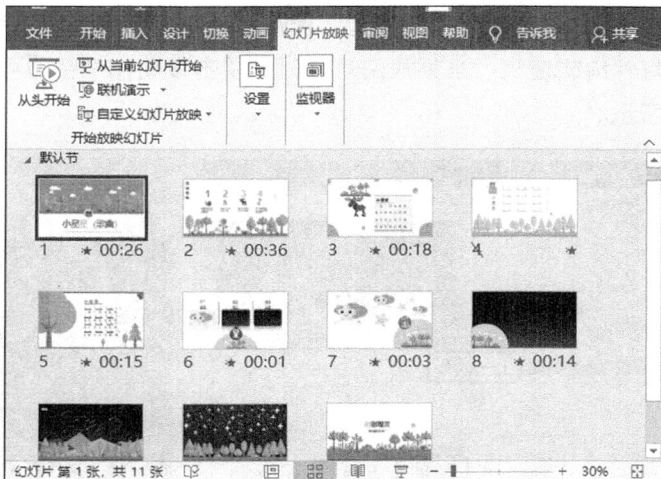

图4-76 查看设置的排练计时

4.2.7 通过动作按钮控制放映过程

如果在幻灯片中插入了动作按钮，则在放映幻灯片时，单击设置的动作按钮可切换幻灯片或启动一个应用程序，也可以用动作按钮控制幻灯片的放映。PowerPoint 2016中的动作按钮主要是通过插入形状的方式插入到幻灯片中。下面在"小星星"课件中插入动作按钮来控制放映过程，其具体操作如下。

微课：通过动作按钮控制放映过程

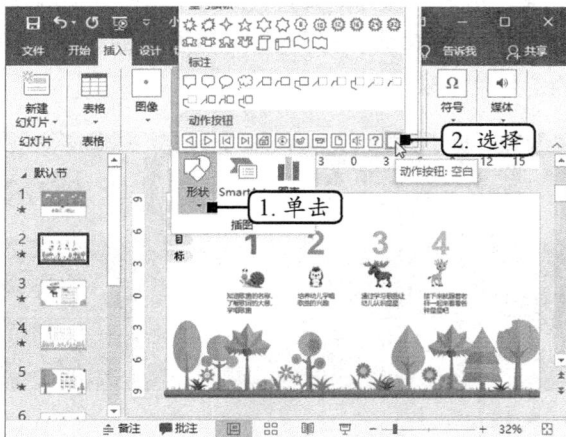

（1）选择第2张幻灯片，在"插入"选项卡的"插图"组中单击"形状"按钮 ，在打开的下拉列表的"动作按钮"栏中选择一种动作按钮样式，如图4-77所示。

（2）此时鼠标指针变为＋形状，在幻灯片中拖动鼠标绘制动作按钮，同时打开"操作设置"对话框，单击选中"超链接到"单选项，再在其下方的下拉列表中选择"幻灯片"选项，如图4-78所示。

图4-77 选择动作按钮样式

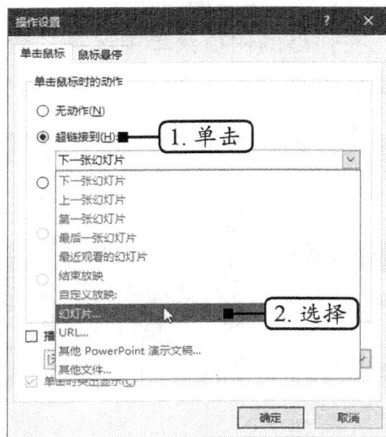

图4-78 选择链接对象

（3）打开"超链接到幻灯片"对话框，在"幻灯片标题"列表框中选择需要链接到的幻灯片，然后单击 确定 按钮，如图4-79所示。

（4）返回"操作设置"对话框，单击 确定 按钮即可完成超链接的创建，并返回到幻灯片编辑窗口。当播放幻灯片时，单击该动作按钮即可切换到链接的幻灯片中，如图4-80所示。

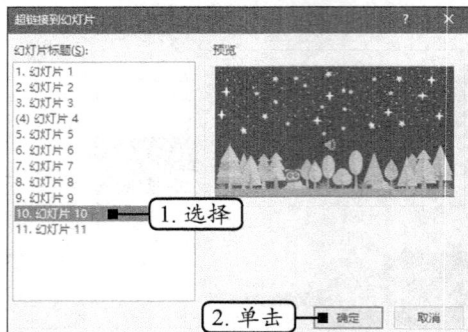

图4-79　选择链接的幻灯片

图4-80　查看动作按钮效果

> **提示**　通常使用动作按钮链接的对象是下一张幻灯片、上一张幻灯片、第一张幻灯片和最后一张幻灯片，此时，可直接在"操作设置"对话框的"超链接到"下拉列表中选择"下一张幻灯片""上一张幻灯片""第一张幻灯片""最后一张幻灯片"选项。若在进行动作按钮设置时，单击选中"操作设置"对话框中的"运行程序"单选项，则可设置单击该按钮在放映过程中启动其他程序，另外还可在该对话框中进行播放声音的设置。

4.2.8　快速定位幻灯片

在幻灯片的放映过程中，通过一定的技巧，可以快速、准确地将播放画面切换到指定的幻灯片中，达到精确定位幻灯片的效果。其方法为：在播放幻灯片的过程中，单击鼠标右键，在弹出的快捷菜单中选择"查看所有的幻灯片"命令，打开图4-81所示的界面，在其中选择需要放映的幻灯片即可切换到选定的幻灯片放映。

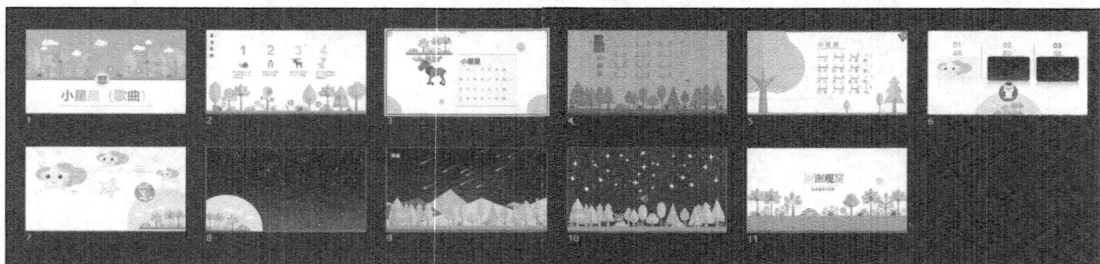

图4-81　快速定位幻灯片

4.2.9　添加幻灯片注释

为幻灯片添加注释是指在播放幻灯片时，演讲者在屏幕中勾画重点或添加注释，使幻灯片中的重点内容可以更加明显地展现给观众。为幻灯片添加注释的操作主要是通过使用系统提供的绘图笔来实现的，其具体操作如下。

（1）放映幻灯片时单击鼠标右键，在弹出的快捷菜单中选择"指针选项"命令，在其子菜单下选择"笔"或"荧光笔"命令，即可将鼠标指针转换为绘图笔，如图4-82所示。

微课：添加幻灯片注释

> 提示
>
> 荧光笔比笔更宽一些，一般作为底纹使用。系统默认的笔颜色为红色，荧光笔颜色为黄色，用户也可根据需要更改这两种笔的颜色。其方法是：在放映幻灯片时，单击鼠标右键，在弹出的快捷菜单中选择【指针选项】/【墨迹颜色】命令，在其子菜单中可以选择注释的颜色。

（2）返回到正在放映的幻灯片中，用绘图笔在需要画线或标注的地方按住鼠标左键拖动即可为幻灯片添加注释，如图4-83所示。

图4-82　选择笔型

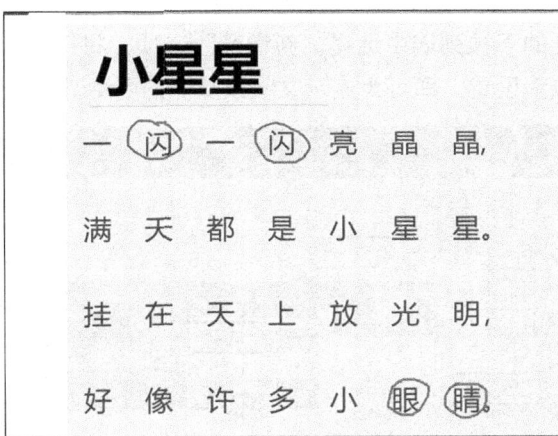

图4-83　添加注释

（3）按【Esc】键退出放映状态，打开提示对话框，提示"是否保留墨迹注释？"，单击 保留(K) 按钮，保存墨迹注释到幻灯片中，如图4-84所示。

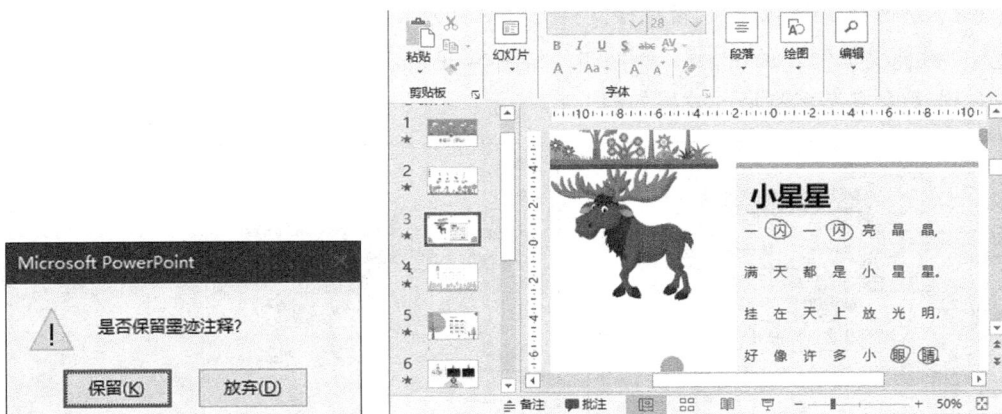

图4-84　保存墨迹注释

> **提示** 　　在提示对话框中单击 放弃(D) 按钮，可清除所有的墨迹注释，恢复到幻灯片的最初面貌。若只需要清除某一些墨迹注释，则需要在放映过程中，选择需要清除墨迹注释的幻灯片，单击鼠标右键，在弹出的快捷菜单中选择"指针选项"命令，在打开的子菜单中选择"擦除幻灯片上的所有墨迹"命令，可删除当前幻灯片中的所有墨迹注释；若选择"橡皮擦"命令，鼠标指针将变为橡皮擦样式，此时在需要清除墨迹注释处单击即可清除该墨迹。

4.2.10　为幻灯片分节

为幻灯片分节，不仅可使演示文稿的逻辑性更强，还可以与他人协作创建演示文稿，如每个人负责制作演示文稿中某一小节的幻灯片或某张幻灯片。下面为"小星星"演示文稿分节，其具体操作如下。

微课：为幻灯片分节

（1）选择第1~2张幻灯片，在"开始"选项卡的"幻灯片"组中单击 目节·按钮，在打开的下拉列表中选择"新增节"选项，将打开"重命名节"提示框，直接单击 取消 按钮，取消设置，即可为演示文稿以默认的名称进行分节，如图4-85所示。

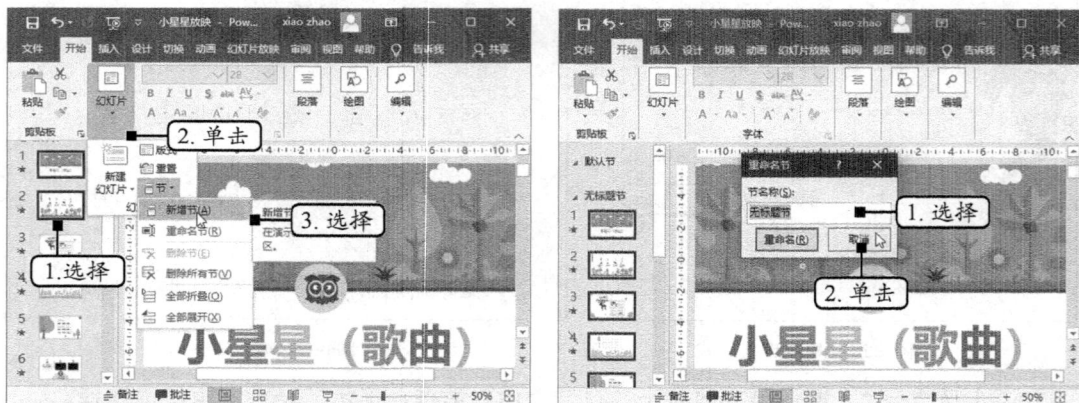

图4-85　对幻灯片分节

（2）选择第3张幻灯片，使用相同的方法对其分节，然后在打开的"重命名节"提示框中输入"歌曲文字"，单击 重命名(R) 按钮，如图4-86所示。

（3）重命名节名称后的效果如图4-87所示。

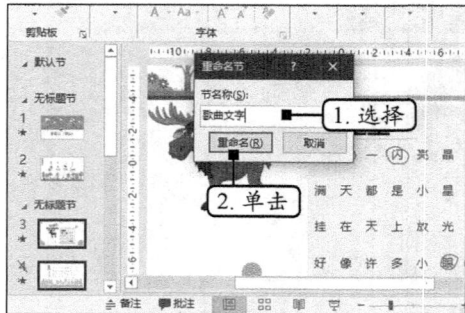

图4-86　为其他幻灯片分节

图4-87　重命名其他节

（4）选择第6张幻灯片，使用相同的方法对其分节，并重命名节名称为"歌曲图像"，效果如图4-88所示。

（5）按【Ctrl+S】组合键保存即可（最终效果参见：效果文件\第4章\小星星放映.pptx）。

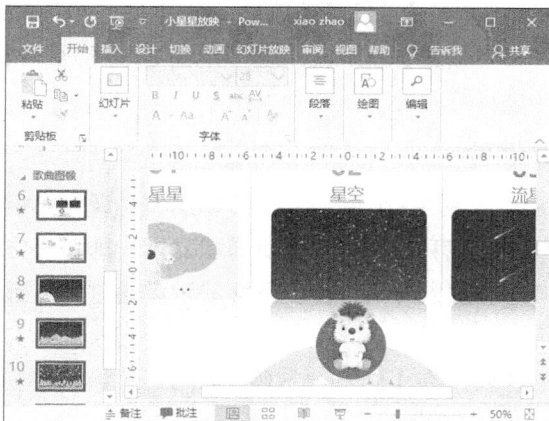

图4-88　输入节名称

> 提示
>
> 在PowerPoint 2016中，不仅可以为幻灯片分节，重命名节名称，还可以将无用的节删除。其方法为：在节名称上方单击鼠标右键，在弹出的快捷菜单中选择"删除节"命令，可删除选择的节；选择"删除所有节"命令，可删除演示文稿中的所有节。另外，还可以将节展开或折叠起来，双击节名称可将其折叠，再次双击就可将其展开。在节名称上方单击鼠标右键，在弹出的快捷菜单中选择"全部折叠"或"全部展开"命令也可以将节折叠或展开。

4.2.11　提高幻灯片的放映性能

在放映幻灯片时，如发现幻灯片反应速度慢，可通过提高幻灯片的放映性能来提高其反应速度。提高幻灯片放映性能的主要方法是设置演示文稿放映时的分辨率，其方法为：在"幻灯片放映"选项卡的"监视器"组中的"监视器"下拉列表中选择"主监视器"选项，如图4-89所示，通常默认的分辨率都是"自动"。

图4-89　设置幻灯片的分辨率

另外，提高幻灯片的放映性能还可以通过以下4种方法来进行。

（1）缩小图片和文本的尺寸。

（2）减少同步动画数目，尝试将同步动画更改为序列动画。

（3）尽量少用渐变、旋转或缩放等动画效果，可使用其他动画效果替代这些效果。

（4）减少按字母和按字动画效果的数目。例如，只在幻灯片标题中使用这些动画效果，而不将其应用到每个项目符号上。

4.2.12　远程放映课件

随着计算机网络的应用，利用PowerPoint 2016制作的课件不但能够现场演示，还可以通过网络进行远程播放，只要计算机联网，即使对方计算机没有安装PowerPoint 2016也可以放映课件。下面就讲解通过网络远程放映课件的具体操作。

微课：远程放映课件

（1）打开制作好的课件，在【幻灯片放映】/【开始放映幻灯片】组中单击"联机演示"按钮 联机演示 。

（2）打开"联机演示"对话框，单击 连接(C) 按钮，如图4-90所示。

（3）PowerPoint 2016将"连接到Office Presentation Service"服务，并显示连接进度，如图4-91所示。

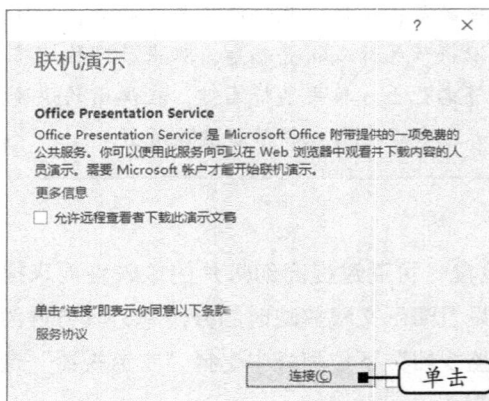

图4-90　打开"联机演示"对话框

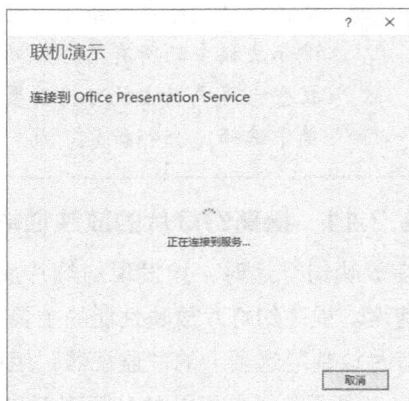

图4-91　"联机演示"对话框

（4）联机演示准备完毕后，将打开一个含有链接地址的对话框，单击"复制链接"超链接，如图4-92所示，将其通过QQ或者Windows Live等软件发送给学生。

（5）学生获得这个链接地址后，在浏览器中打开该链接，就可以等待教师的课件开始放映，教师只需要在"联机演示"对话框中单击 开始演示(S) 按钮，就可以开始课件的远程放映，学生可以同步看到幻灯片演示。

（6）在放映过程中按【Esc】键退出演示，回到PowerPoint 2016的操作界面中，在"联机演示"选项卡的"联机演示"组中单击"结束联机演示"按钮 ，将打开图4-93所示的提示框，在提示框中单击 结束联机演示(E) 按钮，即可退出远程课件的放映状态。

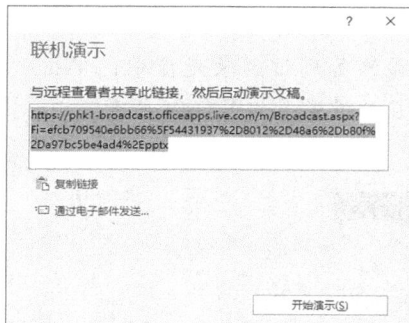

图4-92 发送共享链接

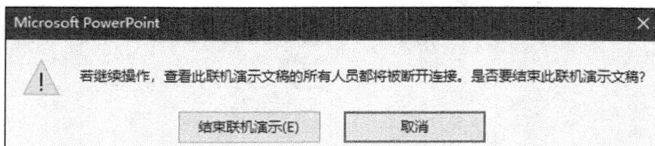

图4-93 结束联机演示

4.3 输出"小星星"课件

课件制作完成后，还可以将其发布、打包或打印输出，让制作出来的课件不仅能直接在计算机中展示，还可以方便其他用户在不同的位置或环境中使用和浏览。本节将通过输出"小星星"课件来具体讲解在PowerPoint 2016中输出幻灯片的相关操作。

4.3.1 打包幻灯片

课件制作好后，并不一定在本机中放映，有时需要发送到其他计算机中，这时就需要进行打包操作，如打包成CD、复制到文件夹等。

1. 打包成CD

打包成CD主要有两种方式：一种是打包后刻录到光盘中；另一种是直接创建一个新的文件夹。下面主要介绍第一种的具体操作。

微课：打包成CD

（1）打开"小星星放映.pptx"演示文稿，单击"文件"选项卡，在打开的面板左侧选择"导出"命令，在中间列表的"导出"栏中选择"将演示文稿打包成CD"选项，在右侧的"将演示文稿打包成CD"栏中单击"打包成CD"按钮，如图4-94所示。

（2）打开"打包成CD"对话框，在"将CD命名为"文本框中输入打包后的名称，如图4-95所示，若单击 复制到CD(C) 按钮即可将演示文稿刻录到刻录光盘中。

图4-94 单击"打包成CD"按钮

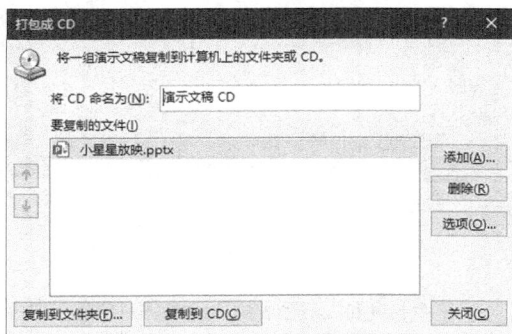

图4-95 给CD命名

> 提示　　单击 添加(A)... 按钮，可以将其他的演示文稿添加到该刻录光盘中；单击 选项(O)... 按钮，还可以在打开的对话框中进行相应的设置，如图4-96所示。

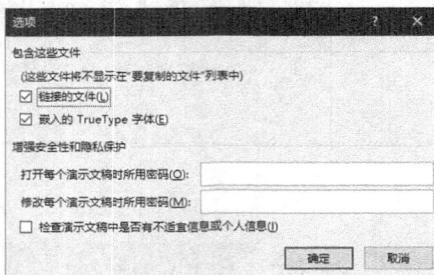

图4-96　设置选项

2. 复制到文件夹

将演示文稿复制到文件夹的方法与打包成CD的方法类似，都是通过"打包成CD"对话框来完成的，其具体操作如下。

（1）打开"小星星放映"演示文稿，单击"文件"选项卡，在打开面板的左侧选择"导出"命令，在中间列表的"导出"栏中选择"将演示文稿打包成CD"选项，在右侧的"将演示文稿打包成CD"栏中单击"打包成CD"按钮 。

（2）打开"打包成CD"对话框，在其中单击 复制到文件夹(F)... 按钮，如图4-97所示。

（3）打开"复制到文件夹"对话框，在"文件夹名称"文本框中输入文件夹的名称，在"位置"文本框中输入文件夹的位置，单击 确定 按钮，如图4-98所示，即可将演示文稿打包到一个文件夹中。

微课：复制到文件夹

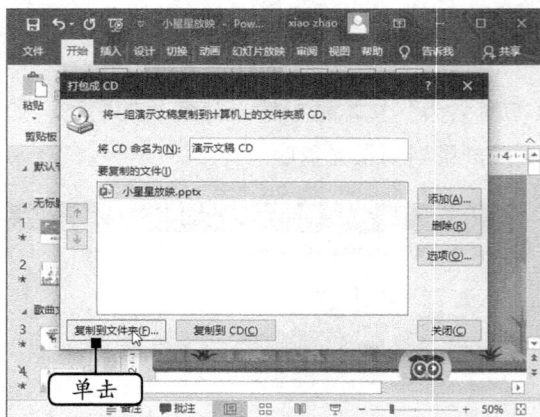

图4-97　单击"复制到文件夹"按钮

图4-98　打开"复制到文件夹"对话框

（4）此时，PowerPoint 2016将开始自动复制文件到文件夹，并弹出相应的提示框提示是否复制相关超链接和相关的注释，单击 是(Y) 按钮确认即可，稍等片刻后将打开复制的文件夹，返回"复制到文件夹"对话框，单击 关闭(C) 按钮即可。

4.3.2　输出演示文稿

制作完成后的演示文稿可以转换为其他文件类型，以便使用，如将演示文稿转换为视频或PDF文档，或者将演示文稿转换为图片等，下面分别进行介绍。

1. 将演示文稿转换为视频

若要在没有安装PowerPoint软件的计算机中放映演示文稿，可将演示文稿转换为视频，其具体操作如下。

微课：将演示文稿转换为视频

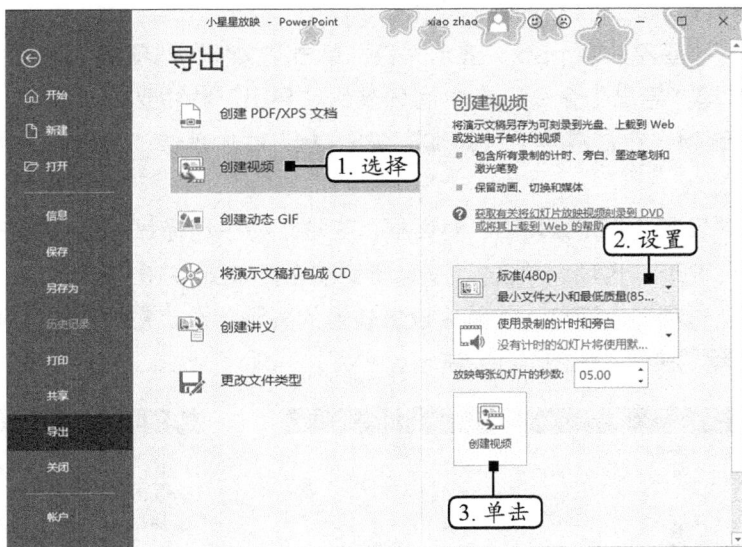

（1）打开"小星星放映.pptx"演示文稿，单击"文件"选项卡，在打开面板的左侧选择"导出"命令，在中间列表的"导出"栏中选择"创建视频"选项。

（2）在右侧的"创建视频"栏中的"标准（480P）"下拉列表中设置演示文稿显示的性能和分辨率，在"使用录制的计时和旁白"下拉列表中设置计时和旁白，在"放映每张幻灯片的秒数"数值框中设置每张幻灯片的播放时间，然后单击"创建视频"按钮，如图4-99所示。

图4-99　将演示文稿转换为视频

> 提示　　选择不同的载体，所创建的视频分辨率也不同，如在计算机或投影仪上显示，分辨率为960像素×720像素；上传到Internet或在DVD上播放，分辨率为640像素×480像素；在便携式设备上播放，分辨率为320像素×240像素。

（3）打开"另存为"对话框，选择保存位置，单击 保存(S) 按钮即可将演示文稿转换为视频，如图4-100所示。

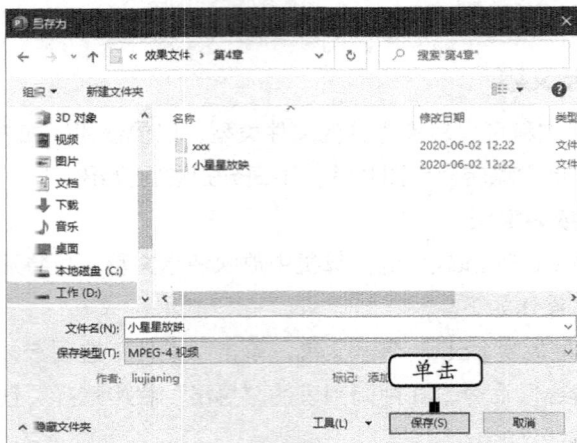

图4-100 选择视频保存位置

（4）完成转换后，在保存的文件夹中双击创建的视频文件（默认格式为WMV），即可使用默认的播放器进行播放。

2. 将演示文稿转换为PDF文档

将演示文稿转换为FDF文档的具体操作如下。

（1）打开"小星星放映.pptx"演示文稿，单击"文件"选项卡，在打开面板的左侧选择"导出"命令，在中间列表的"导出"栏中选择"创建PDF/XPS文档"选项，在右侧的"创建PDF/XPS文档"栏中单击"创建PDF/XPS"按钮。

微课：将演示文稿转换为PDF文档

（2）打开"发布为PDF或XPS"对话框，在地址栏中选择保存位置，在"保存类型"下拉列表中选择"PDF"选项，单击 选项(O)... 按钮，如图4-101所示。

（3）打开"选项"对话框，在其中设置转换的各种参数，包括范围、发布选项、PDF选项等，单击 确定 按钮，如图4-102所示。

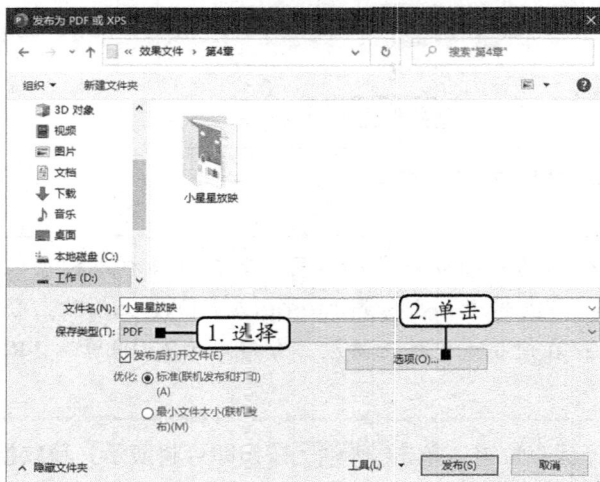

图4-101 发布为PDF

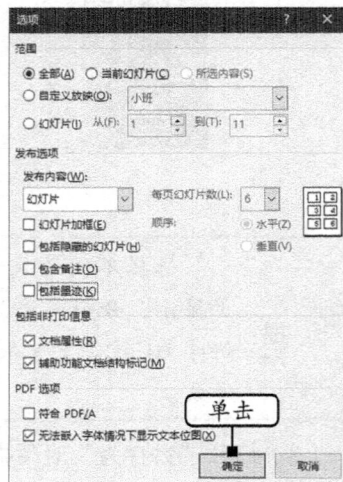

图4-102 设置选项参数

（4）返回"发布为 PDF 或 XPS"对话框，单击 发布(S) 按钮，发布完成后将自动打开发布的PDF文档，效果如图4-103所示（最终效果参见：效果文件\第4章\小星星放映.pdf）。

图4-103　预览PDF文档

> PDF是目前很流行的便携文件类型，用PDF制作的电子书具有纸版书的质感和阅读效果，可以逼真地展现纸版书的原貌，并且显示大小可任意调节，给读者提供了个性化的阅读方式。

3. 将演示文稿转换为图片

在PowerPoint 2016中可将演示文稿保存为图片，保存为图片后，在未安装PowerPoint 2016的计算机中也可查看各张幻灯片的效果，其具体操作如下。

微课：将演示文稿转换为图片

（1）打开需要转换的演示文稿，单击"文件"选项卡，在打开面板的左侧选择"另存为"命令，在中间列表的"另存为"栏中选择"浏览"选项。

（2）打开"另存为"对话框，选择保存位置，在"文件名"文本框中输入名称，在"保存类型"下拉列表中选择"JPEG 文件交换格式"选项，单击 保存(S) 按钮，如图4-104所示。

（3）在打开的提示对话框中询问用户导出当前幻灯片还是所有幻灯片，单击 所有幻灯片(A) 按钮，PowerPoint 2016将保存所有幻灯片为图片。

（4）保存完成后将打开提示对话框，直接单击 确定 按钮即可完成图片的保存。

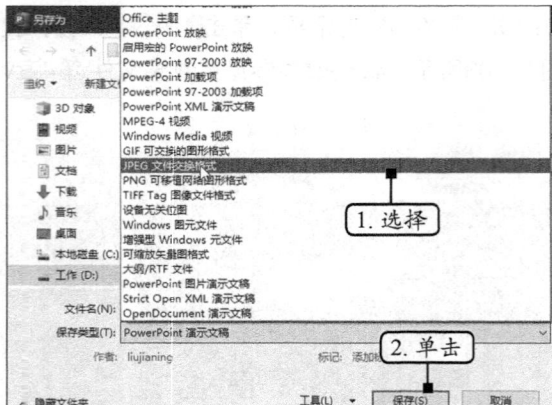

图4-104 设置保存类型

4. 将演示文稿创建为讲义

将演示文稿创建为讲义，实际上就是将其转换为Word文档，此时，演示文稿将作为Word文档在新的窗口中打开，并可以像处理Word文档一样对其进行编辑、打印和保存等操作，其具体操作如下。

微课：将演示文稿创建为讲义

（1）打开需要创建为讲义的演示文稿，单击"文件"选项卡，在打开面板的左侧选择"导出"命令，在中间列表的"导出"栏中选择"创建讲义"选项，在右侧的"在Microsoft Word中创建讲义"栏中单击"创建讲义"按钮，如图4-105所示。

（2）打开"发送到Microsoft Word"对话框，在"Microsoft Word使用的版式"栏和"将幻灯片添加到Microsoft Word文档"栏中单击选中相应的单选项，单击 确定 按钮即可，如图4-106所示。

图4-105 单击"创建讲义"按钮

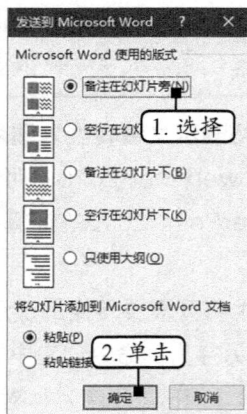

图4-106 打开"发送到Microsoft Word"对话框

5. 将演示文稿输出为其他文件

除了前面介绍的几种输出方式外，还可以将演示文稿转换为PowerPoint 97-2003等其他版本的演示文稿，其具体操作如下。

微课：将演示文稿输出为其他文件

（1）打开需要更改文件类型的演示文稿，单击"文件"选项卡，在打

开面板的左侧选择"导出"命令，在中间列表的"导出"栏中选择"更改文件类型"选项，然后在右侧选择相应的选项，如图4-107所示。

（2）单击"另存为"按钮🔲打开"另存为"对话框，在打开的对话框中设置文件的保存位置和名称，然后单击 保存(S) 按钮即可。

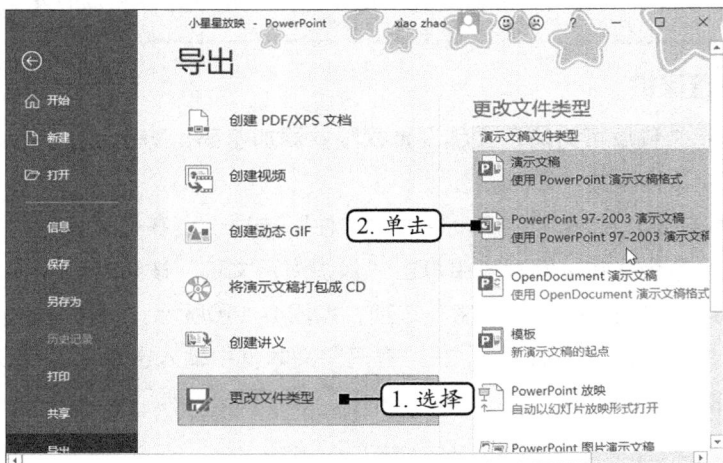

图4-107　选择相应的选项

4.3.3　将演示文稿作为附件发送

除了导出幻灯片外，还可以将演示文稿作为电子邮件的附件发送，这也是一种共享幻灯片的方式，其具体操作如下。

（1）打开需要操作的演示文稿，单击"文件"选项卡，在打开面板的左侧选择"共享"命令，在中间列表的"共享"栏中选择"电子邮件"选项，在右侧的"电子邮件"栏中单击"作为附件发送"按钮🖂，如图4-108所示。

（2）打开Outlook 2016的操作界面，在"附件"文本框中将演示文稿打包，如图4-109所示，然后就可以利用Outlook 2016发送这封带有附件的电子邮件了。

微课：将演示文稿作为附件发送

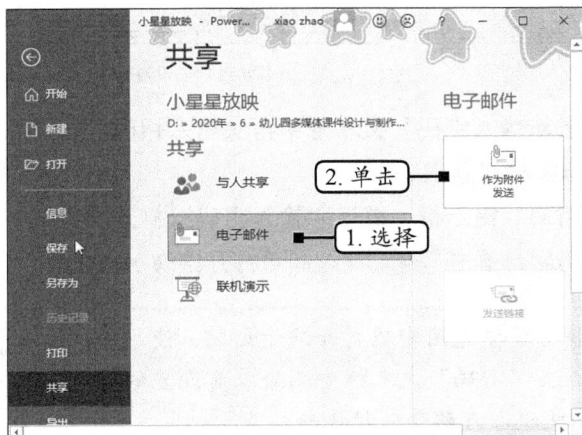

图4-108　作为附件发送

图4-109　发送带有附件的电子邮件

> **提示** 除了将演示文稿作为附件发送外，还可以将其以PDF、XPS、Internet 传真等形式发送，其操作方法与作为附件方式发送相似，单击"文件"选项卡，在打开面板的左侧选择"共享"选项，在中间列表的"共享"栏中选择"电子邮件"选项，在右侧的"电子邮件"栏中选择相应的发送方式即可。

4.3.4　设置保护

制作完成演示文稿后可为演示文稿设置权限并添加密码，防止演示文稿中的内容被修改，其具体操作如下。

（1）打开需要操作的演示文稿，单击"文件"选项卡，在打开面板的左侧选择"信息"命令，在中间列表中单击"保护演示文稿"按钮 🔒，在打开的下拉列表中选择"用密码进行加密"选项，如图4-110所示。

微课：设置保护

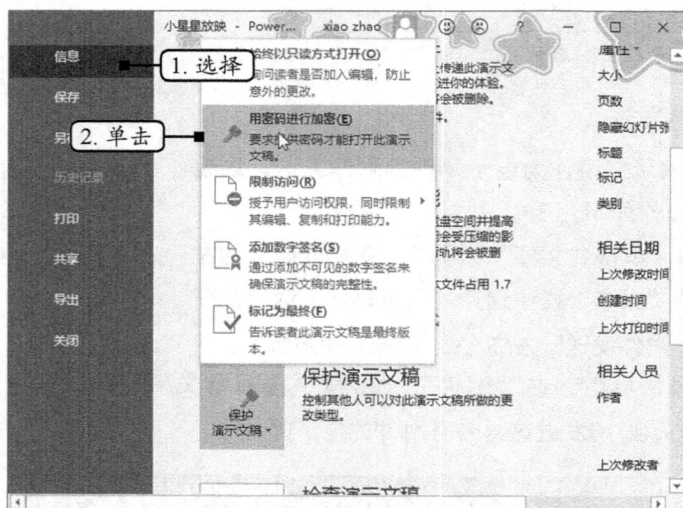

（2）打开"加密文档"对话框，在"密码"文本框中输入密码"123456"，然后单击 确定 按钮，如图4-111所示。

图4-110　选择"用密码进行加密"选项　　　　图4-111　设置密码

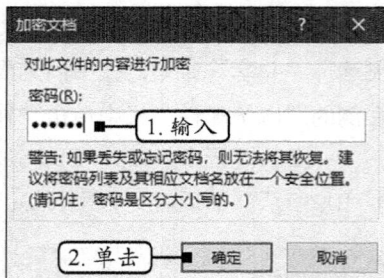

（3）打开"确认密码"对话框，在"重新输入密码"文本框中再次输入相同的密码，单击 确定 按钮，如图4-112所示，保存演示文稿后退出。

（4）重新打开该演示文稿，将打开"密码"提示框，提示"输入密码以打开文件"，如图4-113所示，在文本框中输入正确的密码后，单击 确定 按钮即可打开该演示文稿。

> **提示** 如果要解除演示文稿的保护，需要先用密码打开演示文稿，使用同样的方法打开"加密文档"对话框，在"密码"文本框中删除以前设置的密码，单击 确定 按钮，然后保存演示文稿即可解除保护状态。

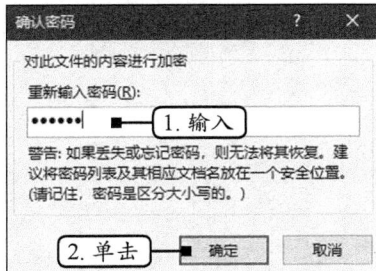

图4-112　确认密码

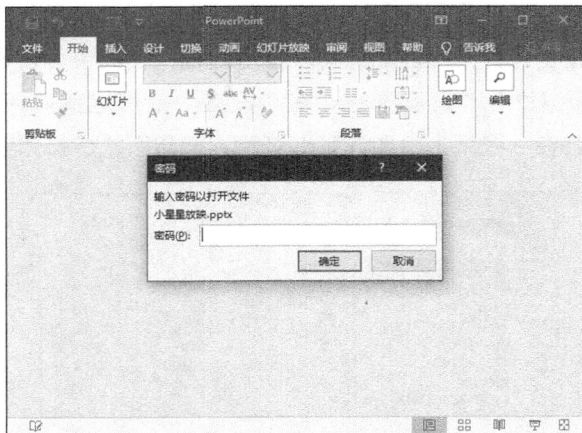

图4-113　密码保护

4.3.5　打印课件

演示型课件不仅可以进行现场演示，还可以被打印在纸张上，作为演讲稿或分发给观众作为演讲提示等。下面介绍在PowerPoint 2016中对打印参数进行设置，以及不同的打印操作。

1. 页面设置

在打印幻灯片之前，需要对打印页面的相关参数进行设置。了解这些参数的作用，可帮助演讲者更加快速、有目的地根据自己的需要对打印参数进行设置。单击"文件"选项卡，在打开面板的左侧选择"打印"命令，即可切换到打印界面，该界面主要分为"打印"栏、"打印机"栏、"设置"栏和预览栏4个部分，如图4-114所示。

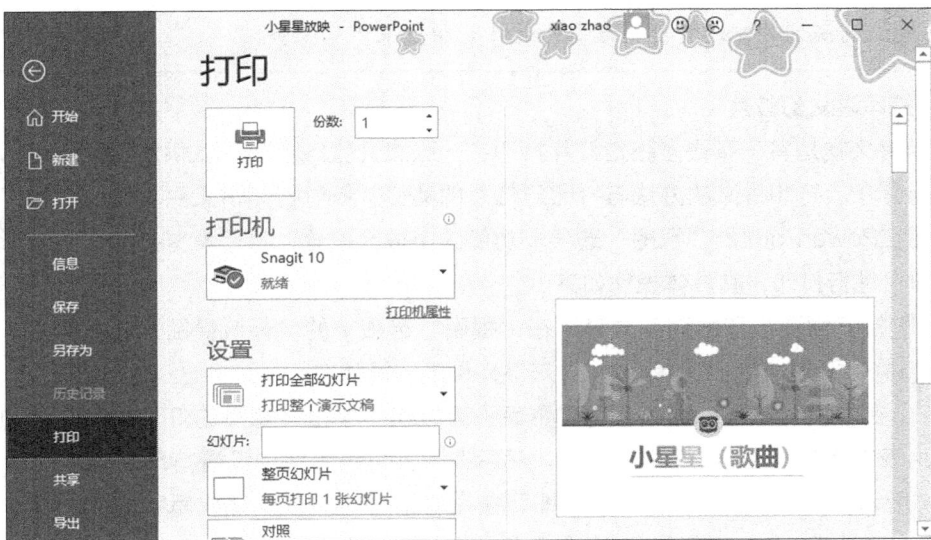

图4-114　打印界面

（1）"打印"栏。"打印"栏包括两个部分，分别是设置打印份数和单击"打印"按钮🖨下达开始打印的指令。

（2）"打印机"栏。在"打印机"栏中可选择安装的打印机，单击"打印机属性"超链接，可打开相应的文档属性对话框，在其中可设置打印机的相关属性。

（3）"设置"栏。在"设置"中可选择如何打印幻灯片，如打印其中的某几张幻灯片、在一张纸上打印几张幻灯片、打印版式、打印色彩等，如图4-115所示。

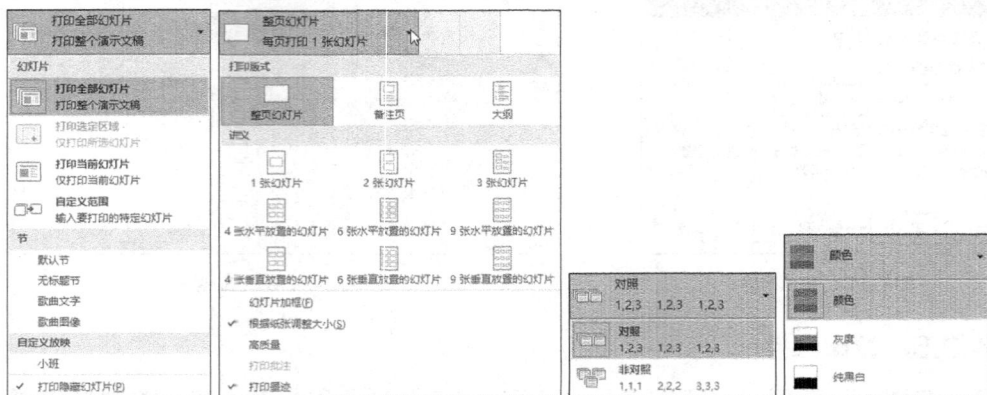

图4-115　设置打印

（4）预览栏。打印界面的右侧为预览栏，在其中可预览幻灯片在纸张上的打印效果，通过其下的按钮和缩放比例栏可设置预览的幻灯片和视图大小。

> **提示**　作为演示用的课件，一般不需要进行打印，但由于课件中的一些内容比较复杂，为了方便学生理解，有时会将课件的讲义打印出来，供学生翻阅。若使用PowerPoint制作的课件还有其他用途，如包含需要传阅的数据或今后的规划等，还需要将该类幻灯片打印出来供学生查阅。

2. 打印讲义幻灯片

打印讲义就是将一张或多张幻灯片打印在一张或几张纸上面，以供演讲者或观众参考。打印讲义的方法与打印幻灯片的类似，不过打印讲义更为简单，只需在PowerPoint的"视图"选项卡功能区中进行设置，然后设置打印参数后即可进行打印，其具体操作如下。

微课：打印讲义幻灯片

（1）打开需要打印的演示文稿，在"视图"选项卡的"母版视图"组中单击"讲义母版"按钮 讲义母版，进入讲义母版编辑状态。

（2）在"讲义母版"选项卡的"页面设置"组中单击"每页幻灯片数量"按钮，在打开的列表中选择"3张幻灯片"选项，然后在"占位符"组中设置打印时显示的选项，如图4-116所示，最后单击"关闭母版视图"按钮 ，退出讲义母版编辑状态。

（3）单击"文件"选项卡，在打开面板的左侧选择"打印"命令，在中间列表的"设置"栏中单击"整页幻灯片"按钮，在打开的列表框的"讲义"栏中选择"3张幻灯片"选项。

（4）在右侧的预览栏中可以看到设置打印的效果，如图4-117所示，在中间的列表中单击"打印"按钮，即可打印讲义。

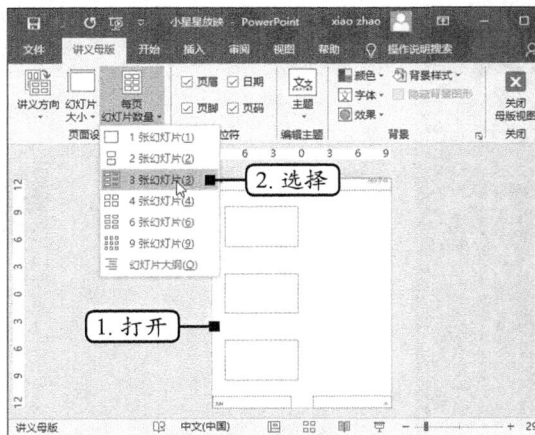

图4-116　设置讲义

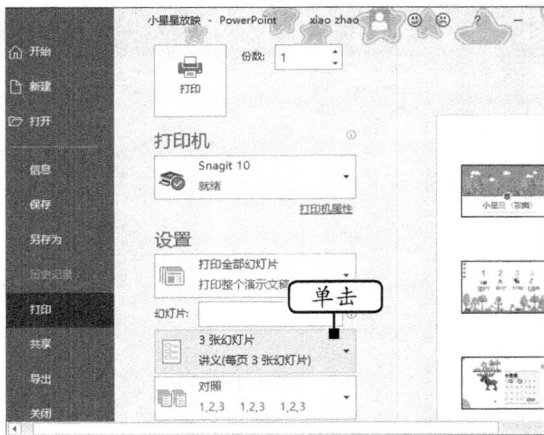

图4-117　打印讲义

> 　　　每页幻灯片数量不同，其排放位置也会有所差别，一般选择3张，这样
> 既可以查看幻灯片，又可以查看旁边的相关信息。

3. 打印备注幻灯片

如果幻灯片中存在大量的备注信息，演讲者又不想观众在屏幕上看到这些备注信息，此时可将幻灯片及其备注内容打印出来，只供自己查阅。打印备注幻灯片的方法与打印讲义幻灯片的相似，其具体操作如下。

（1）打开需要打印的演示文稿，在"视图"选项卡的"母版视图"组中单击"备注母版"按钮 备注母版 进入备注母版编辑状态。

微课：打印备注幻灯片

（2）在"备注母版"选项卡的"占位符"组中设置打印时显示的选项，在"页面设置"组中设置备注页的方向，如图4-118所示，设置完成后单击"关闭母版视图"按钮，退出备注母版编辑状态。

（3）单击"文件"选项卡，在打开面板的左侧选择"打印"命令，在中间列表的"设置"栏中选择"打印全部幻灯片"选项，在打开的列表框的"打印版式"栏中选择"备注页"选项，如图4-119所示。

（4）在右侧的预览栏中可以看到设置打印的效果，在中间的列表中单击"打印"按钮，即可打印备注。

> 　　　如果幻灯片中没有输入备注信息，打印预览时备注框中将不显示任何信
> 息。如果需要在幻灯片中输入备注，则要在"视图"选项卡的"演示文稿视
> 图"组中单击"备注页"按钮，在打开的备注页视图的备注文本框中输入
> 备注内容。

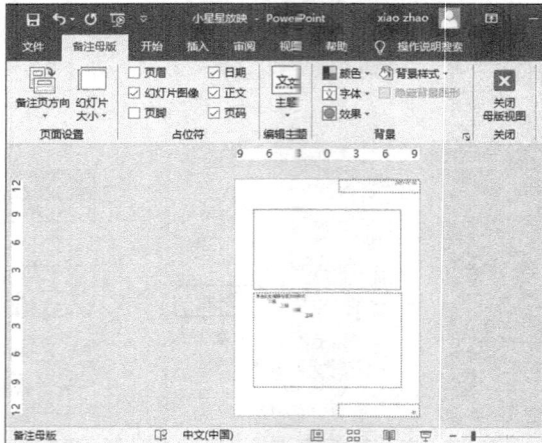

图4-118 设置备注

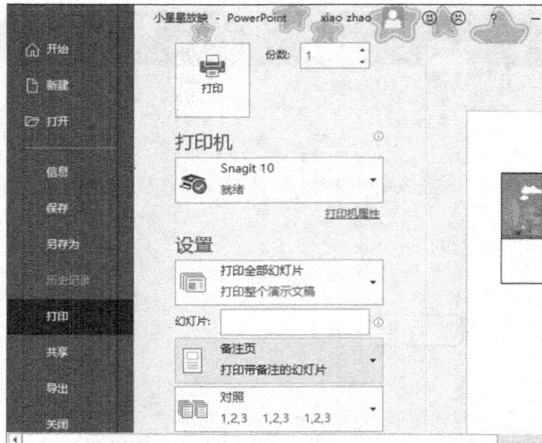

图4-119 打印备注

4．打印大纲

打印大纲只是将大纲视图中的文本内容打印出来，以方便查看幻灯片的主要内容。打印大纲的方法最简单，只需在设置打印机属性、打印范围等参数后，单击"文件"选项卡，在打开面板的左侧选择"打印"命令，在中间列表的"设置"栏中，单击"整页幻灯片"按钮□，在打开的列表框的"打印版式"栏中选择"大纲"选项，在右侧的预览栏中可以看到设置打印的效果，如图4-120所示，在中间的列表中单击"打印"按钮🖨，即可打印大纲。

图4-120 打印大纲

4.4 快速制作PPT类演示型课件

在制作PPT类演示型课件时，一般都要求效果精美，但幼儿园教师在教课的过程中通常需要准备各种不同的PPT课件，全部自己设计和制作难免麻烦，因此，在互联网技术发达的今天，利用网络来快速制作精美的PPT课件也是幼儿园教师应掌握的技能。本节将介绍在网上下载模板和素材的方法，以及如何编辑和使用下载的素材PPT。

4.4.1 在网上下载PPT课件

从无到有制作精美的PPT课件对于幼儿园教师来说，时间成本太高，其更多的精力应该是放在教学上，因此，幼儿园教师可以在网上下载一些模板来进行修改从而完成课件的制作。下面介绍在网上下载PPT课件的具体方法。

微课：在网上下载PPT课件

（1）打开Microsoft Edge浏览器，在地址栏中输入"51 PPT模板"的网址，按【Enter】键打开"51 PPT模板"网页，在导航栏中单击"PPT专题"超链接，如图4-121所示。

（2）打开"PPT专题"页面，在"风格"栏中单击"卡通"超链接，如图4-122所示。

图4-121 打开网页

图4-122 选择幻灯片类型

（3）在打开的网页中可以预览卡通类型的PPT样式，单击 下一页 按钮，浏览下一页PPT样式，如图4-123所示。

（4）打开下一页PPT样式预览列表，在其中找到需要的PPT样式，然后单击对应样式下的超链接，如图4-124所示。

（5）在打开的子网页中可以看到该PPT中每张幻灯片的效果，单击 下载地址 按钮，如图4-125所示。

（6）在打开的下载页面中单击"下载地址1"超链接，此时将打开计算机中安装的下载软件，设置好保存位置后单击 立即下载 按钮，如图4-126所示，即可将选择的PPT下载到计算机中。

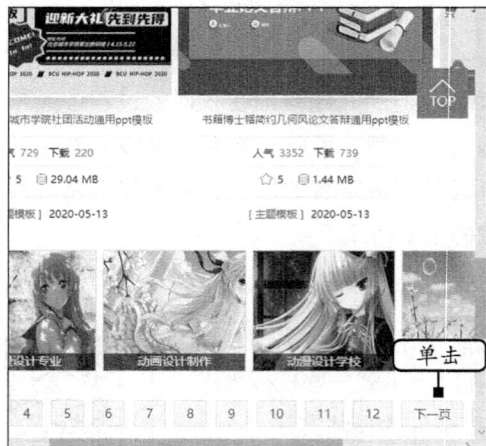

图4-123　浏览幻灯片样式

图4-124　选择需要下载的PPT

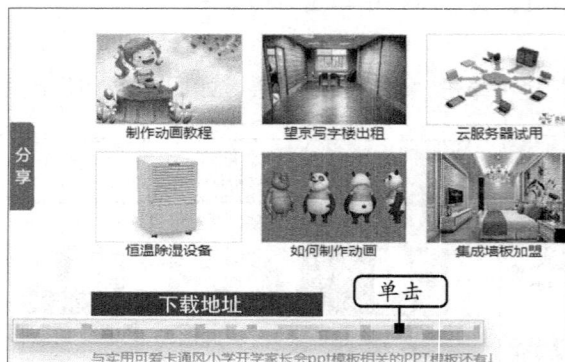

图4-125　单击"下载地址"按钮

图4-126　单击"立即下载"按钮

4.4.2　修改下载的PPT

在网上下载的PPT通常会包含一些水印、标志等元素，这些元素是制作课件时不需要的，可以将其删除。另外，PPT中一些不合适的装饰元素或页面也可以删除。下面具体介绍修改下载的PPT的方法，其操作如下。

（1）打开下载的演示文稿，选择第1张幻灯片，在其中选择需要删除的元素，按【Delete】键将其删除，如图4-127所示。

（2）选择第20张幻灯片，删除其中不需要的内容，然后选择第21~24张幻灯片，将其删除，完成后的效果如图4-128所示。

微课：修改下载的PPT

> 提示　通过这种方式下载的模板通常都带有动画样式，在编辑完成后可放映查看动画效果，对于不合适的地方，再使用前面讲解的方法进行修改。

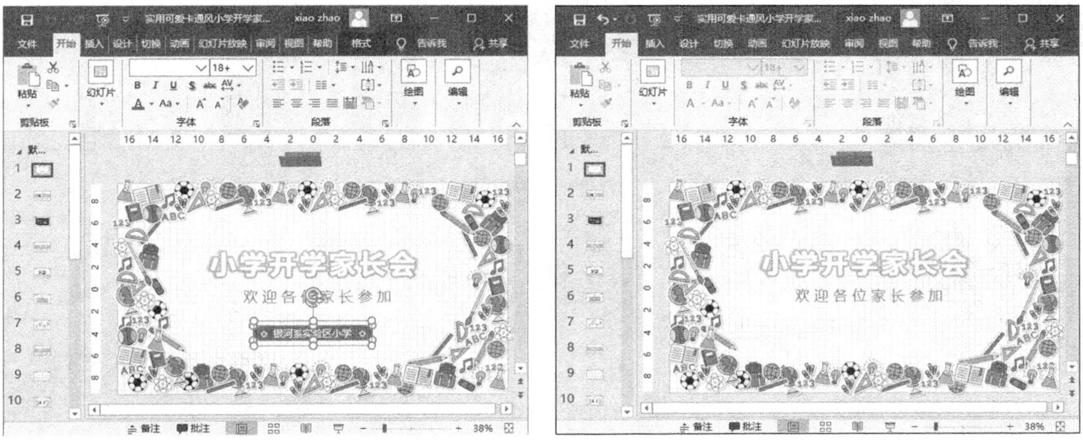

图4-127　删除多余的元素

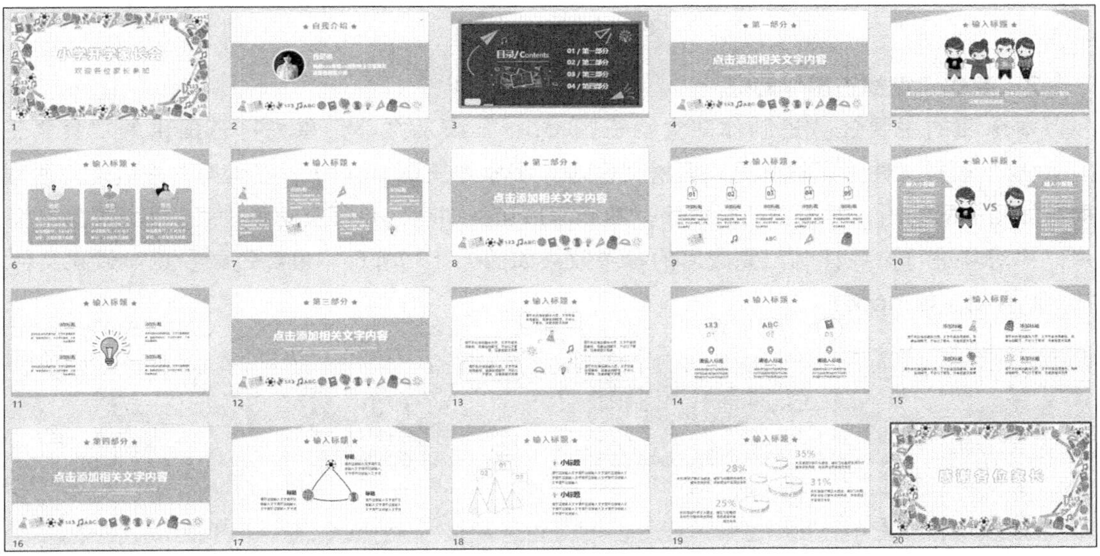

图4-128　删除其他不需要的元素和幻灯片

4.5　练习

本章主要介绍了为演示文稿设置动画、放映演示文稿和利用在网上下载的模板快速制作PPT课件的方法等。在幼儿园教学中，这些PPT操作非常实用，因此幼儿园教师需要好好掌握，并能够熟练运用。

1．制作"开铺子"幻灯片

本练习的主要任务是制作"开铺子.pptx"演示文稿，首先打开提供的"开铺子.pptx"素材文件（素材参见：素材文件\第4章\开铺子.pptx），设置幻灯片的切换动画，然后再为幻灯片中的对象添加动画效果，最后放映该演示文稿，完成后的参考效果如图4-129所示（最终效果参见：效果文件\第4章\开铺子.pptx）。

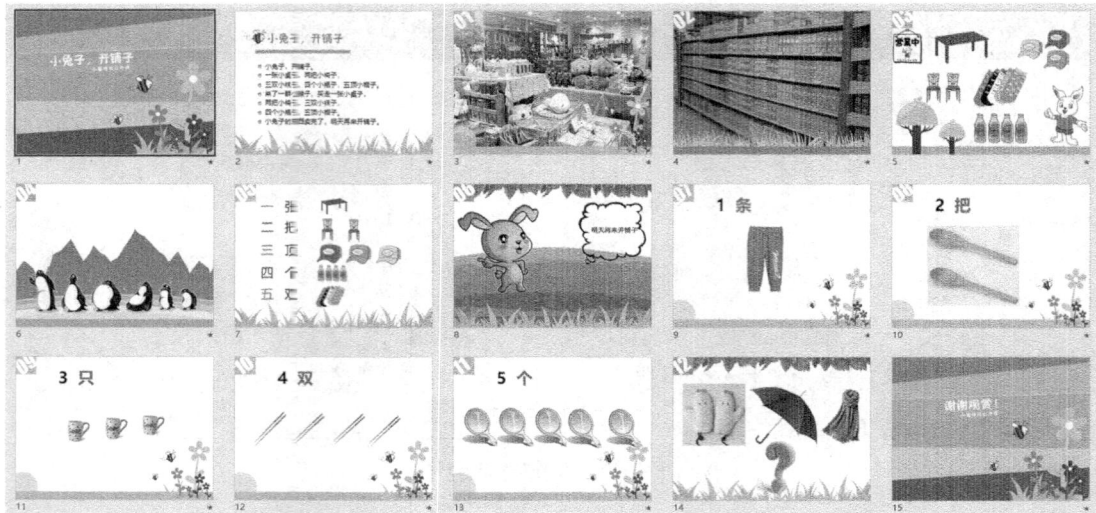

图4-129 "开铺子"幻灯片

2. 制作"食物王国"幻灯片

本练习的主要任务是制作"食物王国.pptx"演示文稿，首先打开提供的"食物王国.pptx"素材文件（素材参见：素材文件\第4章\食物王国.pptx），在幻灯片中为幻灯片对象添加相应的动画，并设置动画效果，然后添加切换动画，并预览动画效果，最后放映幻灯片，并对其进行排练计时，完成后的参考效果如图4-130所示（最终效果参见：效果文件\第4章\食物王国.pptx）。

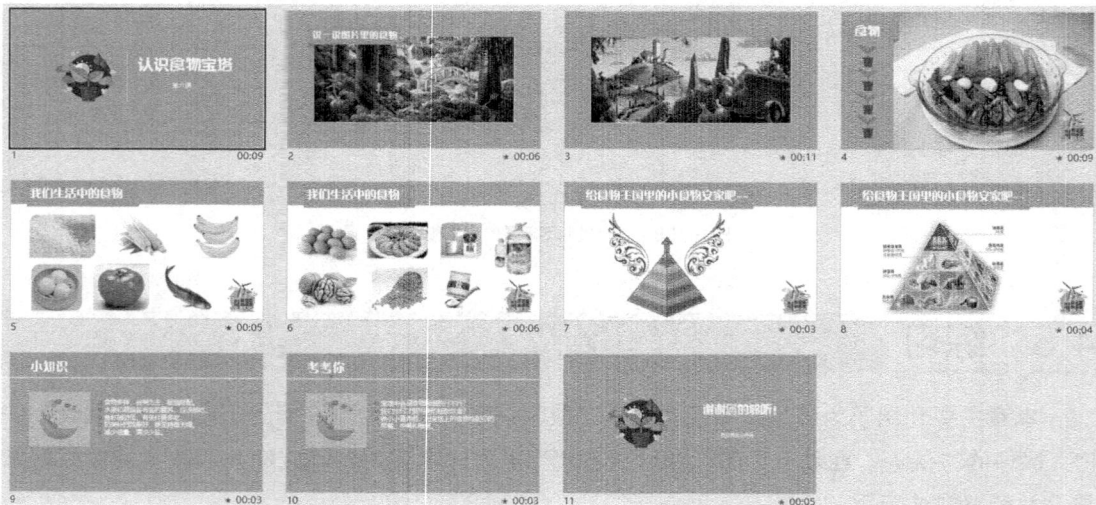

图4-130 "食物王国"幻灯片

4.6　拓展知识

下面主要介绍制作课件时动画制作的技巧和动画类型的相关知识，以及使用超链接的一些注意事项。

1. 动画制作的技巧

在PowerPoint 2016中制作动画时，要想制作出的动画能吸引学生，需注意以下5点。

（1）技巧一。首先需要完全掌握PowerPoint 2016中自带的所有动画样式的功能，最好验证所有不同动画样式的效果，了解各种动画的效果选项，方便在制作课件时快速选用已有样式，如果这些动画样式不能直接实现所需的效果，再考虑如何通过组合这些动画样式来实现。如要实现字幕效果，可以通过"更改进入效果"对话框，在其中选择"字幕式"的动画方式来设置。

（2）技巧二。制作的动画一定要突出和醒目，这样才能吸引学生的注意。教室空间大，投影幕布的尺寸有限，如果制作的动画效果不明显，或者持续时间不长，学生可能看不到，或者难以注意到，那么动画也就失去了其强调和引起注意的作用。

（3）技巧三。无论是什么动画，都必须遵循事物本身的运动规律，因此制作时要考虑对象的先后顺序、大小、位置关系及与演示环境的协调等，使画面效果符合客观规律。例如，由远到近时对象会从小到大。

（4）技巧四。幻灯片动画的节奏应该较快，最好不用缓慢的动作。同时，一个精彩的动画往往是具有一定规模的创意动画，因此制作前最好先设计好动画的框架与创意，再去逐步实施。

（5）技巧五。应根据演示场合制作合适的动画。例如，理科课件通常需要给人比较严谨的感觉，因此最好不要制作过多的修饰动画，简洁、高效为宜。

2. 动画类型

PowerPoint 2016动画实际上是一个个应用于对象上的效果，而每个效果是由一个或多个动作组合而成的。归纳起来，PowerPoint 2016动画主要有以下8种动画。

（1）颜色动画。颜色动画用于改变对象的颜色。

（2）旋转动画。旋转动画可以为对象旋转指定角度。

（3）缩放动画。缩放动画可将对象放大或缩小。

（4）设置动画。设置动画指设置对象的某个属性值。

（5）属性动画。属性动画用于对对象的属性值进行复杂设置。

（6）滤镜动画。滤镜动画指PowerPoint 2016内置的滤镜效果。

（7）路径动画。路径动画指对象沿指定的轨迹进行运动。

（8）命令动画。命令动画指设置媒体对象的动画。

每个动作都提供属性，不同的属性类型，会产生不同的动画类型，因此可以把PowerPoint 2016动画分为From/To/By 动画、关键帧（或动画点）动画和滤镜动画3种类型。

（1）From/To/By动画。这是一种在起始值和结束值之间进行动画处理的类型。若要指定起始值，则设置动画的From属性；若要指定结束值，则设置动画的To属性；若要指定相对于起始值的结束值，则设置动画的By属性（而不是To属性）。例如，PowerPoint 2016自带的颜色、旋转、缩放和路径动画就属于这种类型。

（2）关键帧（或动画点）动画。关键帧动画的功能比 From/To/By 动画的功能更强大，因为可以指定任意多个目标值，甚至可以控制它们的插值方法。例如，PowerPoint 2016自带的随机线条和弹跳动画就属于这种类型。

（3）滤镜动画。滤镜动画指用PowerPoint 2016内置的滤镜效果。例如，PowerPoint 2016自带的强调动画就属于这种类型。

3. 使用超链接的注意事项

超链接能够轻松实现篇幅较大的课件的精确定位，也能在多个对象间轻松切换，所以其在课件中的应用非常广泛。但在使用超链接时，也需要注意以下4点。

（1）超链接是否有效。要确保超链接的使用有效，能跳转到设置的位置。所以，在创建好超链接后，应该做好检验工作，确保万无一失。

（2）链接的网页是否能正常打开。通过超链接链接到网页时，应该考虑网速问题，并测试该网页是否能正常打开，以防止在放映课件时因网速不佳打不开网页或网页根本不存在等情况发生。

（3）PowerPoint版本是否正确。使用PowerPoint 2016制作的课件，使用PowerPoint 2003可能无法放映，因此在创建超链接时应防止放映时因为版本不同而无法打开的情况发生。

（4）视频播放器是否安装。当有超链接链接到视频时，根据视频的格式，要提前准备与之对应的视频播放器，以防止放映时视频无法打开的情况发生。

Kindergarten

Kindergarten

第5章
Flash动画型课件制作

Flash动画型课件主要是教师利用简单的动画来表达一些简单的故事情节，以让幼儿能够轻易地明白教师所要表达的事物或知识，促进幼儿听、说、读、写能力的发展及想象力水平的提高。本章通过4个具体案例来讲解在Flash CS6中制作动画和发布动画的相关知识。

课堂学习目标

● 制作动画背景

● 绘制"跳舞的小熊"动画

● 布置"舞蹈课件"场景

● 制作"舞蹈课件"动画

5.1 制作动画背景

Flash是美国Adobe公司推出的一款专业二维动画制作软件，它以简单易学、效果流畅、画面风格生动并多变的特点，赢得了广大动画爱好者的青睐。本节将通过制作一个动画背景来具体讲解在Flash CS6的操作界面中进行新建文档、导入图像、变形图像等操作的方法，参考效果如图5-1所示。

图5-1　动画背景效果

5.1.1 Flash概述

幼儿园多媒体教学课件设计中，为什么要使用Flash来制作动画呢？下面在学习使用Flash制作动画前先简单了解Flash动画简介和动画设计流程的相关知识。

1. Flash 动画简介

Flash动画是目前网络上最流行的一种交互式动画，这种格式的动画必须用Adobe公司开发的Flash Player播放器打开才能正常观看。Flash动画之所以受到广大动画爱好者的喜爱，主要有以下5个方面的原因。

（1）Flash动画一般由矢量图制作，无论将其放大多少倍都不会失真，且动画文件较小，利于传播，因此无论在计算机还是手机等设备上播放Flash动画，都可以获得非常好的画质与动画体验效果。

（2）Flash动画具有交互性，即用户可以通过单击、选择、输入或按键等方式与Flash动画进行交互，从而控制动画的运行过程与结果。这一点是传统动画无法比拟的，这也是很多游戏开发者甚至很多网站使用Flash进行动画制作的原因。

（3）Flash动画的制作成本低，使用Flash制作的动画能够大大减少人力、物力资源的消耗，同时节省制作时间。

（4）Flash动画采用先进的"流"式播放技术，用户可以边下载边观看，完全适应当前网络的需要。另外，在Flash的ActionScript（AS）脚本中加入等待程序，可使动画在下载完毕后再观看，从而解决Flash动画下载速度慢的问题。

（5）Flash支持多种文件格式的导入与导出，除了可以导入图片外，还可以导入视频、声音等。可导入的图片及视频格式非常多，包括jpg、png、gif、ai、psd、dxf等，其中导入

ai、psd等格式的图片时，还可以保留矢量元素及图层信息。另外，Flash的导出功能也非常强大，不仅可以输出swf动画格式，还可以输出avi、gif、html、mov、exe可执行文件等多种文件格式。通过Flash的导出功能，可以将Flash作品导出为多种版本，用于多种用途，如导出为swf及html格式，再将其放到互联网上，就可以通过网络观看Flash动画，或将Flash动画导出为gif格式，然后将其发送到QQ群或微信群中，这样，好友们就可以查看动画效果了（QQ群和微信群是不直接支持播放Flash动画的，用户需要下载才能观看）。

2．动画设计流程

在制作一个出色的动画前，需要对该动画的每一个画面进行精心的策划，然后根据策划一步一步完成动画。制作Flash动画的过程一般可分为6步。

（1）前期策划。在制作动画之前，首先应明确制作动画的目的、所要针对的顾客群、动画的风格与色调等，然后根据顾客的需求制作一套完整的设计方案，并对动画中出现的人物、背景、音乐及动画剧情的设计等要素做具体的安排，以方便素材的搜集。

（2）搜集素材。在搜集素材文件时，要有针对性地对具体素材进行搜索，避免盲目地搜集一大堆素材，从而节省制作时间。完成素材的搜集后，可以将素材按一定的规格使用其他软件（如Photoshop）进行编辑，以便于动画的制作。

（3）制作动画。制作动画是创建Flash作品中最重要的一步，制作出来的动态效果将直接决定Flash作品的成功与否，因此在制作动画时要注意动画中的每一个环节，要随时预览动画以便及时观察动画效果，找出动画中的不足并及时做出调整与修改。

（4）后期调试与优化。动画制作完毕后，应对动画进行全方位的调试，调试的目的是使整个动画看起来更加流畅、紧凑，且按期望的效果播放。调试动画主要是针对动画对象的细节、分镜头和动画片段的衔接、声音与动画播放是否同步等问题进行调整，以保证动画作品的最终效果与质量。

（5）测试动画。动画制作完成并优化调试后，应对动画的播放及下载等进行测试，因为每个用户的计算机软、硬件配置都不相同，所以应尽量在不同配置的计算机上测试动画，然后根据测试结果对动画进行调整和修改，使其在不同配置的计算机上均有很好的播放效果。

（6）发布动画。发布动画是Flash动画制作过程中的最后一步，用户可以对动画的格式、画面品质和声音等进行设置。在进行动画发布时，应根据动画的用途、使用环境等对动画进行设置，而不是一味地追求较高的画面质量、声音品质，从而增加不必要的文件，影响动画的传输。

5.1.2 认识Flash CS6的操作界面

安装好Flash CS6后，双击其桌面图标或单击"开始"按钮■，在打开的菜单中选择"Adobe Flash Professional CS6"命令即可启动该软件。启动Flash CS6后，将打开Flash CS6的启动界面，在该界面中可以选择创建模板，也可以选择学习Flash CS6的相关功能和作用，如图5-2所示。

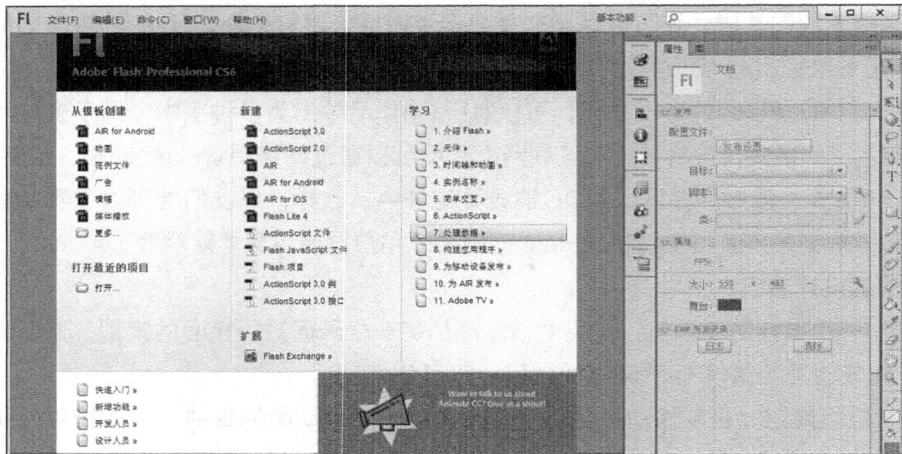

图5-2　Flash CS6的启动界面

在Flash CS6的启动界面中可以进行多种操作，具体如下。

（1）从模板创建。在该栏中单击相应的模板类型，可创建基于模板的Flash动画文件。

（2）打开最近的项目。在该栏中可以通过选择"打开"选项，选择文件进行打开。该栏还可显示最近打开过的文件，单击文件的名称，可快速打开相应的文件。

（3）新建。该栏中的选项表示可以在Flash CS6中创建的新项目类型。

（4）学习。在该栏中选择相应的选项，可链接到Adobe官方网站相应的学习目录下。

（5）教程和帮助。选择该栏中的任意选项，可打开Flash CS6的相关帮助文件和教程等。

（6）不再显示。单击选中该复选框，在下次启动Flash时，将不再显示启动界面。

只有在创建好Flash动画文件后，才能进入其操作界面，使用各个面板的功能。Flash CS6的操作界面主要由菜单栏、工具箱、面板、辅助线及场景和舞台等组成。下面对Flash CS6的操作界面进行介绍，如图5-3所示。

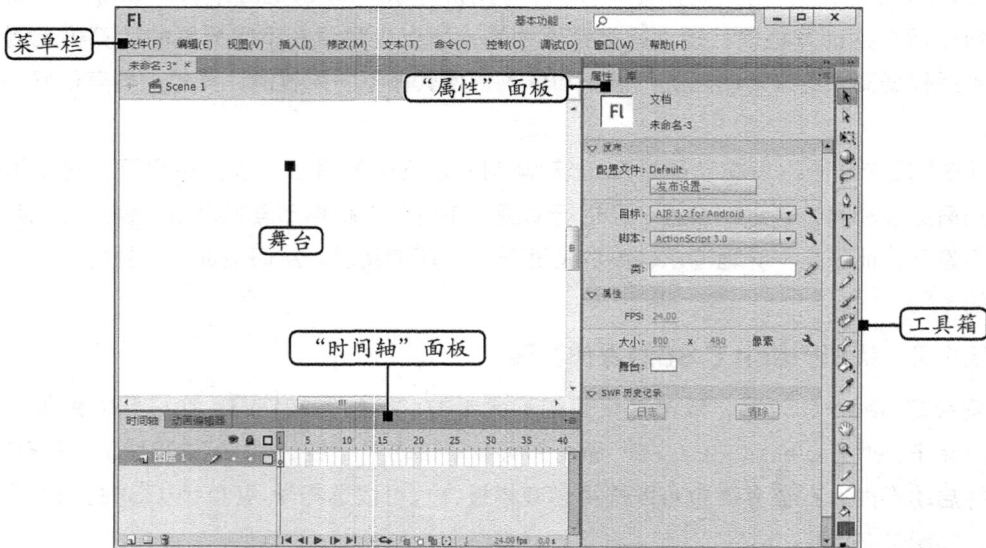

图5-3　Flash CS6的操作界面

1. 菜单栏

Flash CS6的菜单栏主要包括"文件""编辑""视图""插入""修改""文本""命令""控制""调试""窗口""帮助"等命令，在制作Flash动画时，通过执行对应菜单中的命令，即可实现特定的操作。

2. "时间轴"面板

时间轴用于组织和控制一定时间内的图层和帧中的文档内容。与胶片一样，Flash文档也将时长分为帧。图层就像堆叠在一起的多张幻灯胶片一样，每个图层都包含一个显示在舞台中的不同图像。选择【窗口】/【时间轴】命令，可打开图5-4所示的"时间轴"面板。

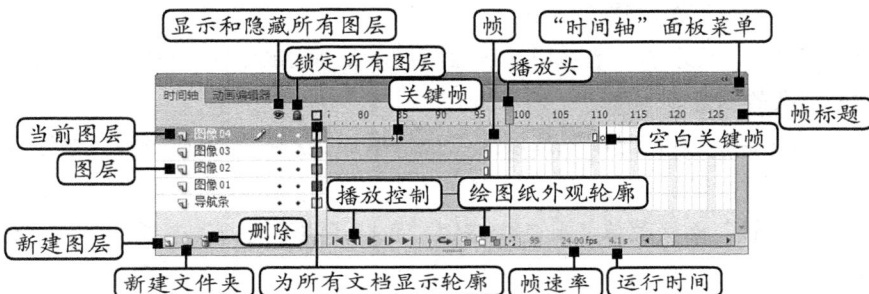

图5-4 "时间轴"面板

"时间轴"面板中各选项含义如下。

（1）帧。帧是Flash动画中最基础的组成部分，播放时Flash是以帧的排列从左向右依次快速进行切换，每个帧都是存放于图层上的。

（2）空白关键帧。要在帧中创建图形，必须新建空白关键帧，此类帧在时间轴上以空心圆点显示。

（3）关键帧。在空白关键帧中添加元素后，空白关键帧将被转换为关键帧，此时，空心圆点将被转换为实心圆点。

（4）帧标题。帧标题位于时间轴顶部，用于提示帧编号，帮助用户快速定位帧位置。

（5）播放头。播放头用于标记当前的播放位置，用户可以随意地对其进行单击或拖动操作。

（6）图层。图层用于存放舞台中的元件，可一个图层放置一个元件，也可一个图层放置多个元件。

（7）当前图层。当前图层即当前正在编辑的图层。

（8）显示和隐藏所有图层。单击图层列表左上方的 👁 按钮，所有图层都将被隐藏。再次单击该按钮将会显示所有的图层。

（9）锁定所有图层。单击图层列表左上方的 🔒 按钮，所有图层都将不能被操作。再次单击该按钮将解锁所有图层。

（10）为所有文档显示轮廓。每个图层名称的最右边都有多个颜色块，表示该图层元件的轮廓色。单击图层列表左上方的 □ 按钮，所有图层中的元件都会显示轮廓色。再次单击该按钮，将会取消显示该轮廓色。显示图层轮廓色可以帮助用户更好地识别元件所在的图层。

（11）新建图层。单击 按钮，可新建一个图层。

（12）新建文件夹。单击 按钮，可新建一个文件夹。在制作时将相同属性和一个类别的图层放置在一个文件夹中可方便编辑管理。

（13）删除。单击 按钮，可删除选中的图层。

（14）播放控制。"播放控制"选项组用于控制动画的播放，从左到右依次为"转到第一帧"按钮、"后退一帧"按钮、"播放"按钮、"前进一帧"按钮和"转到最后一帧"按钮。

（15）绘图纸外观轮廓。"绘图纸外观轮廓"选项组用于在舞台中同时显示多帧的情况，一般用于编辑、查看有连续动作的动画。

（16）帧速率。"帧速率"选项用于设置和显示当前动画文档一秒中播放的帧数，动作越细腻的动画需要的帧速率越高。

（17）运行时间。'运行时间"选项用于显示播放头所在的播放时间，帧速率不同，相同帧显示的运行时间也有所不同。

（18）"时间轴"面板菜单。单击 按钮，在打开的下拉列表中提供了关于时间轴显示设置的选项。

3. 工具箱

工具箱主要由"工具""查看""颜色""选项"等部分组成，可用于绘制、选择、填充、编辑图形。各种工具不但具有相应的绘图功能，还可用来设置相应的选项和属性。例如，"颜料桶工具"有不同的封闭选项，还可用来设置颜色和样式等属性，如图5-5所示。

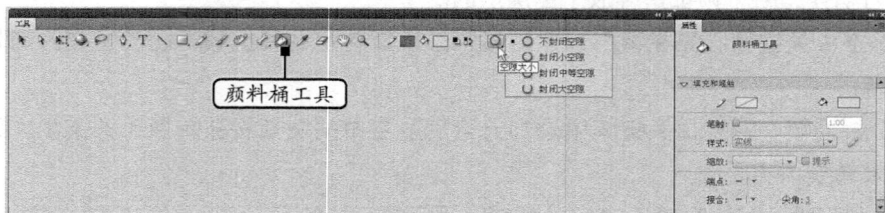

图5-5　工具箱

4. "属性"面板

"属性"面板是一个实用而又特殊的面板，常用于设置绘制对象或其他元素（如帧）的属性。"属性"面板没有特定的参数选项，它会随着选择工具对象的不同而出现不同的参数。图5-6所示为选择"铅笔工具"后的属性面板（面板经过调整）。

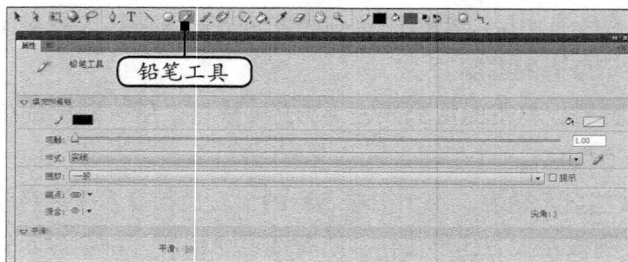

图5-6　选择"铅笔工具"后的属性面板

5. "颜色"面板

"颜色"面板是绘制图形的重要部分,主要用于填充笔触颜色和填充颜色。"颜色"面板包括"样本"和"颜色"两个选项卡。图5-7所示分别为"样本"选项卡和"颜色"选项卡。

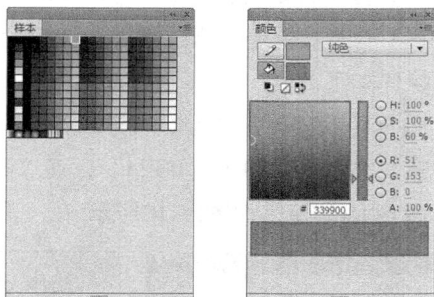

图5-7 "颜色"面板

6. 辅助线

辅助线有助于对齐对象,与网格线不同的是,辅助线可以拖动到场景中的任何位置。选择【视图】/【辅助线】/【显示辅助线】命令,在场景中标尺处按住鼠标左键不放拖动即可显示辅助线,如图5-8所示。

图5-8 辅助线

7. 场景和舞台

场景和舞台如图5-9所示,Flash场景包括舞台、标签等,通常图形的制作、编辑和动画的创作都必须在场景中进行,且一个动画可以包括多个场景。而舞台是场景中最主要的部分,动画的展示只能在舞台上显示,通过文档属性可以设置舞台大小和背景颜色。

图5-9 场景和舞台

5.1.3　新建并保存Flash文件

启动Flash CS6，选择【文件】/【新建】命令或按【Ctrl+N】组合键，或在启动界面的"新建"栏中进行文件的选择，即可新建Flash文件，新建文件后可将其保存到计算机中。下面以新建"舞蹈课件"为例介绍新建并保存Flash文件的方法，其具体操作如下。

微课：新建并保存 Flash 文件

（1）启动Flash CS6，选择【文件】/【新建】命令，在打开的对话框中选择要新建的Flash文件类型，在右侧的"宽"文本框中输入"2324"，在"高"文本框中输入"847"，单击 确定 按钮，完成Flash文件的新建，如图5-10所示。

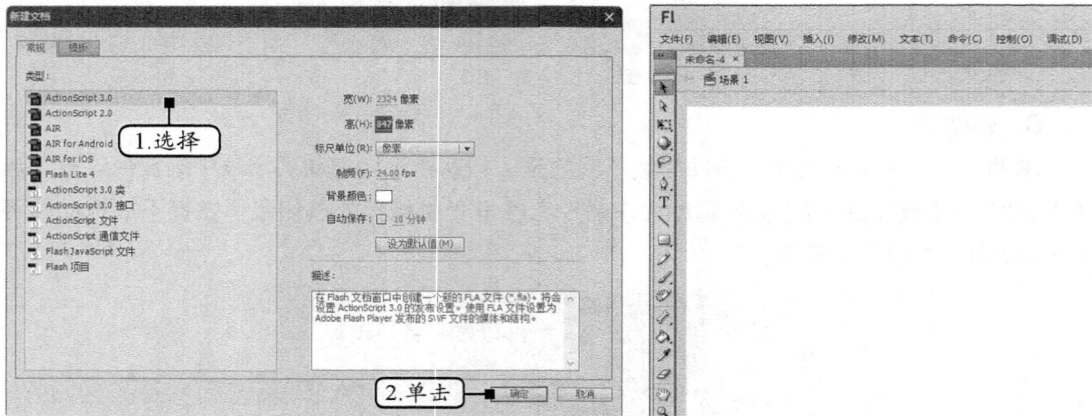

图5-10　新建Flash文件

（2）选择【修改】/【文档】命令、按【Ctrl+J】组合键或在舞台中单击鼠标右键，在弹出的快捷菜单中选择"文档属性"命令，打开"文档设置"对话框。

（3）在打开的"文档设置"对话框中的"尺寸"栏中输入舞台的尺寸，设置"宽度"和"高度"分别为"1162像素"和"242像素"，单击 确定 按钮，完成文档的设置，效果如图5-11所示。

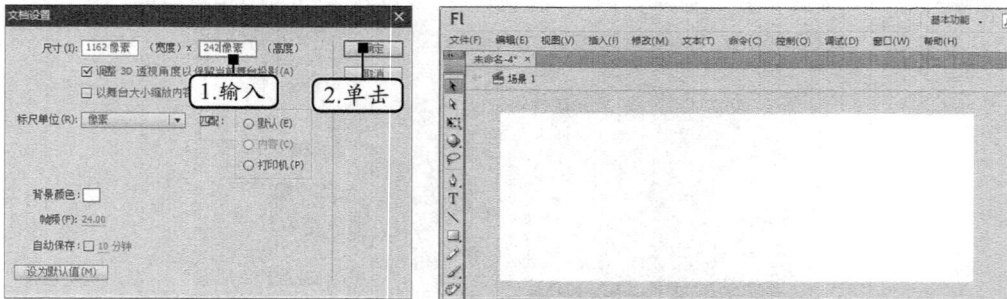

图5-11　设置文档尺寸

（4）选择【文件】/【保存】命令或按【Ctrl+S】组合键，打开"另存为"对话框，在地址栏中选择保存位置，在"文件名"文本框中输入文件名称，最后单击 保存(S) 按钮完成Flash文件的保存，如图5-12所示。

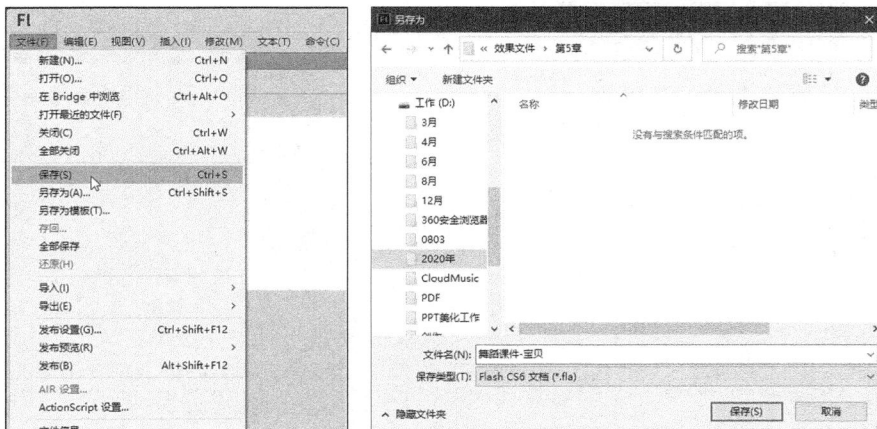

图5-12 保存Flash文件

5.1.4 导入素材文件并进行编辑

下面启动Flash CS6，设置画布大小，再将所有素材导入到库中，然后将其移动至舞台，其具体操作如下。

（1）选择【文件】/【导入】/【导入到库】命令，在打开的"导入到库"对话框中选择"秋天.jpg"（素材参见：素材文件\第5章\秋天.jpg），单击 打开(O) 按钮，如图5-13所示。

微课：导入素材文件并进行编辑

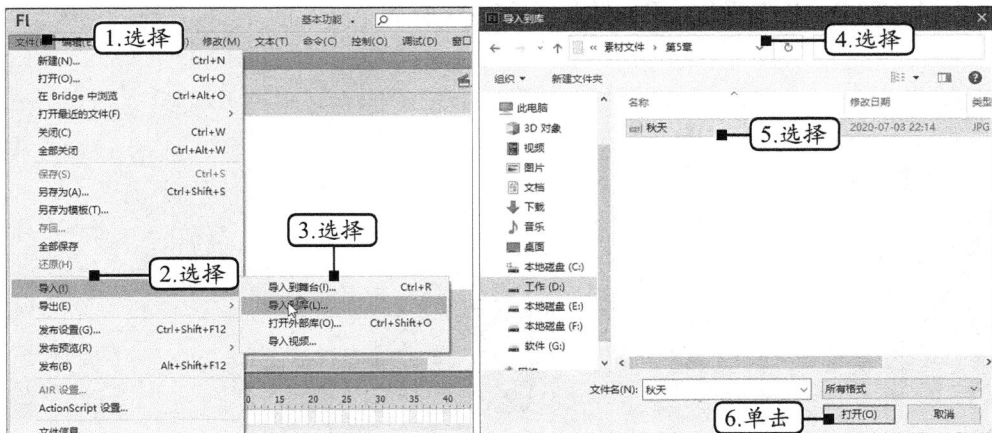

图5-13 导入文件到库

（2）按【Ctrl+L】组合键，打开"库"面板。使用鼠标选择"秋天"图像并将其拖动到舞台上，如图5-14所示。

（3）按【Ctrl+K】组合键打开"对齐"面板，在其中单击"水平中齐"按钮 和"垂直中齐"按钮 。

（4）在工具箱中选择"任意变形"工具 ，按住【Shift】键的同时拖动鼠标调整图片大小，完成本例的制作，效果如图5-15所示（最终效果参见：效果文件\第5章\舞蹈课件-宝贝.fla）。

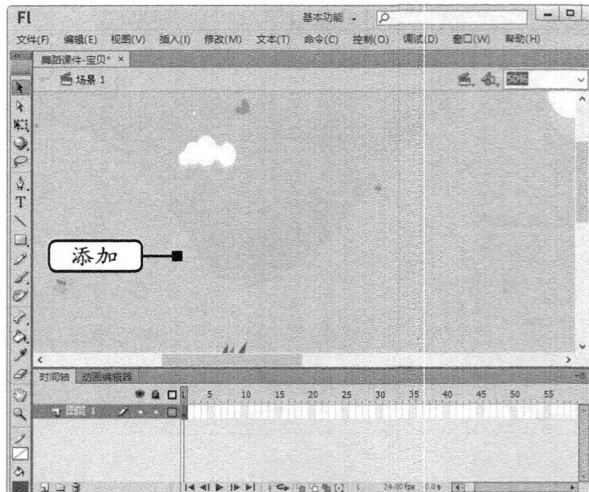

图5-14　添加背景

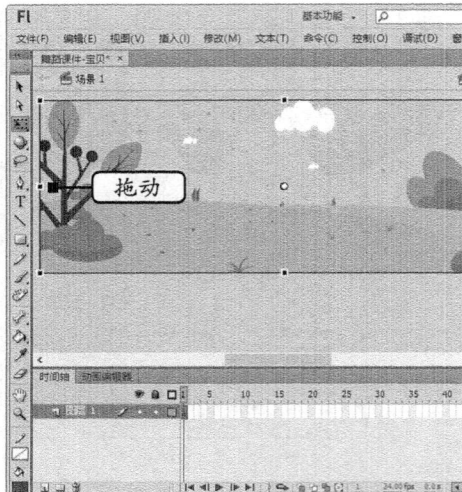

图5-15　缩小图像

5.2　绘制"跳舞的小熊"动画

使用Flash制作动画时可从外部调用相关的素材图像，当外部图像不能满足需求时，就需要制作者自行绘制图像。本节将通过绘制小熊、云朵和花朵来具体讲解在Flash CS6中绘制图像并填充图像的相关操作，参考效果如图5-16所示。

图5-16　"跳舞的小熊"动画效果

5.2.1　绘制并填充白云

动画中的某些元素和角色通常是制作者自行绘制的，下面介绍如何使用Flash CS6绘制并填充动画，其具体操作如下。

微课：绘制并填充白云

（1）打开"舞蹈课件-宝贝.fla"素材文件（素材参见：素材文件\第5章\舞蹈课件-宝贝.fla），在"时间轴"面板中单击"新建图层"按钮，新建一个图层，在新建的图层名称上双击鼠标，重命名图层名称为"白云1"。

（2）在工具箱中选择"椭圆工具"，在"属性"面板的"填充和笔触"栏中单击

"笔触颜色"按钮右侧的色块，在打开的面板中单击右上角的按钮，禁用笔触颜色，如图5-17所示。

（3）单击"填充"按钮右侧的色块，在打开的面板中选择白色，在舞台中拖动鼠标绘制白色的椭圆，如图5-18所示。

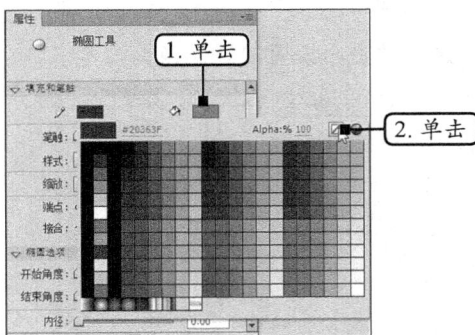

图5-17　禁用椭圆笔触颜色

图5-18　绘制白色的椭圆

（4）使用相同的方法继续绘制椭圆，完成云朵的形状绘制，效果如图5-19所示。

（5）选择绘制的形状，按【Ctrl+C】组合键复制，再按【Ctrl+V】组合键粘贴形状，调整形状到合适的位置，选择下面的云朵形状，在"属性"面板中修改填充颜色为浅灰色（#CFDDEA），选择两个云朵形状，按【Ctrl+G】组合键组合形状，效果如图5-20所示。

图5-19　继续绘制椭圆

图5-20　组合形状

（6）新建一个图层，修改图层名称为"白云2"，将之前组合后的云朵形状复制到舞台上方，效果如图5-21所示。

图5-21　复制云朵形状

5.2.2 绘制小熊和花朵

绘制好云朵后，接着就需要绘制动画的对象，这里在背景中绘制出花朵和小熊图像，其具体操作如下。

微课：绘制小熊和花朵

（1）新建一个图层，修改图层名称为"熊"，在工具面板中选择"椭圆工具" ，在"属性"面板的"填充和笔触"栏中单击"填充"按钮 右侧的色块，在打开的面板中单击右上角的 按钮，禁用填充，设置笔触颜色为黑色。

（2）在"填充和笔触"栏中，在笔触大小右侧的数值框中输入"3.00"，如图5-22所示。

（3）按住【Shift】键不放，在图5-23所示的舞台中绘制正圆。

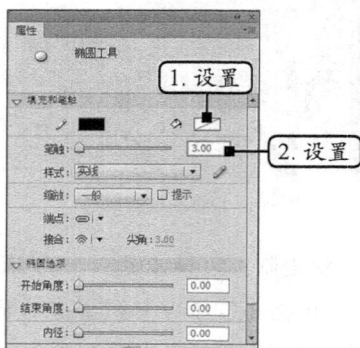

图5-22 设置笔触大小

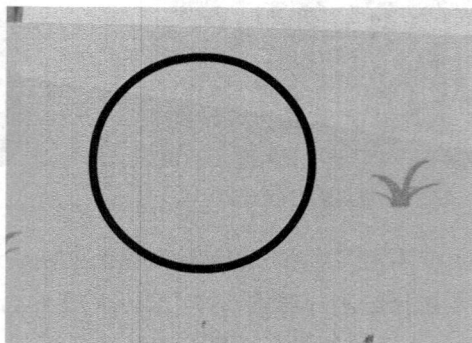

图5-23 绘制正圆

（4）使用相同的方法继续绘制正圆，在工具箱中选择"颜料桶工具" ，将填充颜色设置为褐色（#8F5444），然后在绘制的圆形图像上单击，填充褐色，如图5-24所示。

（5）使用相同的方法为小熊的耳朵填充黄色（#F6C491），效果如图5-25所示。

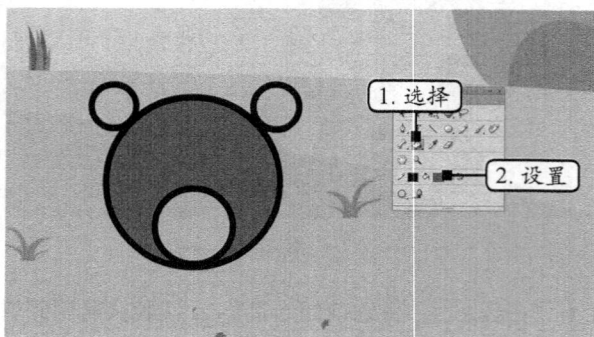

图5-24 设置填充颜色

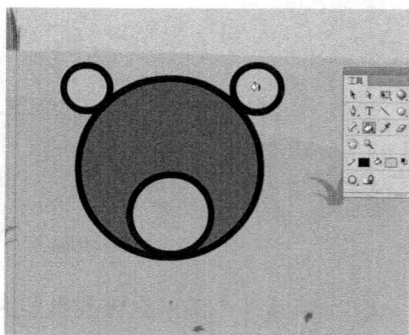

图5-25 继续填充颜色

（6）选择"刷子工具" ，在工具面板下方单击"刷子大小"按钮 ，在打开的下拉列表中选择第7个选项，并设置填充颜色为黑色，如图5-26所示。

（7）在舞台中绘制小熊的眼睛，然后更改刷子的大小，继续绘制小熊的鼻子，效果如图5-27所示。

（8）在工具面板中选择"铅笔工具" ，在"属性"面板中单击笔触右侧的色块，在打开的面板中选择白色，将"铅笔工具"的笔触颜色设置为白色，设置笔触大小为"1.5"，然

后使用"铅笔工具"在眼睛和鼻头上进行涂抹，添加高光，如图5-28所示。

（9）在工具面板中选择"钢笔工具" ，在其"属性"面板中将笔触颜色设置为灰色（#999999），笔触大小为"1.5"。

（10）在舞台中绘制鼻子和嘴的纹路，如图5-29所示。

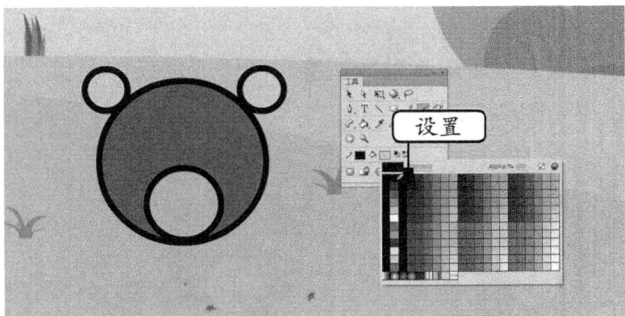

图5-26 设置刷子填充颜色

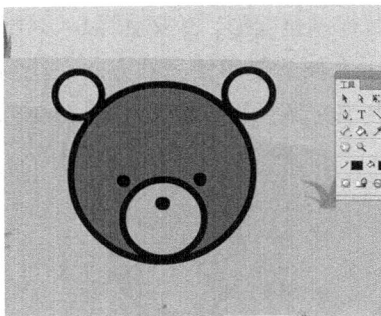

图5-27 绘制眼睛和鼻子

图5-28 添加高光

图5-29 绘制鼻子和嘴的纹路

（11）将小熊的嘴巴填充为白色，全部选中小熊头部，按【Ctrl+G】组合键组合形状，然后在工具箱中选择"钢笔工具" ，在小熊头部下方单击创建一个节点，再在下方按住鼠标左键不放，拖动鼠标调整路径的弧度到合适的位置后释放鼠标，将鼠标指针移动到节点处，鼠标指针变为 形状后单击节点，如图5-30所示。

（12）继续绘制其他节点，使用相同的方法绘制小熊的身体部分，效果如图5-31所示。

（13）选择绘制的小熊身体，在"属性"面板中修改笔触颜色为"黑色"，笔触大小为"3.00"，选择"铅笔工具" ，设置笔触颜色和笔触大小分别为黑色和"3.00"，为小熊绘制手臂部分，效果如图5-32所示。

图5-30 绘制路径

图5-31 绘制身体

图5-32 绘制手臂

（14）选择"填充工具" ，将身体颜色填充为褐色（#8F5444），使用"椭圆工具"，设置笔触颜色为黑色，填充颜色为黄色（#F6C491），为小熊绘制手掌和脚掌部分，并将其调整到合适的位置，效果如图5-33所示。

（15）再次使用"椭圆工具"，按住【Shift】键绘制正圆，然后选择"选择工具"，拖动鼠标调整圆形，效果如图5-34所示。

（16）使用相同的方法，绘制3个正圆，然后对其进行调整，制作成蝴蝶结形状，然后修改填充颜色为蓝色（#42929D），效果如图5-35所示。

图5-33 填充身体颜色　　　图5-34 绘制小熊肚皮　　　图5-35 绘制蝴蝶结

（17）拖动鼠标选择小熊的身体部分和两只手，分别进行组合。选择小熊，将其移动到舞台中下方，在工具箱中选择"钢笔工具" ，设置笔触颜色为青色（#00FF00），然后在草地上拖动鼠标绘制花茎，如图5-36所示。

（18）设置填充颜色为蓝色（#66FFFF），绘制一个花瓣并填充颜色，然后通过复制和旋转得到花朵；再绘制一个圆形图案，填充为黄色（#FFCC33），并将其放在花瓣中间，然后将其组合在一起。

（19）设置笔触颜色为草绿色（#339900），然后绘制一片草叶子，通过复制、粘贴得到多片叶子，再使用"任意变形工具"调整位置，完成后的效果如图5-37所示。

（20）利用【Shift】键选择花朵，按【Ctrl+G】组合键组合，然后复制多个，并调整大小和位置，效果如图5-38所示。

图5-36 绘制花茎　　　图5-37 绘制花朵　　　图5-38 复制花朵

（21）使用"铅笔工具" ，按照前面介绍的方法绘制红色花朵，完成后的效果如图5-39所示。

（22）选择绘制的花朵，复制多个，并调整大小和位置，效果如图5-40所示（最终效果参见：效果文件\第5章\跳舞的小熊.fla）。

图5-39　绘制小红花

图5-40　复制小红花

5.3　制作"舞蹈课件"动画

　　Flash动画型课件的特点就在于能够让枯燥的画面动起来，在幼儿园课件设计中，将
Flash动画引入课件，能提高课件质量，提升幼儿的学习兴趣，活跃课堂氛围。前面学习了
动画对象的绘制，本节将通过制作"舞蹈课件"动画来具体讲解Flash动画的基本知识和在
Flash CS6中制作动画的方法，参考效果如图5-41所示。

图5-41　"舞蹈课件"动画效果

5.3.1　Flash动画的基本知识

　　Flash动画是通过时间轴上对帧的顺序播放，实现各帧中舞台实例的变化而产生动画效
果的，动画的播放快慢是由帧频控制的。而Flash包含的多种类型的动画制作方法，为用户

创作精彩的动画内容提供了多种可能。

1. Flash动画的基本类型

Flash 提供了多种方法创建动画和特殊效果，采用Flash可制作逐帧动画、补间形状动画、传统补间动画、补间动画、遮罩动画和引导动画等。这些动画类型在Flash中经常使用，且操作起来相对简单。各种动画的特点和效果如下。

（1）逐帧动画。逐帧动画通常由多个连续关键帧组成，通过连续表现关键帧中的对象，从而产生动画的效果，如图5-42所示。

（2）补间形状动画。补间形状动画是通过Flash计算两个关键帧中矢量图的形状差异，并在关键帧之间自动添加变化过程的一种动画类型，如图5-43所示。

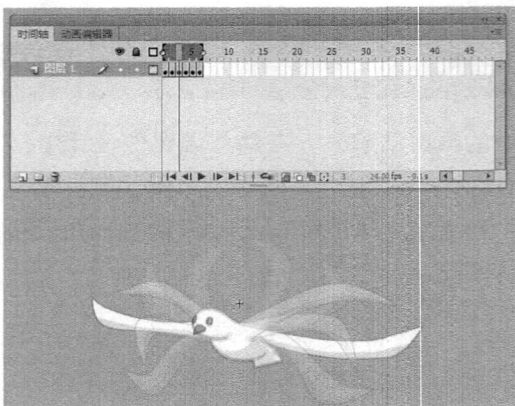

图5-42　逐帧动画

图5-43　补间形状动画

（3）传统补间动画。传统补间动画是根据同一对象在两个关键帧中的位置、大小、Alpha和旋转等属性的变化，由Flash计算自动生成的一种动画类型，其结束帧中的图形与开始帧中的图形密切相关，如图5-44所示。

（4）补间动画。使用补间动画可设置对象的属性，如大小、位置和Alpha等。补间动画在时间轴中显示为连续的帧范围，默认情况下可以作为单个对象进行选择，如图5-45所示。

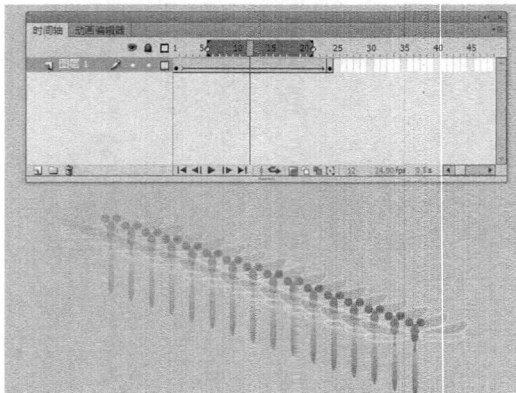

图5-44　传统补间动画

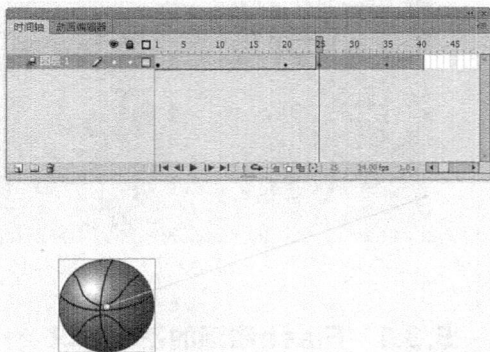

图5-45　补间动画

（5）遮罩动画。遮罩动画由遮罩图层和被遮罩图层组成，缺一不可。遮罩图层位于上方，是用于确定显示区域的图层；被遮罩图层位于遮罩图层下方，是用于放置待显示图像的图层，这两种图层之间不能有其他图层间隔。图5-46所示为使用遮罩动画前的效果和使用遮罩动画后的效果。

图5-46　使用遮罩动画前的效果和使用遮罩动画后的效果

（6）引导动画。引导动画就是运用引导层绘制路径，可以使补间实例、组或文本块沿着这些绘制的路径运动，其与通过绘制运动路径制作补间动画的效果相似。但创建引导图层时，可以将多个层链接到一个运动引导层，使多个对象沿同一条路径运动。链接到运动引导层的常规层就成为引导层，除此之外，引导层上的线条不会在动画播放时出现，所以不需要另外删除。引导动画必须具备两个条件：一是路径；二是在路径上运动的对象。一条路径上可以有多个对象运动，且引导路径都是一些静态线条，在播放动画时路径线条不会显示。

2. 各种动画在时间轴上的指示符

Flash通过在包含内容的每个帧中显示不同的指示符来区分时间轴中各种类型的动画，如图5-47所示。各类型动画的时间轴特征如下。

（1）补间动画。补间动画是一段具有蓝色背景的帧。范围中的第一帧的黑点表示补间范围分配有目标对象，黑色菱形表示最后一个帧和任何其他属性关键帧。

（2）传统补间动画。传统补间动画带有黑色箭头和浅紫色背景，起始关键帧处为黑色圆点。

（3）补间形状动画。补间形状动画带有黑色箭头和淡绿色背景，起始关键帧处为黑色圆点。

（4）不完整动画。不完整动画用虚线表示，是断开或不完整的动画。

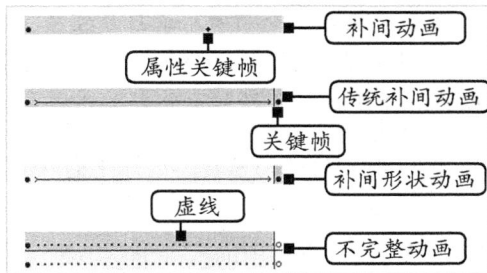

图5-47　各类型动画的时间轴特征

5.3.2　制作补间动画

补间动画是通过为一个帧中的对象属性指定一个值，并为另一个帧中的相同属性指定另一个值所创建的动画。Flash自动计算这两个帧之间的属性值。创建补间动画的对象类型包括影片、图形、按钮元件及文本字段，下面使用补间动画来制作云朵和纸飞机的移动效果。

微课：制作补
间动画

（1）打开"舞蹈课件–好宝宝.fla"动画文档（素材参见：素材文件\第5章\舞蹈课件–好宝宝.fla），选择【文件】/【导入】/【导入到库】命令，选择好文件后单击 打开(O) 按钮，将需要的文件导入库中，如图5-48所示。

（2）在舞台中选择绘制的云朵，在其上单击鼠标右键，在弹出的快捷菜单中选择"转换为元件"命令，打开"转换为元件"对话框，在其中设置名称为"云1"，类型为"影片剪辑"，单击 确定 按钮，如图5-49所示。

图5-48　"导入到库"对话框

图5-49　"转换为元件"对话框

（3）选择背景图层，在"时间轴"的图层中单击"锁定或解除锁定图层"按钮 🔒 ，锁定背景图层，在第360帧处单击定位插入点，然后选择【插入】/【时间轴】/【关键帧】命令，插入关键帧。

（4）选择"白云1"图层，在第360帧处单击定位插入点，然后按【F6】键在此处插入关键帧，然后使用"选择工具"将图像向右边移动。

> **提示**　选择【插入】/【时间轴】命令，在弹出的子菜单中选择"帧"命令，或直接按【F5】键，将插入一个新帧；选择"空白关键帧"命令，或直接按【F7】键将插入一个空白关键帧。另外，在"时间轴"面板上单击鼠标右键，在弹出的快捷菜单中也可选择相应的命令来完成帧的创建。

（5）将鼠标指针移动到第1~360帧中间单击，选择【插入】/【传统补间】命令，为第1~360帧插入传统补间动画，如图5-50所示。

（6）使用相同的方法将"白云2"图层中的云朵形状转换为"云2"影片剪辑元件，将创建的影片剪辑元件向左下方拖动，调整到合适的位置，然后双击该元件，进入元件编辑界

面，在第200帧处按【F6】键插入关键帧，使用"选择工具"将图像向右上方移动，并缩小图形。再将第1~200帧转换为传统补间动画，如图5-51所示。

图5-50 编辑"白云1"图层

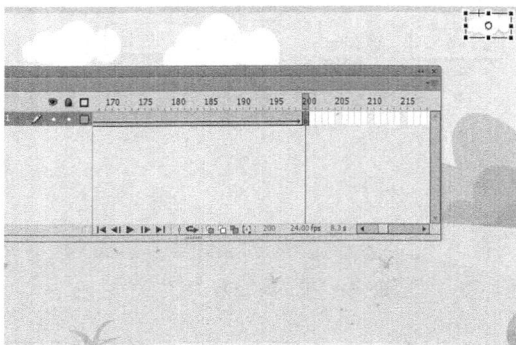

图5-51 为元件创建传统补间动画

（7）单击"场景1"超链接，返回主场景，在"白云2"图层的第360帧处插入关键帧，将元件移动到舞台右边，再将第1~360帧转换为传统补间动画，如图5-52所示。

（8）新建"纸飞机"影片剪辑，在元件编辑窗口中将"飞机.png"图像从"库"面板中移动到舞台中，通过"任意变形工具"缩小纸飞机到合适的大小，如图5-53所示。

图5-52 编辑"白云2"图层

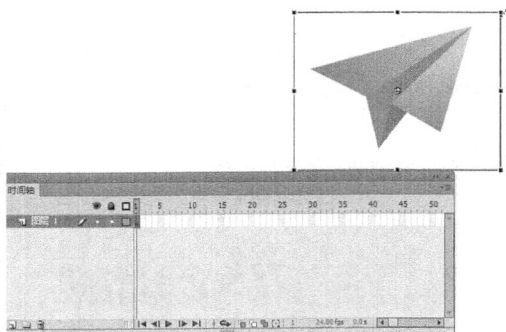

图5-53 编辑"纸飞机"元件

> 因为后面的操作中会将飞机图像制作为补间动画，所以这里需要先将飞机图像制作为元件，否则将不能实现补间动画。
>
> 提示

（9）返回场景1，在"时间轴"面板左下角单击"新建图层"按钮新建"图层1"。选择第150帧，按【F6】键插入关键帧，将"纸飞机"元件移动到舞台的左下角处，旋转元件，打开"变形"面板，设置"飞机"元件的"缩放宽度"和"缩放高度"都为"25.0%"，如图5-54所示。

（10）将鼠标指针定位到时间轴的"图层1"中，单击鼠标右键，在弹出的快捷菜单中选择"创建补间动画"命令，创建补间动画，如图5-55所示。

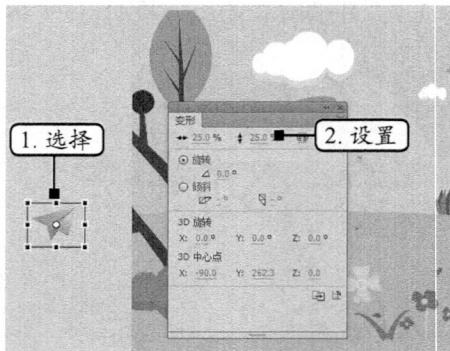

图5-54　变形纸飞机元件

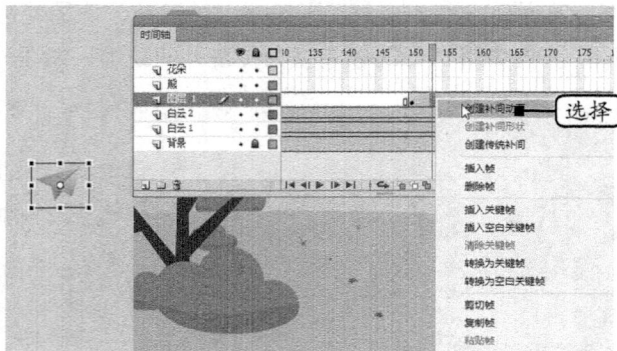

图5-55　创建补间动画

（11）在"时间轴"面板中选择第360帧，使用鼠标将飞机元件向舞台右上角移动，并旋转元件，如图5-56所示。

（12）在"图层1"的第220帧处插入关键帧。使用"部分选择工具"向下拖动节点调整路径位置，然后选择纸飞机的角度，同时再次调整第150帧处纸飞机的旋转角度，使其与编辑后的路径角度一致，效果如图5-57所示。

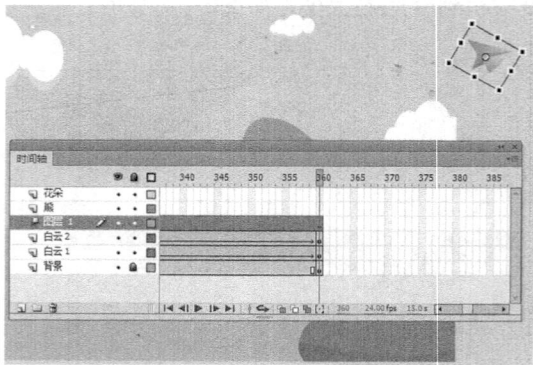

图5-56　旋转元件

图5-57　编辑补间动画

（13）继续在第290帧处插入关键帧，使用相同的方法调整纸飞机的飞行角度，使其与路径一致，如图5-58所示。

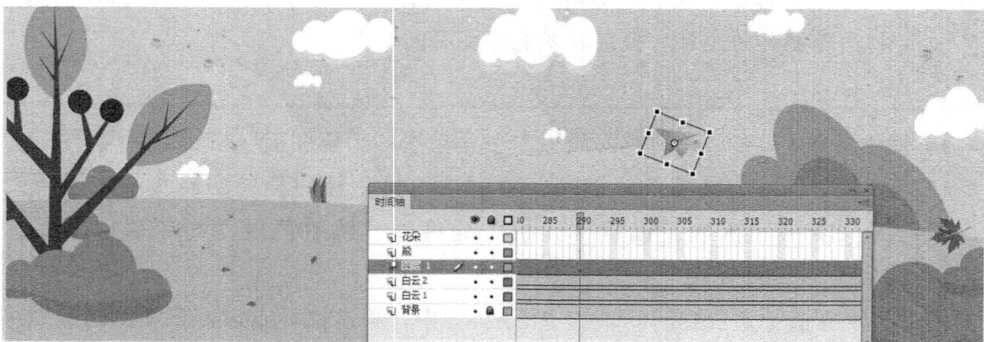

图5-58　调整纸飞机的飞行角度

> 补间动画中的补间范围和属性关键帧，与传统补间和补间形状动画有一定的区别。补间范围是时间轴中的一组帧，其舞台上对象的一个或多个属性可以随着时间而改变，补间范围在时间轴中显示为具有蓝色背景的单个图层中的一组帧。可将这些补间范围作为单个对象进行选择，并从时间轴中的一个位置拖到另一个位置，包括拖到另一个图层，在每个补间范围中，只能对舞台上的一个目标对象进行动画处理。属性关键帧是在补间范围中为补间目标对象显示定义一个或多个属性值的帧，定义的每个属性都有自己的属性关键帧。如果在单个帧中设置了多个属性，则其中每个属性的属性关键帧会驻留在该帧中。用户可以在动画编辑器中查看补间范围的每个属性及其属性关键帧。

5.3.3 创建元件

使用Flash制作动画时，若要重复使用实例，通常需将其制作为元件，以节约制作时间，减小资源占用。下面将为花朵创建元件，其具体操作如下。

微课：创建元件

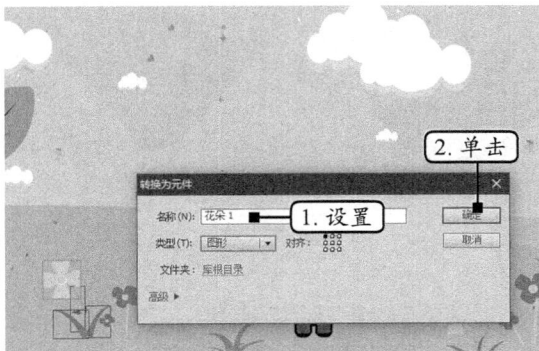

（1）选择"花朵"图层中的花朵，在其上单击鼠标右键，在弹出的快捷菜单中选择"转换为元件"命令，打开"转换为元件"对话框，在其中设置名称和类型分别为"花朵1"和"图形"，完成后单击 确定 按钮，如图5-59所示。

（2）选择场景中的红色花朵，使用相同的方法将其转换为图形元件，其中名称设置为"花朵2"，类型设置为"图形"，完成后单击 确定 按钮，如图5-60所示。

图5-59　创建玫瑰花元件

图5-60　创建其他玫瑰花元件

5.3.4 制作传统补间动画

Flash中的传统补间动画与补间动画类似，但在某种程度上，其创建过程更为复杂，也不那么灵活。在传统补间动画中，用户可以在动画的重要位置定义关键帧，Flash会创建关键帧之间的帧内容，由于Flash文档会保存每一个关键帧中的形状，所以只应在插图中有变化的位置创建关键帧。

微课：制作传统补间动画

（1）选择"花朵"图层的第1帧，在其上单击鼠标右键，在弹出的快捷菜单中选择"清除关键帧"命令，然后选择第100帧，按【F6】键插入关键帧，在"库"面板中将"花朵1"元件拖动到舞台上，调整到合适的位置，如图5-61所示。

（2）选择第360帧，在其中插入关键帧，然后分别在第160帧、220帧、280帧和340帧处插入关键帧。

（3）选择第160帧，选择"任意变形工具"，将元件的中心旋转点移动到下方，然后拖动鼠标向左旋转花朵，效果如图5-62所示。

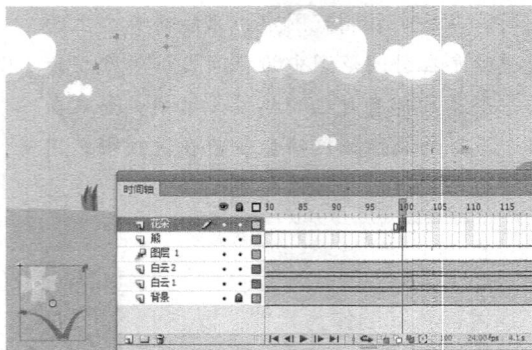

图5-61　创建关键帧

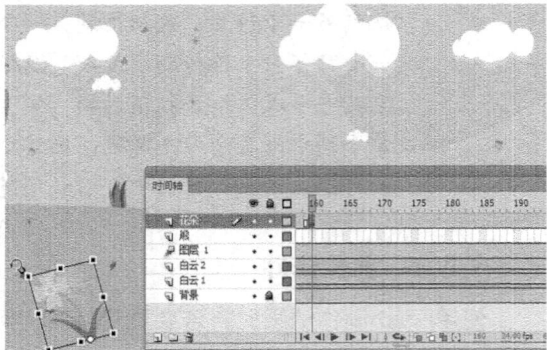

图5-62　编辑第160帧

（4）选择第280帧，使用"任意变形工具"选择元件，将中心旋转点移动到下方，然后拖动鼠标向右旋转花朵，效果如图5-63所示。

（5）分别在第100帧、160帧、220帧、280帧和340帧处单击鼠标右键，在弹出的快捷菜单中选择"创建传统补间"命令，如图5-64所示。

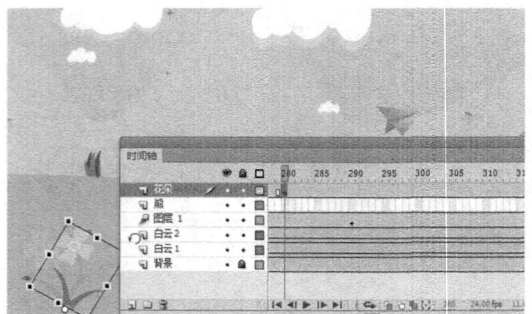

图5-63　编辑第280帧

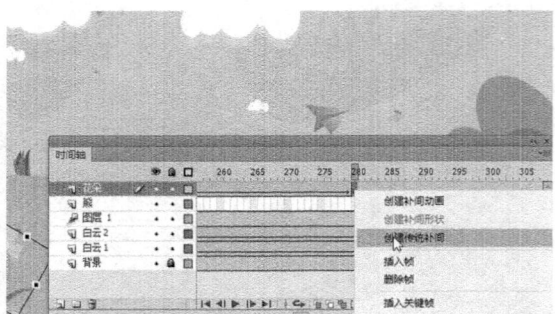

图5-64　创建传统补间

> **提示**　需要注意的是，这里将花朵图像转换为元件是为了便于后面创建传统补间动画，而将中心点移动到下方，则是为了使花朵摆动效果更好。

（6）在"时间轴"面板中新建一个名称为"花"的图层，在舞台中添加多个"花朵1"元件，调整其位置和大小，然后使用相同的方法，为其创建关键帧，并添加传统补间动画，如图5-65所示。

（7）再次使用步骤6的方法创建"花2"图层，然后添加"花朵2"元件，并复制多个，调整其大小和位置，然后为其创建和前面图层相同位置的关键帧和旋转方法，并添加传统补间动画，效果如图5-66所示。

图5-65 编辑"花"图层　　　　　　　　　　图5-66 编辑"花2"图层

5.3.5 制作引导动画

微课：制作引
导动画

引导动画可分为只能作用于单一图层的普通引导动画和可以作用于多个图层的多层引导动画。运用一个引导层同时引导多个被引导层中的对象的动画称为多层引导动画。在制作引导动画时，默认引导层只能引导其下的一个图层中的对象，如果要使引导层能够引导多个图层中的对象，可将图层拖动到引导层的下方或更改图层属性使其能够和引导层之间产生一种链接的关系，从而实现被引导。下面将继续在"舞蹈课件-好宝宝"文档中通过创建引导动画制作蝴蝶飞舞的效果，其具体操作如下。

（1）选择【插入】/【新建元件】命令，在打开的对话框中设置名称和类型分别为"蝴蝶1"和"影片剪辑"，单击 确定 按钮，进入元件编辑窗口。

（2）在库面板中将"蝴蝶1.png"图片拖入舞台，按【Ctrl+B】组合键分离图像，框选左边的翅膀部分，按住【Ctrl】键的同时向空白处拖动复制翅膀，选择"橡皮擦工具" ⊘ 擦除翅膀的多余部分，效果如图5-67所示。

（3）框选处理好的翅膀部分，按住【Alt+Shift】组合键的同时向空白处拖动复制翅膀，选择【修改】/【变形】/【水平翻转】命令，得到右侧的翅膀部分，如图5-68所示。

（4）框选住左边和右边的翅膀部分，按【Ctrl+G】组合键将其组合。按【F8】键打开"转换为元件"对话框，在其中设置名称和类型分别为"红色蝴蝶"和"影片剪辑"，单击 确定 按钮，如图5-69所示。

图5-67 复制一边翅膀　　图5-68 复制另外一边翅膀　　　图5-69 "转换为元件"对话框1

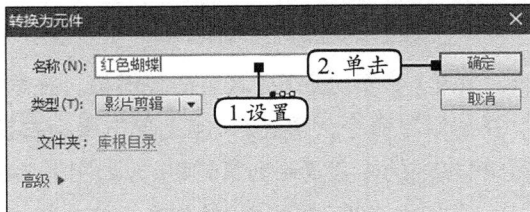

（5）使用相同的方法框选蝴蝶的身体部分，按住【Ctrl】键的同时向空白处拖动复制身体，选择"橡皮擦工具" ✏ 擦除身体的多余部分。框选处理好的身体部分，使用相同的方法将其转换为影片剪辑元件"身体1"，如图5-70所示。

（6）删除导入的png图像和身体1元件，使蝴蝶元件中心点与舞台中心点重合，如图5-71所示。

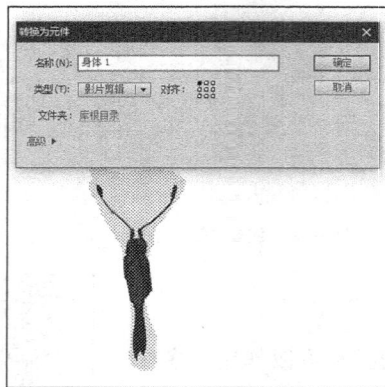

图5-70　"转换为元件"对话框2

图5-71　使元件与舞台中心重合

（7）在第3帧处插入关键帧，在"变形"面板中将"红色蝴蝶"图形的"缩放宽度"设置为"53.0%"，高度保持不变，并使元件中心点与舞台中心点重合，如图5-72所示。

（8）选择第1帧和第2帧单击鼠标右键，在弹出的快捷菜单中选择"创建补间动画"命令，创建第1段动作补间动画，如图5-73所示。

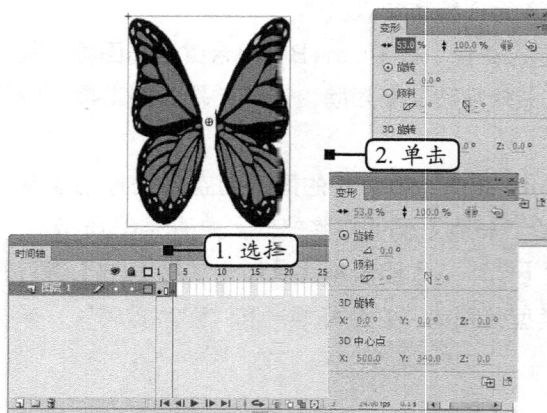

图5-72　缩放元件

图5-73　创建补间动画

（9）在第5帧处插入空白关键帧，在第1帧上单击鼠标右键，在弹出的快捷菜单中选择"复制帧"命令，再在第5帧上单击鼠标右键，在弹出的快捷菜单中选择"粘贴帧"命令，将第1帧中的内容复制到第5帧中，如图5-74所示。

（10）在第7帧和第9帧处插入空白帧，使用相同的方法分别将第3帧中的内容复制到第7帧，第5帧中的内容复制到第9帧，并在第3帧、第5帧和第7帧上创建动作补间动画，效果如图5-75所示。

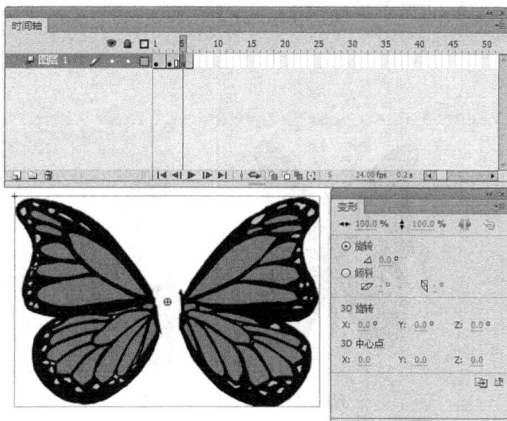

图5-74　复制帧

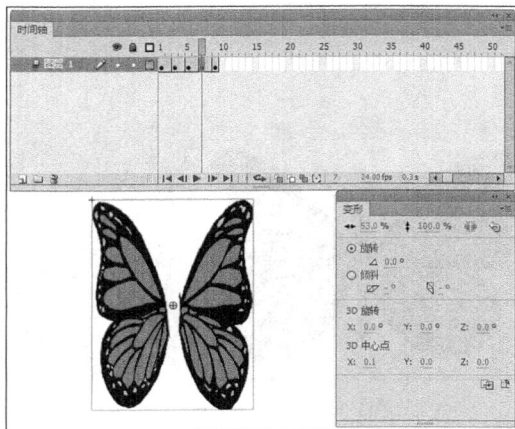

图5-75　创建其他补间动画

（11）新建"图层2"，在第1帧中将"身体1"元件拖入场景中，使元件中心点与舞台中心点重合，如图5-76所示。

（12）在第3帧处插入关键帧，在"变形"面板中将"身体1"元件的"缩放宽度"设置为"47%"，高度保持不变，并使元件中心点与舞台中心点重合，如图5-77所示。

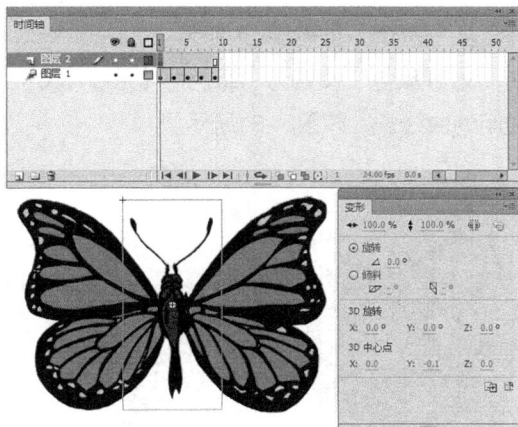

图5-76　添加"身体1"元件

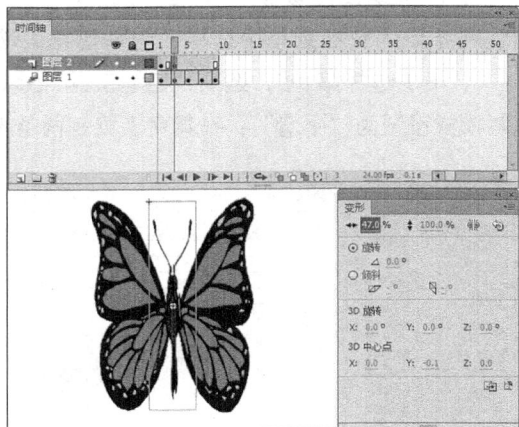

图5-77　缩放身体

（13）在第1帧和第2帧上单击鼠标右键，在弹出的快捷菜单中选择"创建补间动画"命令，创建第1段动作补间动画，如图5-78所示。

（14）在第5帧处插入空白关键帧，在第1帧上单击鼠标右键，在弹出的快捷菜单中选择"复制帧"命令，在第5帧上单击鼠标右键，在弹出的快捷菜单中选择"粘贴帧"命令将第1帧中的内容复制到第5帧中。在第7帧和第9帧处插入空白关键帧，使用相同的方法分别将第3帧中的内容复制到第7帧，再将第5帧中的内容复制到第9帧，并在第3帧、第5帧和第7帧上创建动作补间动画，效果如图5-79所示。

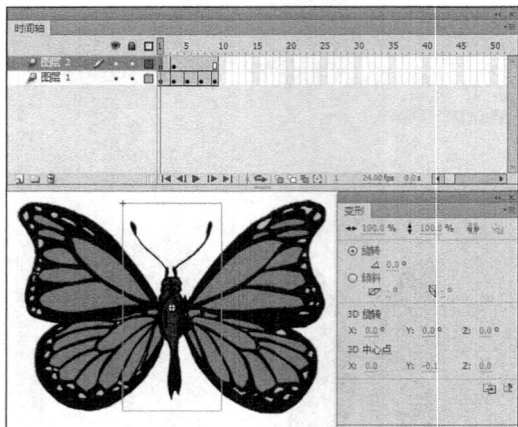

图5-78　添加补间动画

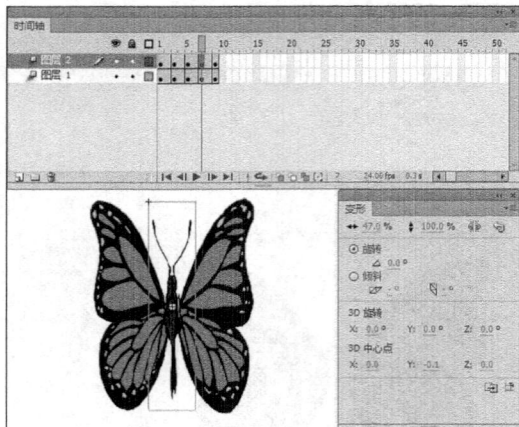

图5-79　设置其他补间动画

（15）返回主场景，选择【插入】/【新建元件】命令，在打开的对话框中设置名称和类型分别为"蝴蝶2"和"影片剪辑"，单击　确定　按钮，进入元件编辑窗口。

（16）将"蝴蝶2.png"图片拖入场景中，按两次【Ctrl+B】组合键将图片分离。按之前的方法，创建"绿色蝴蝶"和"身体2"图形元件，再按之前的方法制作"蝴蝶2"影片剪辑元件。

（17）返回主场景，新建"图层3""图层4"，选择"图层4"，在其上单击鼠标右键，在弹出的快捷菜单中选择"添加传统运动引导层"命令，如图5-80所示。

（18）选择第1帧，选择"铅笔工具"　，将"笔触颜色"设置为"绿色"（#00FF00），笔触模式设置为"平滑"，在舞台上绘制两条未封闭的曲线条，如图5-81所示。

图5-80　选择"添加传统运动引导层"命令

图5-81　绘制引导路径

（19）将"图层3"拖入引导图层中，将其转换为引导图层，效果如图5-82所示。

（20）选中"图层3"的第150帧，插入一个关键帧将"蝴蝶1"元件拖入舞台中。在"变形"面板中，设置"缩放宽度"和"缩放高度"均为"10.0%"，移动元件使其中心点与曲线的起始点重合，并旋转方向，使其与路径一致，如图5-83所示。

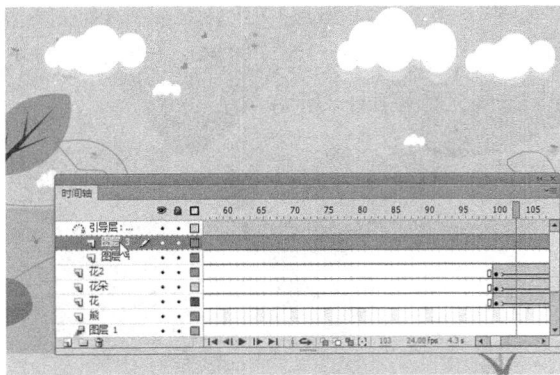

图5-82 转换图层3

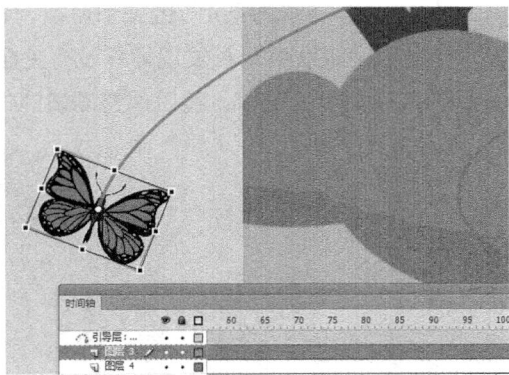

图5-83 编辑"蝴蝶1"元件

（21）选中"图层3"的第360帧，插入一个关键帧，然后将"蝴蝶1"元件拖到曲线的末尾处，并对其角度进行调整，使元件的中心点吸附到曲线上。选择第150～360帧为其创建传统补间动画，效果如图5-84所示。

（22）选择第150帧，在"属性"面板中，单击选中"调整到路径"复选框。

（23）选择"图层4"的第150帧，插入一个关键帧，然后将"蝴蝶2"元件拖入场景中，在"变形"面板中设置"缩放宽度"和"缩放高度"均为"15.0%"，使其中心点和外面的曲线起始点重合，如图5-85所示。

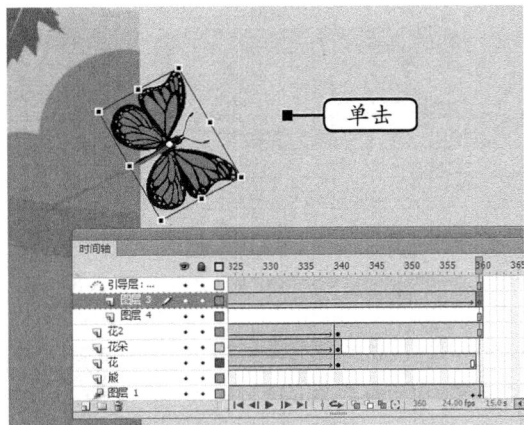

图5-84 编辑"图层3"的第360帧

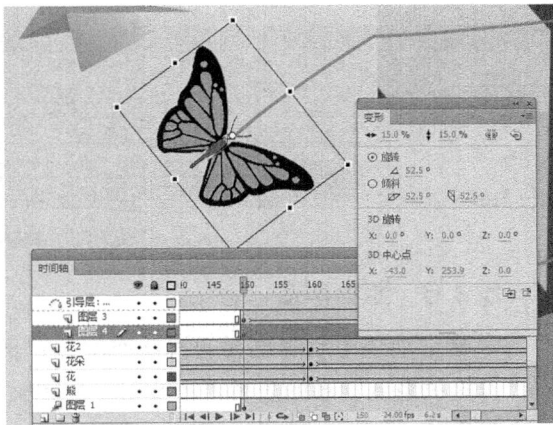

图5-85 调整"蝴蝶2"的飞行路径

> **提示** 若想要蝴蝶飞舞得更自然，可在"图层3""图层4"中多次插入关键帧并根据引导线的路径走向对"蝴蝶1""蝴蝶2"的角度进行调整。

（24）选中"图层4"的第360帧，插入一个关键帧将"蝴蝶2"元件拖到曲线的末尾处，并对其角度进行适当调整，使元件的中心点吸附到曲线上。在"图层4"的第150帧上创建传统补间动画，如图5-86所示。

（25）选择"图层4"的第150帧，在"属性"面板中单击选中"调整到路径"复选框，拖动时间线观察动画发现蝴蝶没有完全跟随路径运动，因此，在"图层4"的第160帧处按【F6】键插入关键帧，然后调整蝴蝶的位置和方向，如图5-87所示。

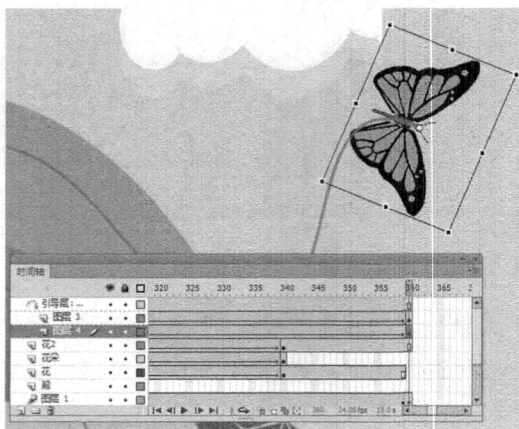

图5-86　完成补间动画的创建

图5-87　插入关键帧调整补间动画

（26）使用相同的方法在"图层3"和"图层4"的相应位置插入关键帧，然后调整蝴蝶的位置和方向，如图5-88所示。

（27）选择引导层，在第360帧处创建一个关键帧，然后按【Ctrl+S】组合键保存文件即可。

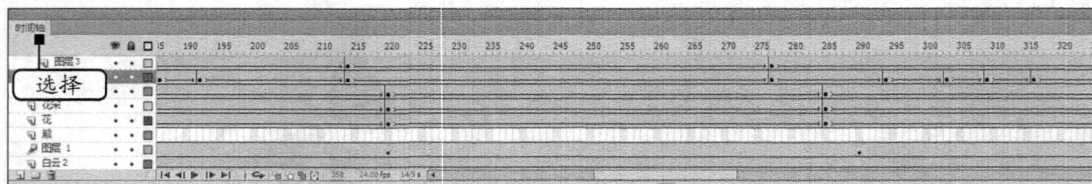

图5-88　完成补间动画的创建

5.3.6　添加声音

声音在动画中起着重要的衬托作用，它是Flash动画的重要组成部分之一，直接关系到动画的表现力和效果。再完美的动画如果没有声音的配合，也会显得苍白无力。同样地，声音的添加也让一些特殊的动画效果变得更加巧妙。Flash在声音的控制上越来越强大，不仅可以和动画同时播放，还可以在时间轴上连续播放，让动画变得更加完美。下面将在"舞蹈课件-好宝宝"文档中添加声音，其具体操作如下。

微课：添加
声音

（1）新建图层并将其重命名为"声音"。选择"声音"图层，从"库"面板中将"背景音乐.mp3"音频拖动到舞台中，如图5-89所示。

（2）选择"声音"图层的第1帧，在"属性"面板中，单击✎按钮打开"编辑封套"对话框，在音频波段处单击添加几个封套手柄，分别调整手柄的位置，单击 确定 按钮，如图5-90所示（最终效果参见：效果文件\第5章\舞蹈课件-好宝宝.fla）。

单击"编辑封套"对话框下方的▶按钮可试听编辑效果，单击■按钮可
终止试听效果。在对话框中标尺以上为左声道，标尺以下为右声道，用户可
分别设置不同的音量。

图5-89 添加声音

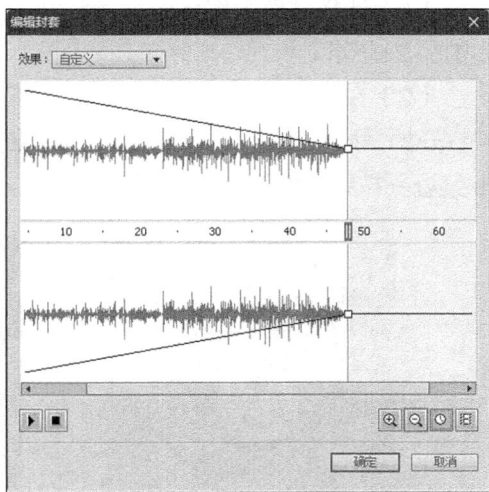

图5-90 编辑声音

5.3.7 认识骨骼动画

骨骼动画也叫反向运动，是使用骨骼关节结构对一个对象或彼此相关的一组对象进行
动画处理的方法。使用骨骼后，元件实例和形状对象可以按复杂而自然的方式移动，即只需
做很少的设计工作。通常使用反向运动进行动画处理时，只需指定对象的开始位置和结束位
置。而通过反向运动可以更加轻松地创建人物动画，如胳膊、腿和面部表情。

在Flash中也可以向单独的元件实例或单个形状的内部添加骨骼。在一个骨骼移动时，
与启动运动的骨骼相关的其他连接骨骼也会移动。通过反向运动，可以使制作的动画运动更
加自然。

骨骼链称为骨架。在父子层次结构中，骨架中的骨骼彼此相连。骨架可以是线性的或分
支的，其中源于同一骨骼的骨架分支称为同级；骨骼之间的连接点称为关节。

在Flash中可以按两种方式创建骨骼动画，其方法如下。

（1）第一种方式。向形状对象的内部添加骨架，可以在合并绘制模式或对象绘制模式
中创建形状。通过骨骼，可以移动形状的各个部分并对其进行动画处理，而无须绘制形状的
不同版本或创建补间形状。例如，为简单的蛇图形添加骨骼，使蛇逼真地移动和弯曲。

（2）第二种方式。通过添加将每个实例与其他实例连接在一起的骨骼，用关节连接一
系列的元件实例。骨骼允许元件实例连接在一起移动。例如，有一组影片剪辑，其中的每个
影片剪辑都表示人体的不同部分，若将躯干、上臂、下臂和手连接在一起，就可以创建移动
非常逼真的胳膊。

5.3.8 制作骨骼动画

在向形状或元件添加骨骼时，Flash会将形状或元件及关联的骨架移动
到时间轴中的新图层，该新图层称为姿势图层。每个姿势图层只能包含一个
骨架及其关联的实例或形状，其具体操作如下。

微课：制作骨
骼动画

（1）选择"熊"图层的第1帧，按【Ctrl+Shift+G】组合键取消组合，
如图5-91所示。

（2）在"熊"形状上单击鼠标右键，在弹出的快捷菜单中选择"转换为元件"命令，
在打开的"转换为元件"对话框中设置名称和类型分别为"角色动作"和"影片剪辑"，单
击 确定 按钮，如图5-92所示。

图5-91 取消图形组合

图5-92 "转换为元件"对话框

（3）选择"身体"形状，按【F8】键。打开"转换为元件"对话框，在其中设置名称
和类型分别为"身体"和"图形"，如图5-93所示。

（4）单击 确定 按钮。使用相同的方法，将熊的头部、左手、右手、身体部分创建为
相应的图形元件。

（5）选择所有的元件，再选择"骨骼工具" 。在熊的头部拖动鼠标指针到左手处释
放鼠标，绘制骨骼，如图5-94所示。

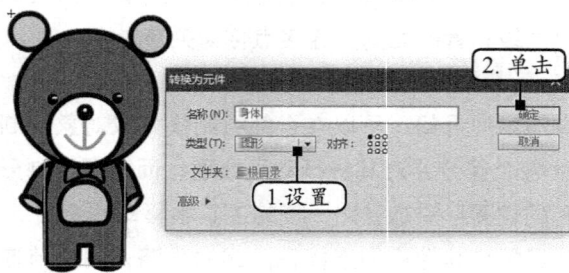

图5-93 将"身体"转换为元件

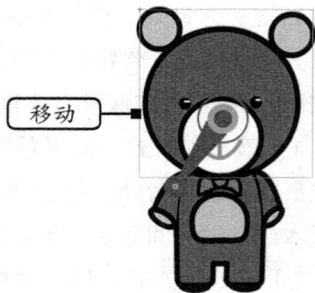

图5-94 绘制骨骼

（6）使用相同的方法继续添加从头部到身体和右手的骨骼，完成后的效果如图5-95
所示。

（7）选择第30帧，按【F6】键插入关键帧，然后拖动鼠标调整熊的姿势，如图5-96所示。

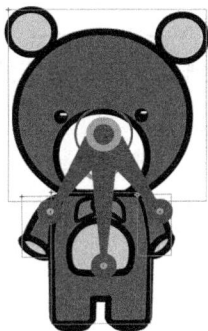

图5-95 继续绘制骨骼

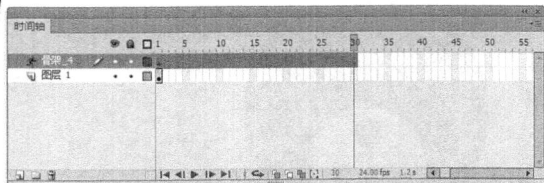

图5-96 插入姿势

（8）使用"选择工具" 调整骨架位置，在第60帧处插入姿势，并调整其位置，如图5-97所示。

（9）选择连着左手的骨骼，打开"属性"面板，在"联接：X平移"栏中单击选中"启用"和"约束"复选框，设置"最小""最大"分别为"-40.0""39.0"；在"联接：Y平移"栏中单击选中"启用"和"约束"复选框，设置"最小""最大"分别为"-13.0""53.0"，如图5-98所示。

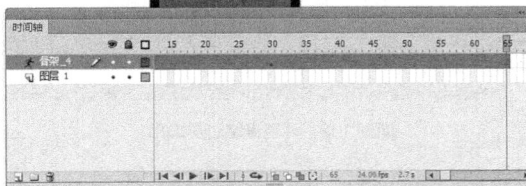

图5-97 调整骨骼动作

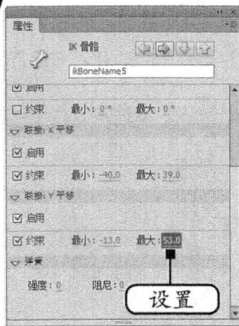

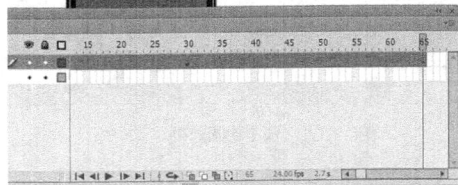

图5-98 为骨骼设置约束

（10）选择骨骼图层，打开"属性"面板，在其中设置类型为"简单（慢）"，如图5-99所示。

> **提示**　设置缓动类型是为了让动画运动过程更加细腻、逼真，在制作这类动画时，可对每个姿势帧设置不同的缓动类型，以有效提高动画的逼真度。

（11）返回主场景，在第360帧处插入关键帧，将"熊"图层移动到"声音"图层的下方。在"时间轴"面板中将帧速率设置为"36"，如图5-100所示。

图5-99　设置缓动类型

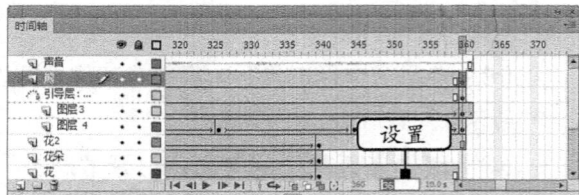

图5-100　设置帧速率

（12）按【Ctrl+S】组合键保存动画文档，按【Ctrl+Enter】组合键可以测试动画。发现动画中小熊的动作过于缓慢，不易发现有变化，如图5-101所示。

（13）关闭测试对话框，双击"角色动作"元件，进入元件编辑窗口。在时间轴上，用鼠标将第60帧向第24帧拖动，效果如图5-102所示（最终效果参见：效果文件\第5章\舞蹈课件–好宝宝.fla、舞蹈课件–好宝宝.swf），完成后按【Ctrl+S】组合键保存动画文档即可。

图5-101　预览动画效果

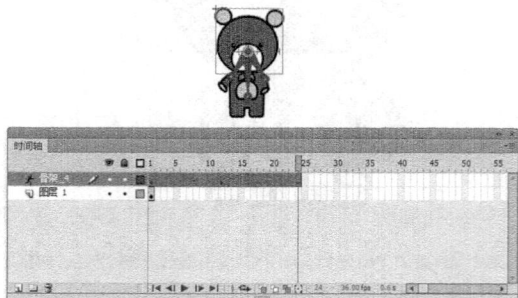

图5-102　调整骨骼动画长度

5.4　练习

本章主要介绍了使用Flash制作动画课件的相关知识，在幼儿园教学过程中，掌握好Flash动画制作可以为多媒体课件设计与制作带来事半功倍的效果。

1. 制作"童年MV"动画

本练习将制作一个"童年MV"动画。首先要创建文档，然后导入素材（素材参见：素材文件\第5章\童年MV），创建引导层动画，再使用"文字工具"添加歌词，然后创建补间动画，完成后的参考效果如图5-103所示（最终效果参见：效果文件\第5章\童年MV.fla、童年MV.swf）。

图5-103 "童年MV"动画

2. 制作"龟兔赛跑"动画

本练习将制作"龟兔赛跑"动画。首先启动Flash，使用绘图工具绘制乌龟和兔子的各种形象，然后通过绘图工具对短片中需要使用到的3个场景进行绘制。绘制完成后，在场景中加入乌龟和兔子的卡通形象，并制作补间动画，完成后的最终效果如图5-104所示（最终效果参见：效果文件\第5章\龟兔赛跑.fla、龟兔赛跑.swf）。

图5-104 "龟兔赛跑"动画

5.5 拓展知识

ActionScript是一种脚本语言，它不仅可以用来制作交互动画，而且可以用来制作许多特效动画。正是由于拥有ActionScript脚本语言，Flash才有别于其他动画软件，从众多动画软件中脱颖而出，获得众多动画制作者，甚至程序员的青睐。

ActionScript 3.0是ActionScript脚本语言中最新的一个版本，也是目前Flash动画中较常使用的脚本语言。使用它运行编译代码能实现非常快的速度，得到更加流畅的画面和更加迅速的动画响应。ActionScript 3.0并不能单纯认为是ActionScript 2.0的升级版本，因为二者的理念并不相同，ActionScript 3.0是完全面向对象的脚本语言，而ActionScript 2.0则是部分面向对象的脚本语言。下面将介绍ActionScript中"动作"面板、"代码片段"面板及对象和鼠标事件的相关知识。

1. 认识"动作"面板

编辑ActionScript脚本语言的主要操作基本都是在"动作"面板中进行的，所以在学习ActionScript语言前需先认识其编辑的场所。选择【窗口】/【动作】命令或按【F9】键，打开图5-105所示的"动作"面板，通过"动作"面板可以对ActionScript语句进行编写。

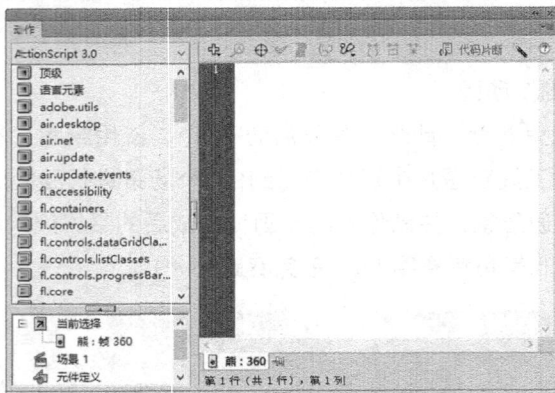

图5-105 "动作"面板

（1）动作工具箱。动作工具箱用于存放ActionScript可用的所有元素分类。单击动作工具箱中的类、方式、属性等，可轻松地将其加入程序段中，这是编程新手经常使用的编辑方法。此外，单击 按钮，将打开隐藏的类、方式、属性集合。

（2）脚本编辑窗口。脚本编辑窗口用于存放已编辑好的ActionScript语句。若需添加或修改ActionScript语句，只需选中帧后，打开"动作"面板，在脚本编辑窗口中输入或修改ActionScript语句即可。

（3）"添加"按钮 。"添加"按钮 用于添加脚本。单击该按钮，在打开的下拉列表中可将选择的新属性、事件、方法添加到语句中。

（4）"查找"按钮 。单击该按钮，在打开的"查找和替换"对话框中可以设置需要查找和替换的函数、变量等。

（5）"插入"按钮 。单击该按钮，在打开的"插入目标路径"对话框中可以设置调用的影片剪辑或其变量。

（6）"语法检查"按钮 。单击该按钮，可检查输入的表达式是否有问题。检测出的结果会显示在"编译器错误"面板中。

（7）"自动套用格式"按钮▤。单击该按钮，可以对程序代码段格式进行规范，规范程序代码段可以使输入的程序段更易阅读。

（8）"显示代码提示"按钮▣。选择函数时单击该按钮，将显示对代码的提示信息，这在阅读代码时常会使用到。

（9）"调试"按钮▨。单击该按钮，可插入或改变断点。

（10）"折叠"按钮▤。单击该按钮，可将程序代码段中大括号中的所有内容折叠起来。

（11）"折叠所选"按钮▤。单击该按钮，可将所选的程序代码段折叠起来，这样能更有针对性地对代码进行编辑。

（12）"展开"按钮▤。单击该按钮，可将折叠的程序段展开。

（13）"应用块注释"按钮▣。单击该按钮，可注释多行代码，添加注释以便于学习、维护程序代码。

（14）"应用行注释"按钮▣。单击该按钮，可注释单行代码。

（15）"删除注释"按钮▣。单击该按钮，可删除程序段中的注释。

（16）"显示/隐藏工具箱"按钮▣。单击该按钮，可显示或隐藏动作工具箱。

（17）"代码片段"按钮▣。单击该按钮，将打开"代码片段"面板，在其中可以添加Flash中已集成的代码片段。

（18）"脚本助手"按钮▤。单击该按钮，可启用脚本助手功能，帮助初学者编辑程序代码。

（19）脚本导航器。脚本导航器用于标注显示当前Flash动画中哪些动画帧添加了Action-Script脚本。通过脚本导航器可以方便地在动画中添加了ActionScript脚本的动画帧之间切换，这在调试脚本时经常使用。

2．"代码片段"面板的使用

为了更快地帮助初学者通过ActionScript脚本制作出需要的简单动画效果，Flash添加了"代码片段"面板，在该面板中集成了很多常用的代码片段。用户只需稍微对ActionScript脚本的语法有所了解，就能快速地使用"代码片段"面板制作出各种动画效果。此外，使用"代码片段"面板输入的脚本下方都有注释语句，用户可以观察代码片段，进一步地了解ActionScript脚本的语法规则。

3．认识对象

ActionScript是一种面向对象的编程语言。组织程序中脚本的方法只有一种，即使用对象。假如定义了一个影片剪辑元件，并已在舞台上放置了该元件，那么从严格意义上来说，该影片剪辑元件也是ActionScript中的一个对象。任何对象都包含了3种类型的特性：属性、方法和事件。这3种特性的含义如下。

（1）属性。属性表示某个对象中绑定在一起的若干数据块中的一个，用户可以像使用各种变量那样使用属性。例如，song对象可以包含名为artist和title的属性；MovieClip类具有rotation、x、width、height和alpha等属性。

（2）方法。方法是指对象中可执行的动作。例如，影片剪辑可以播放、停止或根据命令将播放头移动到特定帧。

（3）事件。事件是指确定计算机执行哪些指令及何时执行的机制。本质上，事件就是所发生的、ActionScript能够识别并能响应的事情。许多事件与用户交互相关联，如用户单击某个按钮或按键盘上的某个键，或者使用ActionScript加载外部图像，有一个事件可以让用户知道图像何时加载完毕等。当ActionScript程序运行时，从概念上讲，它只是在等待某些事情的发生。发生这些事情时，为这些事件指定的特定ActionScript代码将运行。

4. 鼠标事件

用户可以使用鼠标事件来控制影片的播放，停止及x、y、alpha和visible属性等。在ActionScript中通常用MouseEvent表示鼠标事件，而常用的鼠标事件包括鼠标单击、鼠标跟随、鼠标经过和鼠标拖曳等。下面分别进行介绍。

（1）鼠标单击。常使用单击按钮来控制影片的播放与属性等操作，鼠标单击通常用CLICK表示。图5-106所示为通过单击按钮btnmc来响应影片mc的属性。

（2）鼠标跟随。可通过将实例x、y属性与鼠标坐标绑定来实现让文字或图形实例跟随鼠标移动的操作。图5-107所示为定义函数 txt，值为一串文字，然后让其跟随鼠标。

```
1  import flash.events.MouseEvent;
2  mc.stop();
3
4  function mcx(event:MouseEvent):void
5  {
6      mc.visible = true;
7      mc.play();
8  }
9  btnmc.addEventListener(MouseEvent.CLICK,mcx);
```

```
1   var arr=new Array();
2   var txt = "WLCOME";
3   var len = txt.length;
4   for (var j=0; j<len; j++)
5   {
6       var mc=new txtmc();
7       arr[j] = addChild(mc);
8       arr[j].txt.text = txt.substr(j,1);
9       arr[j].x = 0;
10      arr[j].y = 0;
11  }
12  addEventListener(Event.ENTER_FRAME, run);
13  function run(evt)
14  {
15      for (var j=0; j<len; j++)
16      {
17          arr[j].x=arr[i]+(mouseX-arr[j].x)/(1+j)+10;
18          arr[j].y=arr[i]+(mouseY-arr[j].y)/(1+j);
19      }
```

图5-106　鼠标单击　　　　　　　　　　图5-107　鼠标跟随

（3）鼠标经过。常使用鼠标经过来制作一些特效动画，用 MOUSE_MOVE表示鼠标经过。图5-108所示的语句用于鼠标经过时添加并显示实例paopao。

（4）鼠标拖曳。可以使用鼠标来拖曳实例对象，startDrag表示开始拖曳，stopDrag表示停止拖曳。图5-109所示为对实例对象 ball 进行拖曳。

```
1   var i = 0;
2   var k = 0;
3   var del = false;
4   var pao:Array=new Array();
5   //定义pao为数组对象
6   function run(evt)
7   {
8       K++;
9       if (k == 10)
10      {
11          var pp=new paopao();
12          pao[i] = addChild(pp);   //添加并显示实例
13          pao[i].x = mouseX;
14          pao[i].y = mouseY;
15          i++;
16          if (i == 10)
17          {
18              i = 0;
19              del = true;
20          }
21          k = 0;
22      }
23  }
24  addEventListener(MouseEvent.MOUSE_MOVE, run);
```

```
1   ball.addEventListener(MouseEvent.MOUSE_DOWN, run);
2   function run(evt)
3   {
4       ball.startDrag();
5   }
6   ball.addEventListener(MouseEvent.MOUSE_UP, run);
7   function run(evt)
8   {
9       ball.stopDrag();
10  }
```

图5-108　鼠标经过　　　　　　　　　　图5-109　鼠标拖曳

第6章
微课型课件制作

随着教育教学方式的不断更新发展，微课作为一种新型的教学模式和更高效的教学手段，为课堂教学带来新的变化。本章主要介绍微课型课件制作的常用方法和技巧。通过学习，幼儿园教师能够轻松地根据教学要求，制作出符合教学需要的微课型课件。

课堂学习目标

● 微课概述

● 制作"父亲节卡片"微课

6.1　微课概述

微课以视频为主要载体，主要用于记录教师围绕某一知识点或某个教学环节而开展的教学活动过程。在制作微课型课件前，幼儿园教师需要先了解微课的基础知识。

6.1.1　微课的概念

微课具有教学时间短、内容精、资源容量小等特点。一般微课的时长在5～10分钟，用于将教学内容中的重点、难点和疑点等以视频的方式展现出来。它的设计与制作都是从学生的角度出发，充分体现出以学生为主体的教学原理。

1. 微课的特点

微课所讲授的内容具有点状化、碎片化的特点，它是课堂教学的有效补充形式，不仅适合于移动学习时代知识的传播，也能满足学生个性化深度学习的需要。在幼儿园教学课件方面，微课主要用于课堂教学或课后辅助。微课通常是给特定人群传递特定知识和内容，因此，一节微课自身需要系统性，而一组微课所表达的知识点则需要具备全面性。综上所述，微课具有以下特征。

（1）授课人讲授性。讲课的教师可以在视频中出镜，也可以只提供声音。

（2）流媒体播放性。微课能够使用视频、动画等格式基于网络流媒体播放。

（3）教学时间较短。微课时长一般以5～10分钟为最佳，且最短不应少于1分钟，最长不应超过20分钟。

（4）教学内容较少。微课所授知识只重点讲解某个学科的知识点或技能点。

（5）资源容量较小。微课可以在移动设备上进行学习。

（6）精致教学设计。微课具有完全的、精心的信息化教学设计。

（7）经典示范案例。微课具有真实的、具体的、典型案例化的教学情景。

（8）自主学习为主。微课是供学生自主学习的课程，更是一对一的学习。

（9）制作简单实用。微课的制作途径和制作设备多种多样，以实用为宗旨。

（10）配套相关资料。微课通常会配套相关的练习、资源及评价方法。

2. 微课的构成

微课是以教学目标为依据，围绕单一的、严格定义的知识点展开的课程资源，主要包括微课视频、进阶练习和学习任务单3个相互配套的组成部分。下面分别进行介绍。

（1）微课视频。微果视频通常用于解释知识点中的重要概念和内容、演示操作的方法和知识应用的相关知识等。

（2）进阶练习。进阶练习与微课视频配套，通常采用在线测试的方法，检查学生对微课视频中教学内容的掌握程度，是一种基于课程标准的查漏补缺的学习过程。

（3）学习任务单。学习任务单强调任务驱动和问题导向，通过学习任务去引导学生思考问题，让学生在解决问题的过程中实现学习目的。

3．微课的分类

微课由于制作方法和制作设备多种多样，所以有多种不同的分类方法，主要有以下3种。

（1）按教学方法分类。按照教学方法的不同，可将微课分为讲授类、讨论类、启发类、演示类、练习类、实验类、表演类、自主学习类、合作学习类和探究学习类等，如图6-1所示。

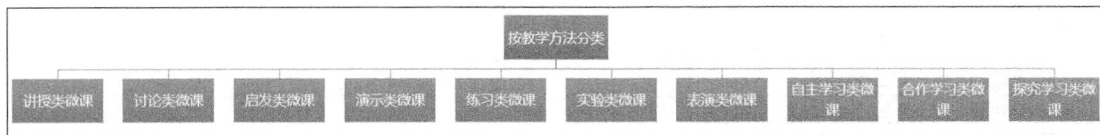

图6-1　按教学方法分类

（2）按教学环节分类。按照教学环节的不同，可将微课分为课前复习类、新课导入类、知识理解类、巩固练习类和知识拓展类等，如图6-2所示。

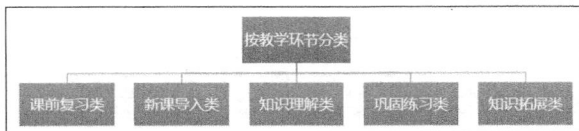

图6-2　按教学环节分类

（3）按制作手段分类。按照制作手段的不同，可将微课分为PPT类、录屏类、拍摄类、交互类等，如图6-3所示。

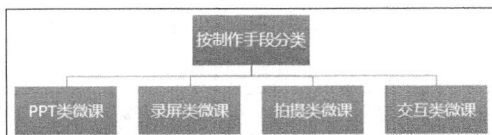

图6-3　按制作手段分类

6.1.2　微课的制作流程

在制作微课前，幼儿园教师需要先做好准备工作，即了解微课的制作流程。一节完整的微课的制作应该包括微课选题、脚本设计、素材准备、微课制作和后期处理等环节，如图6-4所示。下面以制作《我长大了》微课为例简单梳理微课的制作流程。

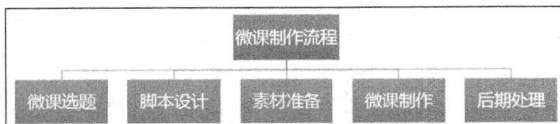

图6-4　微课制作流程

1．精选微课主题

在幼儿园健康课中选择《我长大了》作为一个知识点设计一节微课，让幼儿在5分钟内反复观看、清晰识别、深入理解、举一反三，从而突破课本教学中的难点和重点，具体如表6-1所示。

表6-1　　　　　　　　　　　　　　　　　微课选题

准备项目	内容
选题目的	口齿清楚地朗诵儿歌，增强自我意识，体验成长的快乐，激发幼儿发现美、思考美的思维方式
内容来源	幼儿园小班健康课之一《我长大了》
适用对象	幼儿园健康课小班教学
教学目标	阅读儿歌能使幼儿增加文字阅读能力，通过观看视频学习儿歌能让幼儿体验到成长的乐趣
教学用途	课中讲解、课中游戏、课后思考、其他
知识类型	实验操作型
制作方式	拍摄、演示文稿、动画
预计时间	5分钟

2．设计教学脚本

选择好微课主题后，就可以根据教学内容，对微课的结构和教学环节进行设计。设计教学脚本有利于梳理教学思路，为微课制作提供依据。教学脚本的设计具体如表6-2所示。

表6-2　　　　　　　　　　　　　　　　设计微课教学脚本

微课结构	教学环节	脚本内容与设计思路
一、片头 （5～10秒）	呈现微课的基本信息	显示微课主题，教师提供舒缓的背景音乐，营造轻松愉快的学习气氛
二、导入 （10～20秒）	揭题设问题，兴趣导入	这里有一个讲述长大了的故事，下面我们来学习一下长大了通常表现在哪些方面（设计媒体情境，引入对应图片）
三、正文讲解	围绕目标逐步引导，提出问题引发思考	利用多媒体放映故事，主要有声音朗诵、文字显示、相关图片呈现
		教师介绍长大了的特征，存在哪些变化
		教学生学习故事中的生字
四、小结	扩展练习，教学回顾，引发思考	练习：阅读故事、每名幼儿讲解一项长大了的变化
		思考：发散幼儿思考，长大后要干什么
五、练习	课后知识点巩固练习	练习故事中出现的生字，并能够口齿清晰地朗读出来

3．准备微课素材

脚本旁白、图片、视频、音乐和音效等都是微课的重要组成要素，如图6-5所示。教学脚本设计完成后，确定了所需的媒体文件，就要开始准备制作需要的文字、图片、声音、动画、视频等内容了。

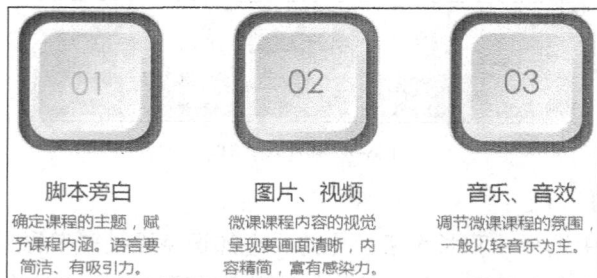

01	02	03
脚本旁白	图片、视频	音乐、音效
确定课程的主题，赋予课程内涵。语言要简洁、有吸引力。	微课课程内容的视觉呈现要画面清晰，内容精简，富有感染力。	调节微课课程的氛围一般以轻音乐为主。

图6-5　微课的主要构成要素

（1）文字准备。微课讲解中需要的文字可以在文字处理软件中输入与编辑，如Word、WPS Office等，这些文字处理软件通常可以设置字体、字号和颜色等。大部分的多媒体课件制作软件也都支持文字的录入与编辑。

（2）图片准备。幼儿园教师可直接在网络中搜索下载微课中需要使用的图片，也可以使用数码相机拍摄。获取的图片通常还需要通过图像处理软件，如Photoshop、美图秀秀、光影魔术手等进行构图裁剪、大小调整、亮度调节与对比度调整等。

（3）声音准备。微课中使用的声音素材同样可以直接从网上搜索下载，或使用计算机话筒录制声音，但最后还需要通过音频处理软件（如Audition、Gold Wave、MP3等）来剪切长度、去除噪声、添加合成等。

（4）动画准备。微课中使用到的动画素材也可从网上搜索下载，还可以使用专门的动画制作软件，如Flash等自行制作动画。初学者也可以将下载的素材动画进行第二次加工，修改出个性化的、更加符合教学要求的动画。

（5）视频准备。微课中要使用的视频素材可以从网上搜索下载，还可以使用数码相机拍摄，但通常都需要在视频处理软件（如会声会影等）中进行剪切和编辑操作后才能在课件中使用。

4．制作微课视频

根据微课视频制作手段和技术的不同，通常可将微课分为拍摄型微课、录屏型微课、交互型微课和混合型微课4种，制作方式各有千秋。例如，录屏型微课在完成添加音频和摄像头、设置屏幕像素、设计灯光、调试环境、熟悉演讲、理清思路等准备工作后，幼儿园教师只需要按下"录制"键，借助屏幕录制软件，即可完成微课视频的自动录制。

5．完善后期制作

完善后期制作主要是对已经录制好的视频进行编辑、美化和保存，包括把视频片头和片尾的空白部分剪除，为视频的片头和片尾添加背景音乐等。

仔细检查浏览微课后，对不满意的细节部分，如间隔时间太长、时间太短、标题不合理、镜头变化不自然等都可以进行修改。

6.1.3　微课的制作方式

前面介绍了微课的制作工具多种多样，根据制作工具的不同，常见的微课制作方式大体可被划分为软件屏幕录制、数码设备拍摄制作和其他类型的微课制作等。这些制作方式虽不同，但最终输出的文件格式都需要适合网络视频的播放。

1．软件屏幕录制制作方式

以录屏为主的微课制作一般由授课人独立完成。常用的录屏型微课制作软件如图6-6所示。其中，Camtasia Studio屏幕录制软件不仅可以录制视频，还可以进行微课后期的编辑，如添加片头和字幕、视频剪辑、添加视频特效、添加配音、消除噪声等。

2．数码设备拍摄制作方式

以拍摄为主的微课制作主要是借助数码摄像机、数码相机、摄像头及智能平板和手机等完成，如图6-7所示。可通过这些设备对教学过程进行拍摄，然后使用视频编辑软件处理生成微课。

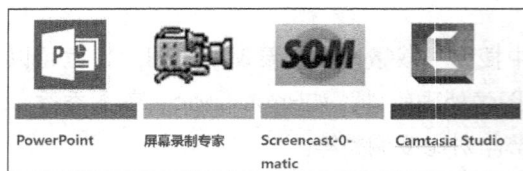

图6-6　常用的录屏型微课制作软件

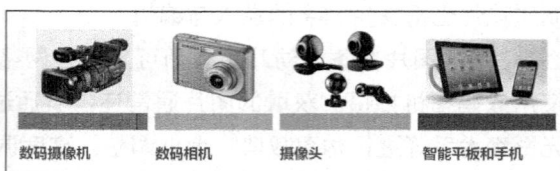

图6-7　数码拍摄设备

3. 综合类混合制作方式

除了上面介绍的微课制作方式外，还可以使用交互式Articulate、综合型Captivate、"可汗学院"平台、"微讲台"等软件制作微课，如图6-8所示。

图6-8　其他类型的微课制作方式

6.1.4　微课的制作环境

在制作多媒体课件之前，幼儿园教师必须先选择合适的开发环境，主要包括硬件环境和软件环境。要制作出符合教学要求的多媒体课件，幼儿园教师必须先了解微课制作常用的硬件设备，掌握相关的软件操作。

1. 微课制作常用的硬件设备

在进行设计和开发微课前，除了必不可少的计算机和录像机设备外，还需要购买相关的专业辅助设备，如方便演示操作的无线鼠标激光笔、录音效果较好的电容式话筒、用于录制屏幕板书的数位板等设备，具体如图6-9所示。

图6-9　微课制作常用辅助的硬件设备

2. 微课制作常用的软件

微课制作软件多种多样，表6-3中列举了常用的微课制作软件。

表6-3　　　　　　　　　　　　常用的微课制作软件

软件类别	软件名称	软件简介
录屏式微课制作软件	Camtasia Studio	Camtasia Studio 是美国 TechSmith 公司出品的屏幕录像和编辑的软件套装，该软件提供了强大的屏幕录像、视频编辑、视频菜单制作、视频剧场和视频播放等功能，通过它能够方便地进行屏幕操作的录制和配音、视频的剪辑和转场动画、添加文字说明字幕和水印、制作视频封面和菜单，以及视频压缩和播放等操作
	屏幕录像专家	屏幕录像专家是一款专业的屏幕录像制作工具，使用它可以轻松地将屏幕上的软件操作过程、网络教学课件、网络电视、网络电影、聊天视频等录制成 Flash 动画、ASF 动画、AVI 动画或者自动播放的 EXE 动画
交互式微课制作软件	Adobe Captivate	Adobe Captivate 软件可以让任何有编程知识或多媒体技术的人员能够真正快速地制作出功能强大、引人入胜的仿真、软件演示、基于场景的培训和测验。使用该软件时，通过简单地单击用户界面和自动化功能，即可轻松记录屏幕的操作、添加交互式学习方式、创建具有反馈选项的复杂分支场景
白板上微课制作软件	SmoothDraw	SmoothDraw 是一款具有和 Painter 类似绘画质量的自然绘画软件，具有许多可调整的画笔、纸张材质模拟，支持多重线条平滑反走样、透明处理和多图层功能，还支持压感绘图笔，以及图像调整和特效等。其优点是简单易用、上手快、体积小。支持的画笔除了铅笔、钢笔、粉笔、蜡笔、喷枪、毛刷、图片喷管外，还有用来调整照片的明暗笔、模糊笔、锐化笔，以及 Painter 玩家上色平滑必备的水模糊笔。在图像调整方面，该软件集合了所有图像调整的常用功能，还支持多种特效和各种绘图板
微课制作编辑软件	会声会影	会声会影是非常简单好用的 DV、影片剪辑软件，具有图像抓取和编辑功能，能够抓取和转换 MV、DV、V8、TV，实时记录抓取画面文件，并且能对录制的视频进行编辑，如添加片头、精修视频、剪辑视频、添加转场和字幕等。提供至少 100 种编制功能和效果，可以将制作成果导出为多种常用的视频格式，还可以将其直接制作成 DVD 或 VCD，支持各种编码，如音频和视频编码
微课制作其他辅助工具	格式工厂	格式工厂是一款多功能的多媒体格式转换软件，可实现大多数视频、音频和图像不同格式之间的相互转换，还能够实现设置文件输出配置、增添数字水印等功能

6.2　制作"父亲节卡片"微课

　　要能够实现幼儿园多媒体微课教学的教学目的，制作的微课一定要新颖，能吸引幼儿的学习兴趣。本例将使用手机拍摄录制一段制作父亲节卡片的视频，然后通过会声会影软件对其进行编辑，主要包括添加视频素材、剪辑素材、制作片头、添加特效、添加字幕、添加配音和渲染输出视频等操作，参考效果如图6-10所示。

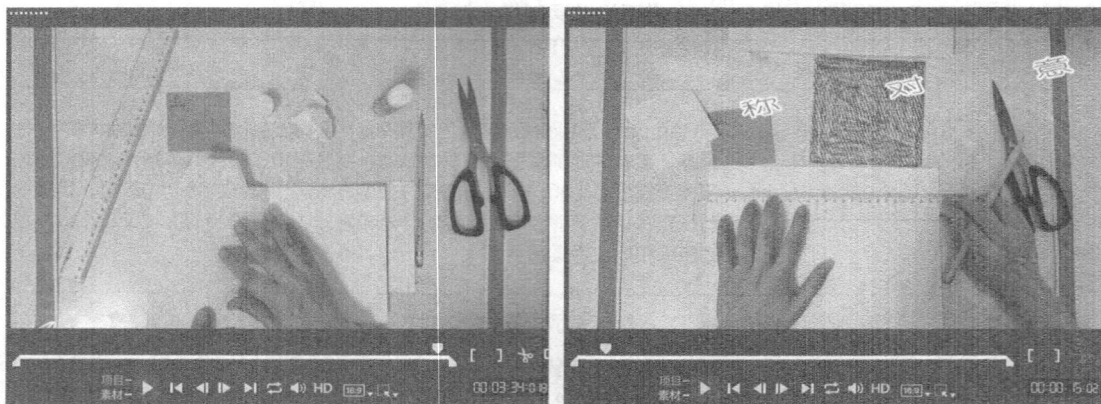

图6-10　"父亲节卡片"微课

6.2.1　使用手机拍摄微课

手机是现代社会中最为常见的通信设备之一，其基本都具有摄像功能，因此可以利用手机来拍摄微课。通常，摄像性能越好的手机制作出的视频效果越好。手机拍摄的设备门槛低，且操作方便，只要创意好，在注意光线和声音的前提下，非专业人士也可以拍摄出优秀的微课。

1. 拍摄准备

在进行微课拍摄前，还需要做好拍摄准备，如准备手机支架固定手机，并使用胶带固定出一个拍摄的范围，最后还要准备纸张和彩色画笔，具体操作如下。

（1）拍摄微课前，准备手机、手机支架、纸张、胶带、固体胶、彩色画笔等基本设备，如图6-11所示。

图6-11　准备基本设备

（2）先将手机支架下方固定到桌子边缘，调整支架角度，然后将手机固定到支架上，调整手机的拍摄角度，如图6-12所示。

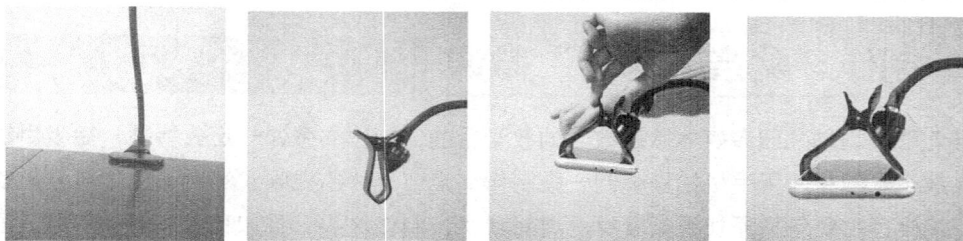

图6-12　固定手机

（3）使用胶带在桌面上粘贴一个矩形区域，以便于手机拍摄时能够定位显示区域范围，如图6-13所示。

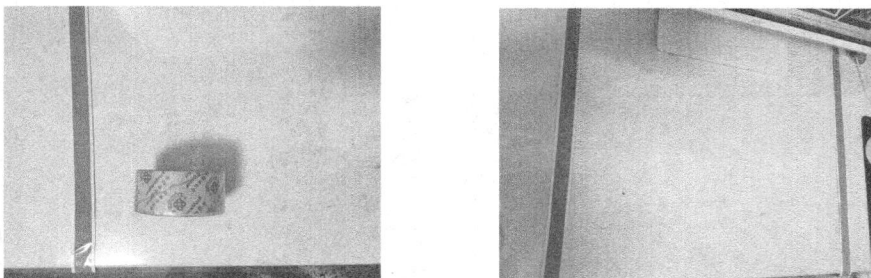

图6-13　粘贴显示区域

2. 开始拍摄

完成拍摄前的准备工作后，幼儿园教师就可以使用手机进行拍摄了，其具体操作如下。

（1）打开手机拍摄软件，调整拍摄区域，设置焦距，然后单击手机的拍摄按钮，即可开始拍摄，如图6-14所示。

图6-14　设置拍摄区域

（2）教师在胶带固定的区域内进行操作，并将需要的教学用品放在拍摄区域内，不要超出拍摄区域，如图6-15所示。

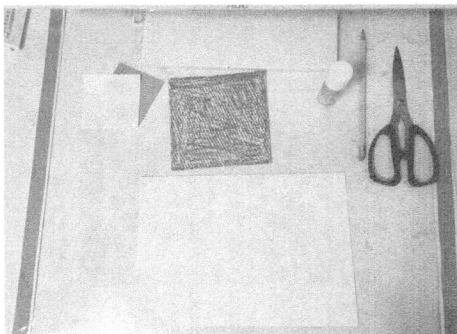

图6-15　注意拍摄范围

（3）在授课时要注意操作的动作节奏，尤其是手在书写时，最好不要上下移动，否则会导致画面模糊。

（4）拍摄时，注意头部不要遮挡镜头，手上不要戴饰品，桌上不要出现不相干的物品，以免干扰幼儿学习，如图6-16所示。

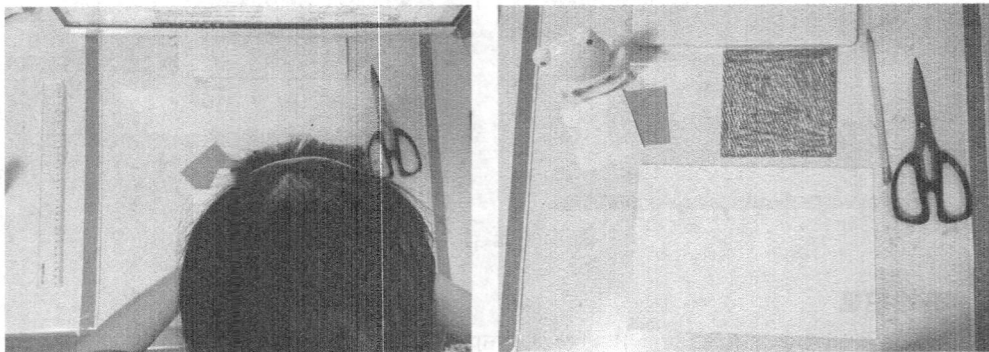

图6-16　干扰学习的因素

（5）拍摄时，如果室内光线不足，在不干扰拍摄的前提下，可使用台灯类的光源对拍摄区域进行增加亮度的操作，提高视频画面的明亮度。

（6）在录制过程中，按手机拍摄软件的暂停键即可暂停拍摄，再按一次，则可重新开始拍摄。

（7）微课录制结束后，按拍摄软件的停止键就可以完成拍摄，然后使用手机登录QQ，打开"我的电脑"消息对话框，单击"图片"按钮 ，在打开的列表中选择拍摄的视频，然后单击"发送"按钮 ，将所拍摄的视频发送到QQ上，如图6-17所示。

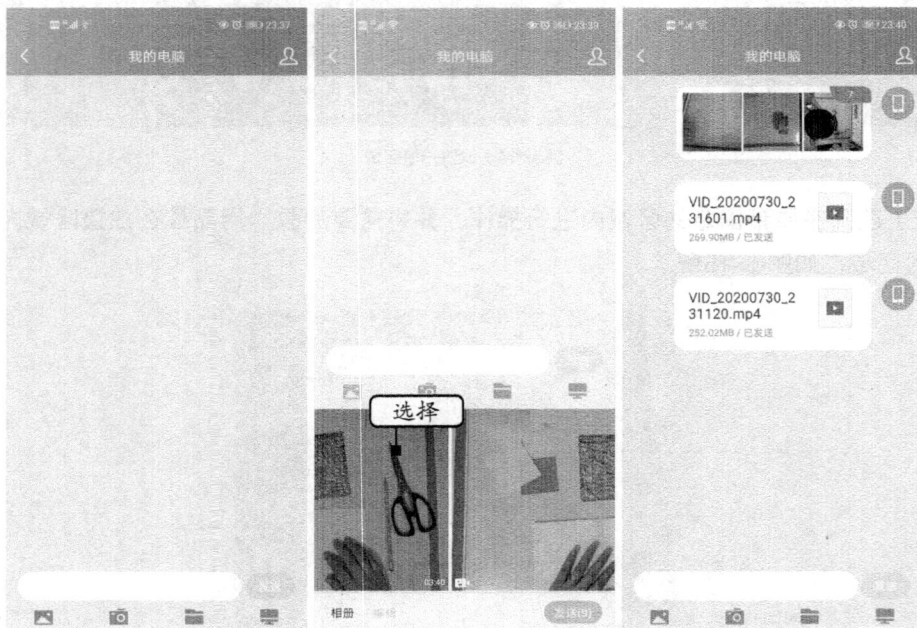

图6-17　通过QQ发送视频

（8）在计算机上登录QQ，然后打开传送对话框，显示上传到本地的文件，单击"打开文件夹"超链接，即可找到文件所在的位置，如图6-18所示。

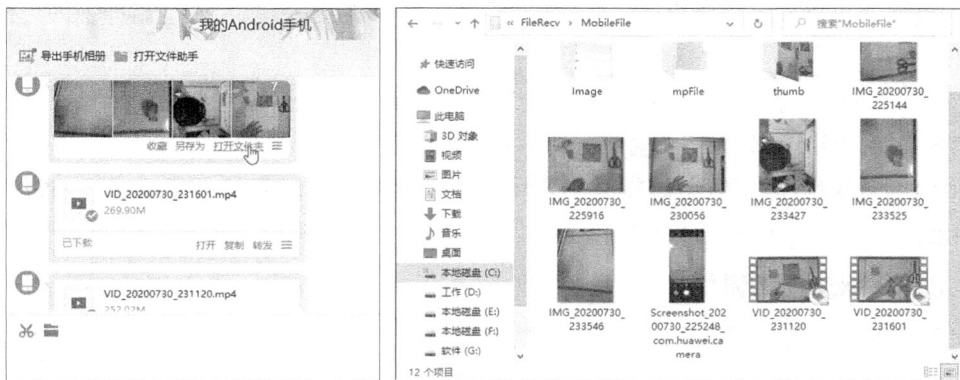

图6-18　找到文件所在的位置

6.2.2　认识会声会影的操作界面

会声会影（Corel VideoStudio）是Corel公司制作的一款功能强大的视频编辑软件，具有捕获和编辑图像的功能，还可以转换MV、DV、V8、TV和实时记录捕获的文件，并提供多种编辑功能和效果，还可将文件导出为多种常见的视频格式，或直接制作成DVD或VCD。其主要特点是操作简单，适合日常使用，有完整的影片编辑流程解决方案，如从拍摄到编辑再到分享，只需3步，即可完成，即便是新手也可以在短时间内完成影片剪辑。

单击"开始"按钮 ⊞，在打开的面板中选择【Corel会声会影2020】/【会声会影2020】命令，启动会声会影2020，其操作界面如图6-19所示，下面对相关操作面板进行介绍。

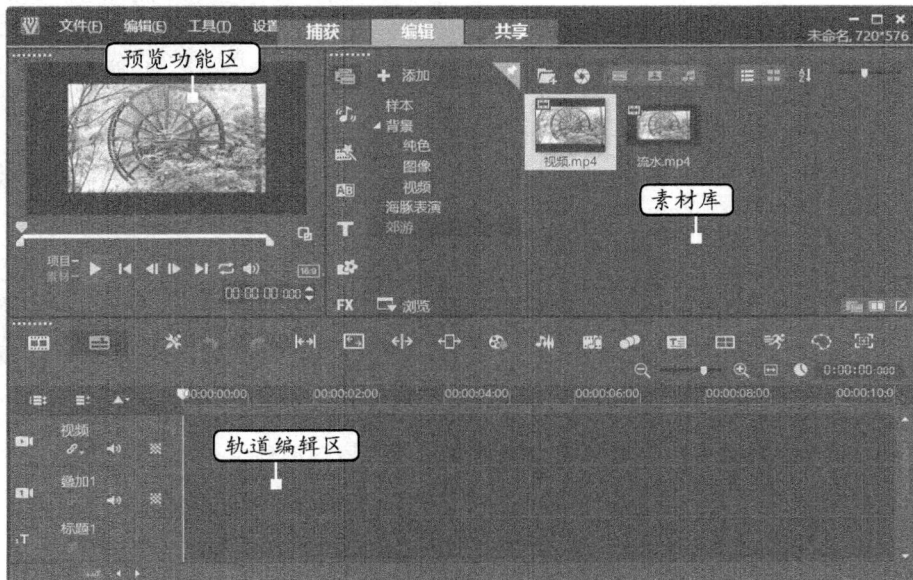

图6-19　会声会影2020的操作界面

（1）预览功能区。预览功能区主要用于视频的效果预览，通过它可以预览素材视频，也可以在制作过程中实时预览编辑的效果。在预览器下方选择"素材"选项，然后单击"播放"按钮▶即可播放单个素材；选择"项目"选项，然后单击"播放"按钮▶即可播放整个项目。

（2）素材库。素材库主要用于放置会声会影的素材，按照类别分为图片素材、视频素材、声音素材，除此之外，还包含模板库、转场特效等。

（3）轨道编辑区。轨道编辑区主要用于放置素材，并对素材进行编辑，如视频的剪辑、声音的添加、转场特效的添加等。

6.2.3　添加视频素材

使用会声会影制作视频时，应先将需要的素材导入到媒体库中，有时为了效果的需要，可能会用到大量的素材文件，这时，可在媒体库中新建文件夹，然后分类导入需要的素材，以便于查找，其具体操作如下。

微课：添加视频素材

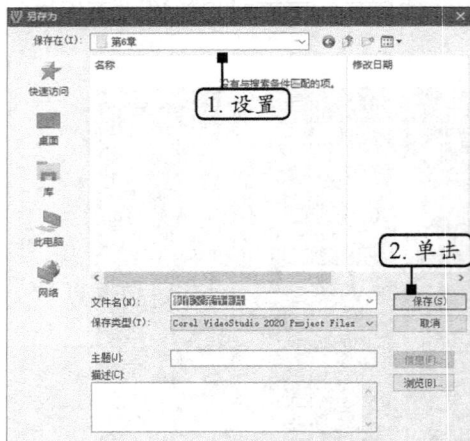

（1）启动会声会影2020，选择【文件】/【新建项目】命令，或按【Ctrl+N】组合键，新建一个项目文件，然后选择【文件】/【保存】命令，打开"另存为"对话框，在其中设置文件的保存位置，然后设置文件名为"制作父亲节卡片"，单击 保存(S) 按钮，保存文件，如图6-20所示。

（2）将鼠标指针移动到"媒体"按钮 上，在打开的面板中单击"固定"按钮 ，将面板固定，然后单击 添加 按钮，在新建的文件夹上输入"父亲节卡片"文本，完成新建文件夹的操作，如图6-21所示。

图6-20　保存项目文件

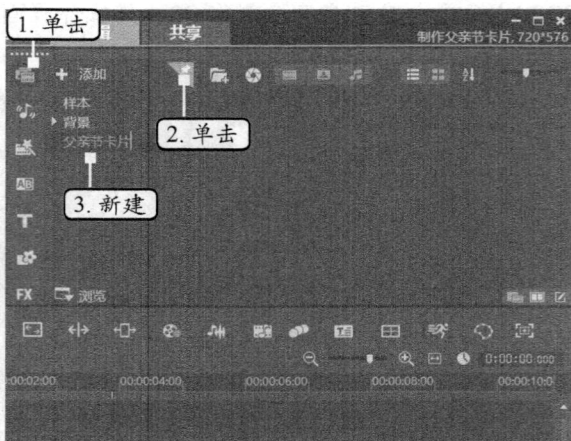

图6-21　新建素材文件夹

（3）选择"父亲节卡片"文件夹，在右侧单击"导入媒体文件"按钮 ，打开"选择媒体文件"对话框，在其中选择"视频1.mp4"和"视频2.mp4"素材文件（素材参见：素材文件\第6章\视频1.mp4、视频2.mp4），单击 打开(O) 按钮，如图6-22所示。

（4）此时选择的视频素材将被添加到文件夹中，并在右侧显示，如图6-23所示。

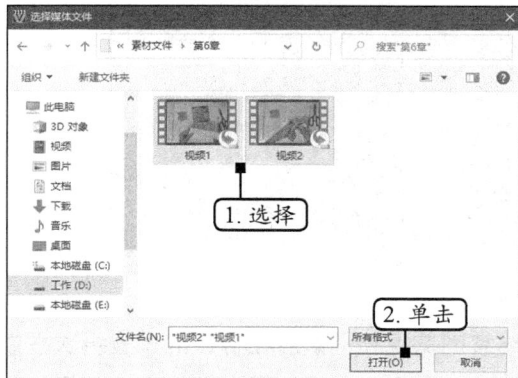

图6-22 选择视频素材

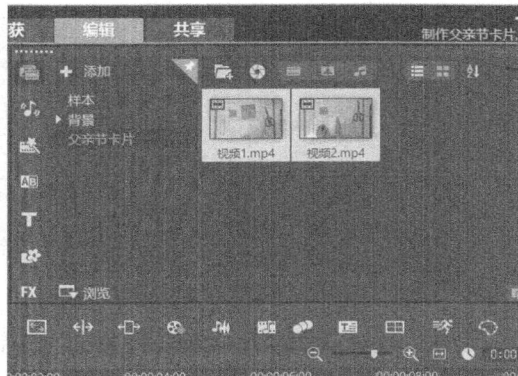

图6-23 添加的视频素材

> **提示** 使用相同的方法也可以添加图片和声音素材。另外，在"媒体"面板中的文件夹上单击鼠标右键，在弹出的快捷菜单中选择"添加文件夹"命令可以再次新建一个同级别的文件夹；若选择"添加子文件夹"命令，则可在文件夹下添加一个子文件夹；若选择"重命名"命令，可对该文件重命名；选择"删除"命令，则可将该文件夹从"媒体"面板中删除。

6.2.4 剪辑素材

下面对录制的视频素材进行剪辑，将不需要的部分剪除，具体操作如下。

（1）在素材库中选择"视频1.mp4"素材，然后按住鼠标左键不放，将其拖动到"视频轨"中释放鼠标，如图6-24所示。

微课：剪辑素材

图6-24 添加视频

（2）释放鼠标后，即可在"视频轨"中看到添加的视频素材，按空格键可在预览窗口预览视频。

（3）观察发现，前面有一段视频内容展现效果不佳，并且不重要，此时在"视频轨"中选择视频，将鼠标指针移动到视频的开始处，当鼠标指针变为形状时，按住鼠标左键不放，向右拖动鼠标，调整视频的开始部分，如图6-25所示。

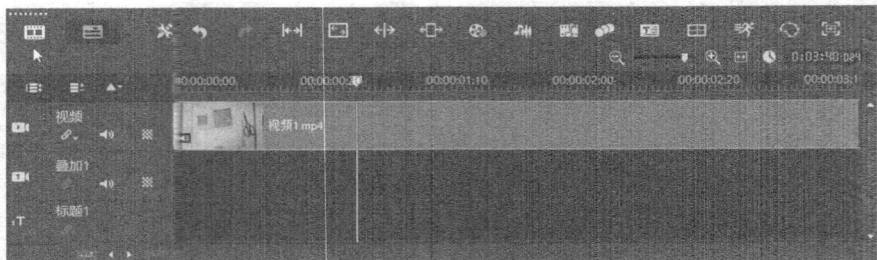

图6-25　设置视频开头

（4）在预览功能区中单击"播放"按钮，继续浏览视频，然后在合适的位置再次按空格键暂停播放，在预览功能区中单击"根据滑轨位置分割素材"按钮，此时，视频素材将在暂停处被分割为两段视频，如图6-26所示。

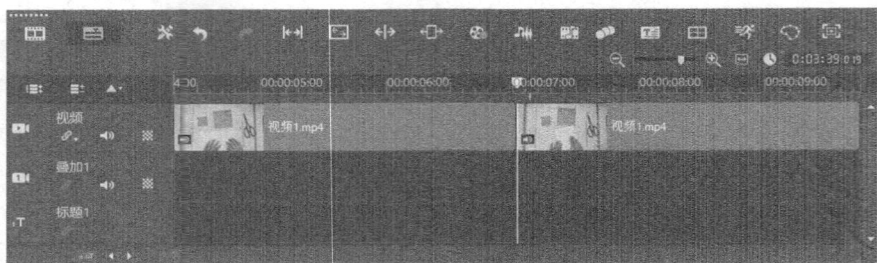

图6-26　分割视频

（5）按空格键继续播放视频素材，当视频播放到需要的位置时再次按空格键暂停，然后在预览功能区中单击"根据滑轨位置分割素材"按钮分割视频，选择中间的视频片段，按【Delete】键删除，此时后面的视频片段将自动向前移动，如图6-27所示。

图6-27　删除视频片段

（6）使用相同的方法裁剪其他片段，完成后的效果如图6-28所示。

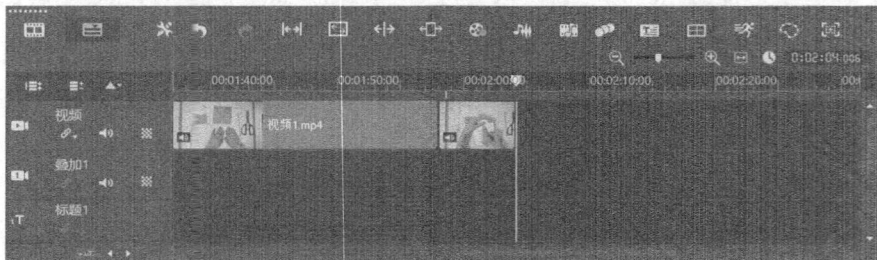

图6-28　分割其他视频片段

（7）在素材库中将"视频2.mp4"素材拖动到时间轴面板的"视频轨"中，并使其与"视频1"片段连接，然后继续使用相同的方法分割视频素材，完成后的效果如图6-29所示。

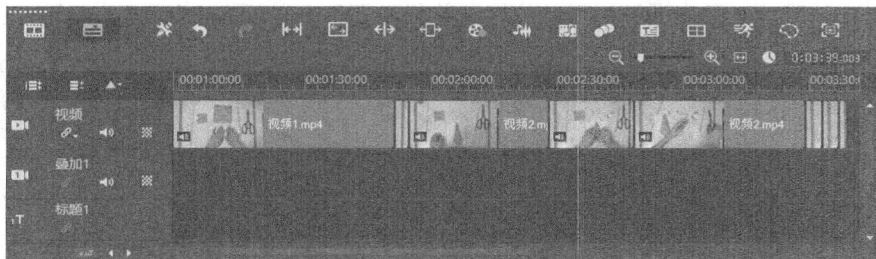

图6-29　分割"视频2"视频片段

6.2.5　制作片头

好的视频都应该添加视频片头部分，下面制作一个视频片头，具体操作如下。

微课：制作
片头

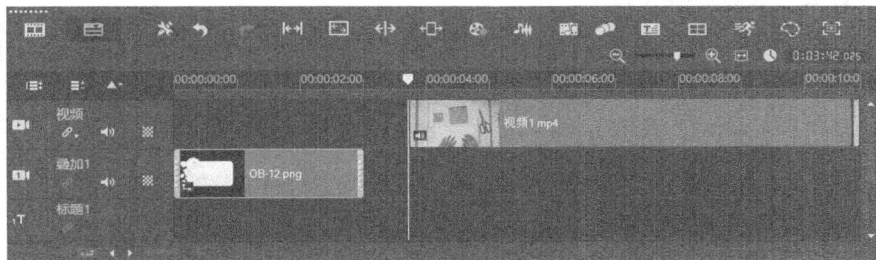

（1）在"视频轨"中将第1个视频片段向右拖动，使其开始位置为0.3秒，在"素材库"面板中单击"叠覆"按钮，在右侧选择"OB-02.png"素材，将其拖动到"叠加1"轨道上，选择该素材，拖动右侧使其与视频素材片段连接，如图6-30所示。

图6-30　添加叠加轨道素材

（2）在预览功能区中选择拖动素材四周的控制点，调整大小，如图6-31所示。

（3）在素材库中单击"标题"按钮，在右侧选择一种文字，将其拖动到"标题1"轨道中，拖动素材右侧，调整其播放长度，使其与叠加图形一致，如图6-32所示。

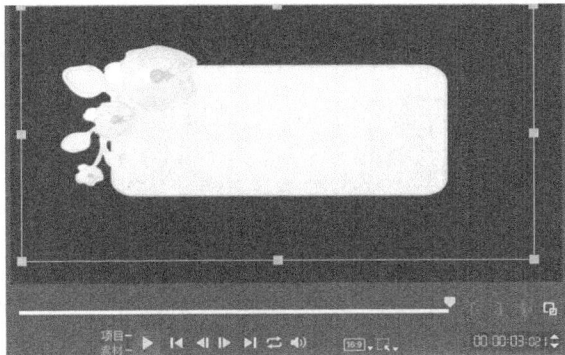

图6-31　调整图形大小

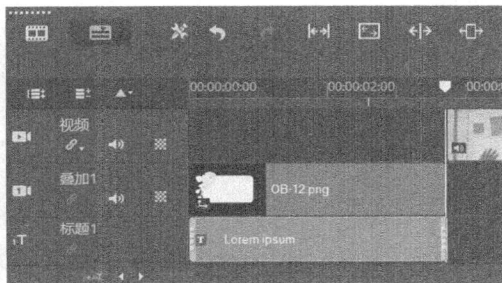

图6-32　调整播放长度

（4）在"标题1"轨道中双击添加标题素材，在预览功能区中再次双击修改文字内容为"父亲节卡片制作"，在右侧的"标题选项"面板中设置字符格式，如图6-33所示。

（5）在预览功能区中调整标题的位置，效果如图6-34所示，完成片头的制作。

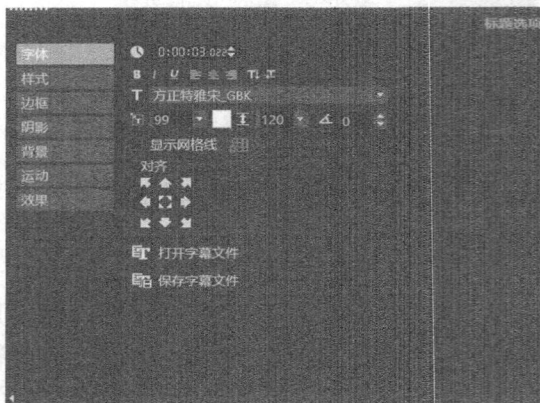

图6-33　设置字符格式

图6-34　调整标题位置

6.2.6　添加特效

剪辑的视频过渡通常比较生硬，这时，可通过添加转场特效来达到更加自然的过渡效果，其具体操作如下。

（1）在素材库中单击"转场"按钮 AB ，在打开的面板中选择"Popular"选项，在右侧的面板中选择"交叉淡化"选项，然后将其拖动到视频轨的素材开始处，如图6-35所示。

微课：添加特效

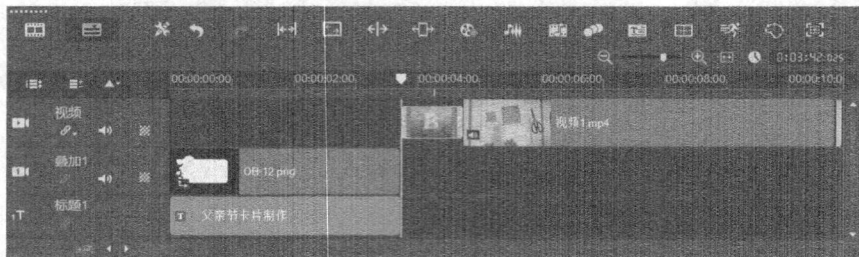

图6-35　添加转场特效

（2）继续在其他需要的视频片段处添加"交叉淡化"转场效果，如图6-36所示。

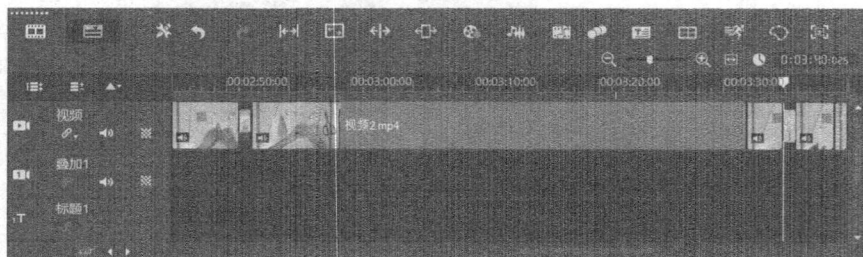

图6-36　添加其他转场特效

（3）在预览功能区中查看添加转场特效后的效果，如图6-37所示。

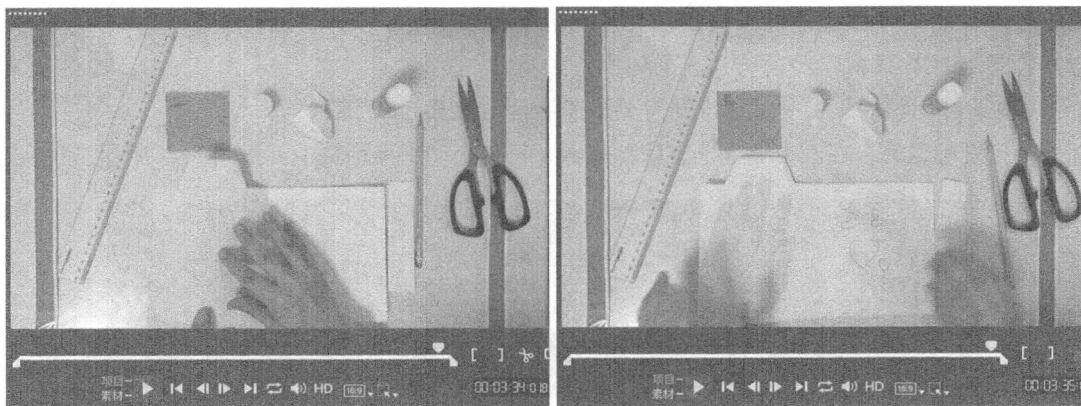

图6-37　预览转场效果

（4）选择第3段视频片段，在"时间轴"面板的工具栏中单击"摇动和缩放"按钮
，打开"摇动和缩放"对话框，在左侧的"原图"窗口中拖动调整控制框，然后在右侧预览缩放大小，如图6-38所示。

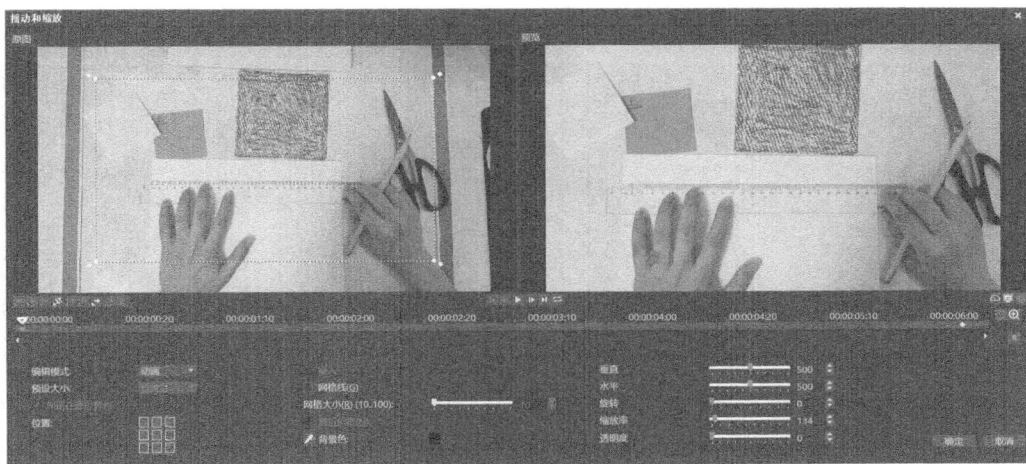

图6-38　缩放视频画面

（5）单击 确定 按钮，完成缩放，使用相同的方法为其他视频片段设置缩放效果，如图6-39所示。

图6-39　为其他视频添加缩放效果

6.2.7　添加字幕

视频中有时还需要添加一些说明文字来帮助观众理解视频，下面介绍在
会声会影2020中添加字幕的方法，具体操作如下。

（1）将视频播放控制条定位到需要添加字幕的位置，然后在"素材库"
面板中打开标题库，在其中选择一种字幕模板，将其拖动到标题轨中，如图6-40所示。

微课：添加
字幕

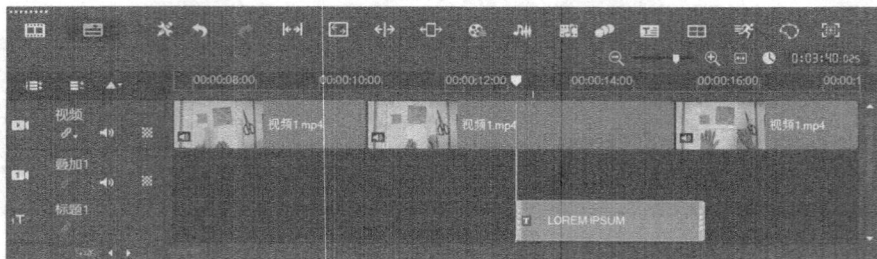

图6-40　添加字幕

（2）双击字幕素材，在预览功能区中双击文字，然后修改文字内容，并设置字符格
式，如图6-41所示。

（3）将字幕向屏幕右上角拖动，如图6-42所示。

图6-41　设置文本格式

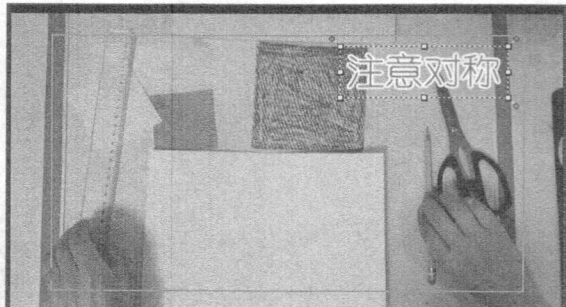

图6-42　调整字幕位置

（4）在预览功能区中单击"播放"按钮▶，预览添加字幕后的效果，如图6-43所示。

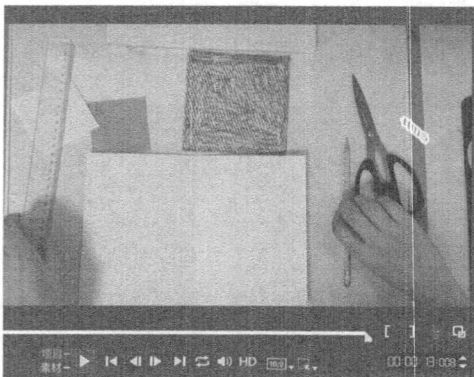

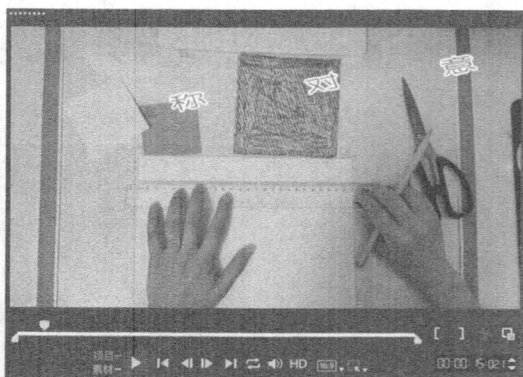

图6-43　查看字幕效果

6.2.8 添加声音

通常视频中还会添加声音来修饰视频内容，声音既可以是专业人员的配音，又可以是一段应景的背景音乐。下面继续为该视频添加声音，其具体操作如下。

微课：添加
声音

（1）利用前面讲解的方法添加提供的背景音乐到素材库中（素材参见：素材文件\第6章\音乐.mp3），然后将其拖动到"音乐1"轨道中，如图6-44所示。

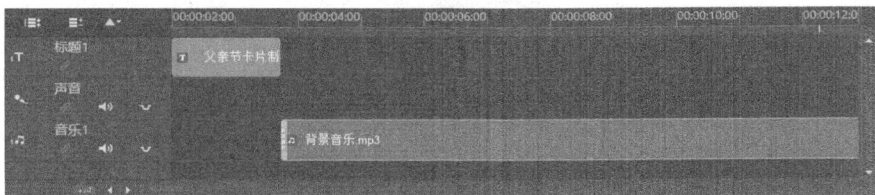

图6-44　添加背景音乐

（2）双击添加的声音素材，在"素材库"面板中打开"音乐和声音"面板，在其中单击"淡入"按钮▅▆和"淡出"按钮▆▅，为声音添加淡入和淡出效果，单击▆▆ 音频滤镜按钮，如图6-45所示。

（3）打开"音频滤镜"对话框，在其中"可用滤镜"列表框中选择"删除噪声"选项，单击 选项(O) 按钮，如图6-46所示。

图6-45　"音乐和声音"面板

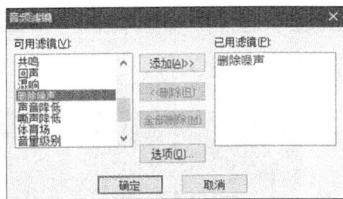

图6-46　选择"删除噪声"

（4）打开"删除噪声"对话框，在其中拖动滑块调整阈值为12%，依次单击 确定 按钮确认设置，如图6-47所示。

（5）再次添加背景声音素材，使用相同的方法为其降噪，"音乐1"轨道中的效果如图6-48所示。

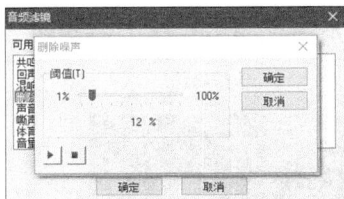

图6-47　设置噪声阈值

图6-48　添加其他背景音乐

（6）在预览功能区中选择"项目"选项，单击"播放"按钮，从头开始播放项目，观察发现，视频播放速度较慢，音乐先于视频播放完。因此，选择第1个视频片段，在其上单击鼠标右键，在弹出的快捷菜单中选择"速度"命令，在打开的子菜单中选择"变速"命令，打

开"变速"对话框，在其中设置速度为"300"，单击 确定 按钮，如图6-49所示。

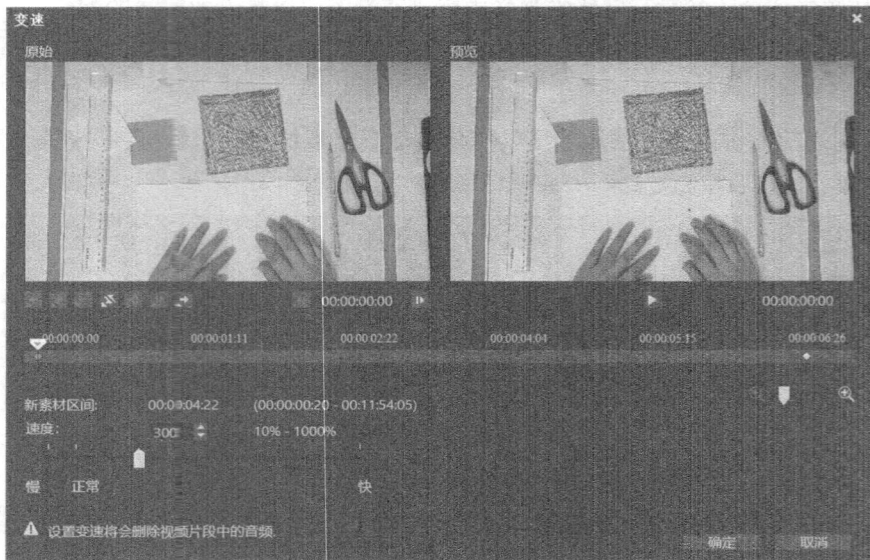

图6-49 调整视频播放速度

（7）使用相同的方法为其他视频片段修改播放速度，然后观察发现声音文件太短，在"音乐1"轨道中选择声音素材，单击鼠标右键，在弹出的快捷菜单中选择"复制"命令，然后在右侧单击，粘贴声音文件，重复3次，效果如图6-50所示。

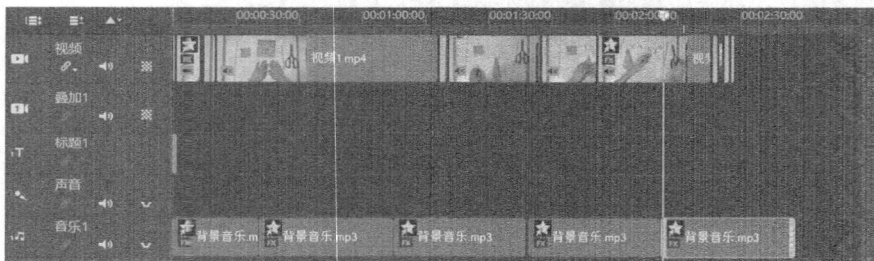

图6-50 复制声音素材和属性

（8）选择最后一个声音素材，将鼠标指针移动到右侧，当其变为双向箭头时向左拖动，直到与"视频"轨道中的素材长度重合时释放鼠标，如图6-51所示。

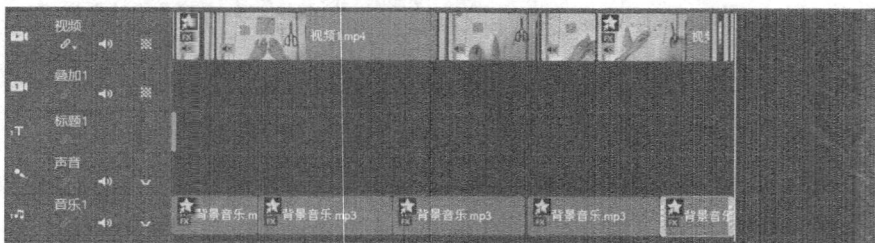

图6-51 修剪声音文件

6.2.9 渲染输出视频

视频制作完成后，可以将其导出为所需要的视频文件格式，其具体操作如下。

（1）在操作界面上方单击 共享 按钮，在打开的界面中选择"MPEG-4"选项，设置文件名为"制作父亲节卡片_01"，如图6-52所示。

微课：渲染输出视频

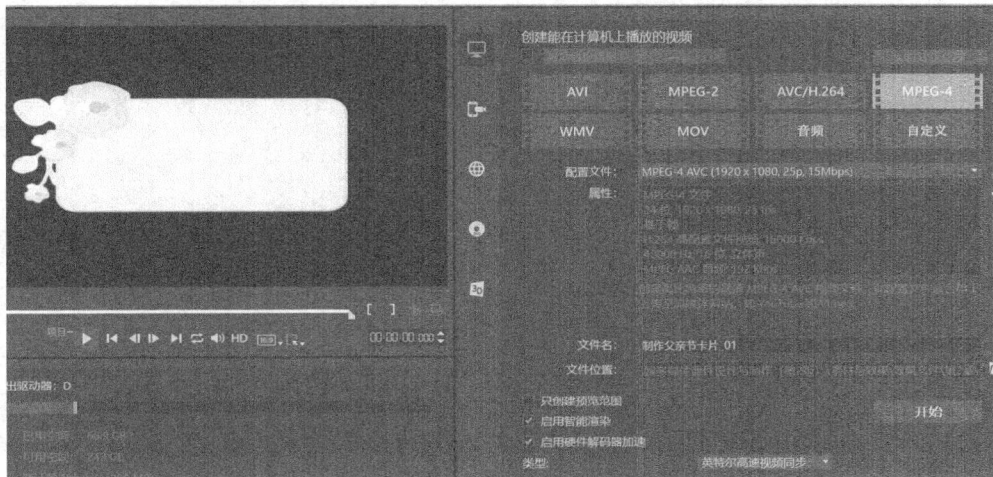

图6-52 设置渲染参数

（2）单击 开始 按钮，计算机将自动开始渲染输出视频，并显示渲染进度，完成后单击 OK 按钮，即可完成微课视频文件的制作（最终效果参见：效果文件\第6章\制作父亲节卡片.mp4）。

6.3 练习

本章主要介绍了微课型课件的制作方法，具体介绍了使用手机拍摄微课和使用会声会影2020编辑视频的方法，学好这些知识，将有利于幼儿园教师设计出更加符合教学需要，且形式更新颖的多媒体课件。

1. 拍摄"手工折纸"视频

本练习将使用手机拍摄制作一个关于"手工折纸"的微课视频，完成后的参考效果如图6-53所示（最终效果参见：效果文件\第6章\手工折纸.mp4）。

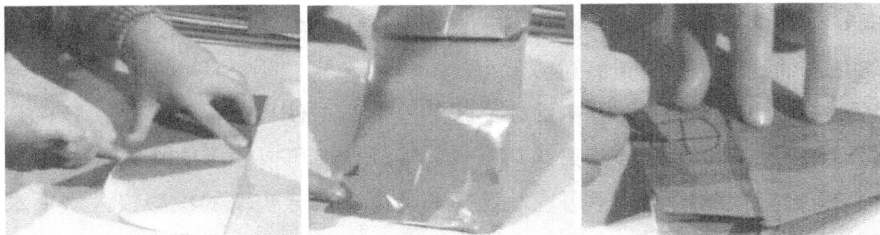

图6-53 拍摄"手工折纸"视频

2. 制作"手工折纸"微课

本练习将使用会声会影2020对拍摄好的"手工折纸"视频进行剪辑，并添加声音、转场特效等，完成后的效果如图6-54所示（最终效果参见：效果文件\第6章\手工折纸.vsp）。

图6-54 制作"手工折纸"微课

6.4 拓展知识

下面补充介绍使用手机拍摄微课视频的其他方法，以及拍摄时光线处理的相关知识。

1. 使用手机拍摄微课视频的方法

使用手机拍摄微课视频除了采用固定式垂直拍摄的方法外，还可以采用固定式水平拍摄的方法，也可以对计算机屏幕进行拍摄，录制一些幼儿园教师难以下载的视频或动画课件的播放过程。固定式水平拍摄方法与固定式垂直拍摄方法的操作相似，这里不再赘述。

2. 拍摄微课视频时的光线处理

微课视频大多数时候是在教室使用，为了有较好的投影效果，常常需要拉上窗帘，关掉投影仪前面的灯光，但这种教室环境，难免对幼儿的学习效率造成不利影响，为了解决这个问题，幼儿园教师可参考以下3种解决方法。

（1）后期补拍和编辑。在首次拍摄时，教师的面部曝光可设置为基准曝光，多角度进行切换实录。然后对有投影的位置进行细节的补拍，通过插入、编辑的方式将补拍的细节编辑到第一次拍摄的视频中，设置好过渡即可。

（2）区域布光法。对于视频中活动比较频繁的区域使用较强的布光，而在有投影的区域可使用较暗的布光。这些布光最好采用聚光灯实现，还可以使用追光来实现。

（3）改善投影仪的质量。尽可能地选择高亮度、高分辨率的投影仪，从根本上解决曝光不足和曝光过度的问题。